Grund- und Aufbauwortschatz

Italienisch

8 000 Wörter zu über 100 Themen

Stefano Albertini

Hueber Verlag

Für ihre ebenso tatkräftige wie sachkundige Unterstützung
bei der Entstehung dieses Buches gilt mein Dank Lilian Sohn
und Alessandra Testini.

6. 5. 4.   Die letzten Ziffern
2026 25 24 23 22 | bezeichnen Zahl und Jahr des Druckes.
Alle Drucke dieser Auflage können, da unverändert,
nebeneinander benutzt werden.
1. Auflage
© 2012 Hueber Verlag GmbH & Co. KG, München, Deutschland
Umschlaggestaltung: creative partners gmbh, München
Fotogestaltung Cover: wentzlaff | pfaff | güldenpfennig kommunikation gmbh,
München
Coverfoto: © Matton Images/Stockbyte
Layout und Satz: Kerstin Ramsteiner, Hueber Verlag, München
Redaktion: Valerio Vial, Hueber Verlag, München
Druck und Bindung: Friedrich Pustet GmbH & Co. KG, Regensburg
Printed in Germany
ISBN 978-3-19-109522-2

Art. 530_13564_001_04

Einführung

Dieser *Grund- und Aufbauwortschatz Italienisch* ist gedacht für die
Nutzung in Schule, Volkshochschule, Beruf und Alltag sowie als
Ratgeber auf Reisen. Er besteht im Wesentlichen aus zwei Teilen:

1. Einem alphabetisch geordneten Allgemeinwortschatz der
400 häufigsten und wichtigsten Wörter.
Ein gesprochener oder geschriebener italienischer Text enthält
immer wieder diejenigen Wörter, die in dieser Liste enthalten sind.
Daher sollten Sie diese Wörter beherrschen. Sie sind das Gerippe
der Sprache. Ohne Wörter aus dieser Liste können Sie keinen italienischen Satz formulieren oder verstehen. Mit ihnen allein allerdings
auch nicht, denn Sie wollen mit Ihrem Text ja etwas mitteilen;
Ihr Text hat ein Thema.

2. Einem thematisch geordneten Wortschatz.
Um sich zu einem Thema zu äußern, benötigen Sie nämlich neben
dem Allgemeinwortschatz der Eingangsliste auch noch Wörter zum
Themenkreis Ihrer Wahl. 8 000 solcher alle wesentlichen Lebens-
bereiche erfassenden Wörter finden Sie nach Themen geordnet
im Hauptteil des Buches.

Auch im thematischen Hauptteil des Buches stoßen Sie immer wieder
auf Wörter aus der Eingangsliste, und zwar vor allem in den Anwen-
dungsbeispielen. Nehmen Sie zum Beispiel auf Seite 73 den Satz *Tutti
i nostri capi si possono combinare.* (= Alle unsere Teile kann man kom-
binieren.) Von diesen sieben Wörtern gehören fünf zum Allgemeinwortschatz; das sechste und siebte allerdings (*capi* und *combinare*)
sind zwei thematische Wörter, die dem Satz erst einen Sinn geben.
Sie stammen aus dem Themenkapitel *Abbigliamento e moda* und lie-
ßen sich durch viele Begriffe aus anderen Kapiteln – je nach Aussage-
absicht – ersetzen: *prodotti + comprare, ortaggi + surgelare* usw. Mit
der Fähigkeit, Allgemeinwortschatz und thematischen Wortschatz
sinnvoll miteinander zu verknüpfen, wächst Ihr Ausdrucksvermögen.

8 000 Wörter sind eine Menge, könnten Sie sagen, und Sie hätten
damit Recht! Wenn Sie im Laufe Ihres Italienischlernens einen aktiv
verfügbaren Kernwortschatz von ca. 2 000 Wörtern erwerben, sind
Sie schon sehr gut. Neben dem aktiven hat aber auch jeder Sprach-
benutzer einen passiven Wortschatz, der wesentlich größer und
individuell verschieden ist.

Mit diesem *Grund- und Aufbauwortschatz Italienisch* können Sie sich
entsprechend Ihren thematischen Interessen Ihren ganz persönlichen

aktiven und passiven Italienischwortschatz aufbauen – ein interessanter Lernprozess, bei dem Sie die spaltenweise Anordnung des Materials, die farbige Kennzeichnung des wichtigsten Alltagswortschatzes, die vielen Infoboxen und die beiden umfassenden Register wirksam unterstützen.

Hinweise für den Gebrauch:

1. Einzelne benötigte Wörter finden Sie schnell über das deutsche oder italienische Register. Aber die thematische Anordnung des Wortschatzes ermöglicht Ihnen natürlich auch systematisches Suchen und Lernen – ein wesentlicher Zweck dieses Buches.

2. Die über 100 farbig gekennzeichneten Infoboxen bieten Ihnen Listen thematisch zusammengehörigen Wortmaterials sowie Hinweise zu Übersetzungsproblemen, Sprachgebrauch, Grammatik, Landeskunde, Idiomatik und Aussprache.

3. Die farbig gekennzeichneten Wörter werden in der Alltagskommunikation besonders häufig gebraucht und sollten darum vorrangig beachtet und gelernt werden.

Wie prägen Sie sich neuen Wortschatz ein?

Für das Vokabellernen gibt es viele individuelle Methoden, unter denen die folgenden am häufigsten praktiziert werden:

☐ Sie lernen den spaltenweise angeordneten Wortschatz nach Möglichkeit laut, erst links – rechts und dann rechts – links. Sie testen sich, indem Sie zunächst die deutsche Entsprechung des italienischen Eintrags abdecken, die deutsche Übersetzung aus dem Gedächtnis sprechen und dann das Blatt nach unten schieben, um die Übersetzung zur Überprüfung sichtbar zu machen. Später verfahren Sie entsprechend mit der italienischen Spalte.

☐ Nehmen Sie sich nie einen zu langen Abschnitt oder eine zu große Menge vor! Mehr als acht Einträge sollten Sie nicht auf einmal lernen. Und wenn Sie fünf Wörter pro Tag schaffen, sind das 1 825 pro Jahr!

☐ Begrenzen Sie Ihre Lernsitzungen. Jeden Tag eine Viertelstunde ist besser als einmal die Woche zwei Stunden üben.

Was machen Sie mit „hartnäckigen Verweigerern", d. h. Wörtern oder Wortfolgen, die Sie sich nicht merken können?
Schreiben Sie sie auf Zettel im Format DIN A7 – das Italienische auf die eine Seite, das Deutsche auf die andere. Legen Sie die Zettel an auffälliger Stelle in Ihrer Wohnung aus oder tragen Sie sie bei sich, damit Sie immer wieder einmal üben oder sich testen können.

Inhaltsverzeichnis

Der wichtigste Allgemeinwortschatz

Die folgenden besonders häufig gebrauchten Wörter sind thematisch neutral und kommen daher nur beiläufig in den Themenkapiteln vor.

a   auf; an; in; zu (*räumlich*);
   mit (+ *Alter*); um (+ *Uhrzeit*)
a causa di   aufgrund
a favore di   zugunsten
a meno che   es sei denn, dass
a parte   getrennt
a più tardi   bis später
a presto   bis bald
a proposito   übrigens
accadere   geschehen
ad ogni modo   jedenfalls
adatto   geeignet, passend
addirittura   sogar
affinché   damit
ah   ah, ach
ahi   aua
aiutare   helfen
alcuno   einige; kein(e)
allora   damals; also
almeno   wenigstens
altrettanto   ebenso
altrimenti   andernfalls
altro   andere(-r, -s)
anch'io   ich auch
anche   auch
anzi   vielmehr
appena   kaum; eben
appunto   eben (*verstärkend*)
arrivederci   auf Wiedersehen
arrivederLa   auf Wiedersehen
   (*Höflichkeitsform*)
assieme   zusammen
assistere   zugegen sein; helfen
assolutamente   vollkommen;
   unbedingt
attendere   warten
attenzione *f*   Aufmerksamkeit
Attenzione!   Vorsicht!
attimo   Moment, Augenblick

aver luogo   stattfinden
avere   haben
basta, grazie   das ist genug,
   danke
bastare   genügen
beh   nun, also; tja
benché   obwohl
bene, dunque   gut, also
bene, grazie   danke, gut
benvenuto   willkommen
bisogna   man muss
buon divertimento   viel Vergnügen
buon lavoro   frohes Schaffen
buona giornata   schönen Tag
buonanotte   gute Nacht
buonasera   guten Abend
buongiorno   guten Tag
cambiamento   (Ver-)Änderung
casomai   falls; im Zweifelsfalle
causa   Ursache
certamente   sicher(lich) (*Adv.*)
certezza   Sicherheit, Gewissheit
certo   sicher(lich) (*Adj.*)
che   was; welche(-r, -s); dass
(che) cosa   was
chi   wer; wen; wem
chiaro e tondo   klipp und klar
ci   uns; dort(hin); daran
ciao   hallo; tschüss
ciascuno   jede(-r, -s)
ciò   das, dies
cioè   also; das heißt
circostanza   Umstand
collegare   verbinden
come   (so) wie; als
Come sta / stai?   Wie geht es
   Ihnen / dir?
Come va?   Wie geht's?
Come, prego?   Wie bitte?

completamente völlig, ganz

comunque wie auch immer; jedoch

con mit; auf; bei

concedere gewähren

conosciuto bekannt

conseguenza Folge

considerando che wenn man bedenkt, dass

contrario Gegenteil

contribuire beitragen

cosa Sache, Ding

Cosa c'è? Was ist los?

Cosa posso fare per Lei / te? Was kann ich für Sie / dich tun?

Cosa succede? Was ist los?

così so

così così solala, leidlich

cui dem, der (*Dativ*)

cultura Kultur

culturale kulturell

d'accordo einverstanden

d'altra parte andererseits

da seit; von; aus; zu; bei; als; durch

Dai! Auf! / Komm!

dare geben

dato che da, weil

davvero wirklich

decidere entscheiden

decisione *f* Entscheidung

dei, degli, delle Teilungsartikel (*wird nicht übersetzt*)

del resto übrigens; außerdem

del, dello, della, dell' Teilungsartikel (*wird nicht übersetzt*)

desiderare wünschen

di aus; vor; von

di corsa eilig

di niente gern geschehen

di solito (für) gewöhnlich

differenza Unterschied

difficoltà Schwierigkeit

dimostrare zeigen

dimostrarsi sich erweisen als

dipendere da abhängen von

diventare werden

diverso anders, unterschiedlich

dottore(-ssa) Doktor; Arzt, Ärztin

dovere müssen; sollen; schulden

dovere *m* Pflicht

dunque also

e und; nach (*bei Uhrzeit*)

eccetto außer, bis auf

eccezione *f* Ausnahme

ecco sieh mal; da ist / sind

ecco fatto das wär's; das hätten wir

Eccome! Na klar! / Und wie!

effettivamente tatsächlich

egli er (*Nominativ, msg*)

eh Was? / ... oder?

ehi he

ella sie (*Nominativ, fsg*)

enorme riesig, enorm

entrambi /e beide

entro bis; innerhalb

eppure und doch, dennoch

esatto genau

essa sie (*Tiere und Dinge, fsg*)

esse sie (*Nominativ, fpl*)

essere sein

essere in grado di können

essi sie (*Nominativ, mpl*)

esso er (*Tiere und Dinge, msg*)

estremo äußerste(-r, -s), höchste(-r, -s)

eventualmente vielleicht, möglicherweise

evitare vermeiden

fare machen, tun

fisso starr; Fix-, fest

forse vielleicht

fortuna Glück

fortunatamente glücklicherweise, zum Glück

fortunato glücklich

fretta Eile
generalmente im Allgemeinen,
  normalerweise
genere *m* Art, Typ
gente (*fsg*) Leute
già schon (*auch als Zustimmung*)
gli die (*Artikel, mpl*)
gli ihm, ihr (*Dativ*)
gli, loro ihnen (*Dativ*)
grado Grad, Niveau
grazie danke (schön)
grazie mille vielen Dank
i die (*Artikel, mpl*)
il quale welcher; welchen
il der (*Artikel, msg*)
immediato unverzüglich; prompt
impedire verhindern; hemmen
importante wichtig
importanza Bedeutung,
  Wichtigkeit
impossibile unmöglich
improvvisamente plötzlich,
  auf einmal
improvviso unvermittelt
in in; nach; zu; auf; mit
in genere üblicherweise
in modo particolare insbesondere
in ogni caso auf jeden Fall
in realtà in Wirklichkeit;
  eigentlich
in un certo senso in gewisser
  Weise
incerto unsicher
incredibile unglaublich
infatti tatsächlich
iniziare beginnen, anfangen
inizio Beginn
inoltre darüber hinaus, außerdem
insieme (a) zusammen (mit)
insomma also
intenzione *f* Absicht
intero vollständig
introdurre einführen
inutile nutz-, zweck-, sinnlos

invano umsonst
invece di (an)statt zu
io ich
irregolare unregelmäßig
la, l' die (*Artikel, fsg*)
la sie (*Akk., fsg*)
La Sie (*Akk., Sg.*)
lasciami in pace lass mich in
  Ruhe
lasciar perdere gut sein lassen
lasciar stare sein lassen
lasciare (ver-, über-)lassen
le die (*Artikel, fpl*)
le sie (*Akk., fpl*);
  ihr (*Dativ fsg*)
Le Ihnen (*Dativ Sg.*)
lei (*fsg*) sie; sie (*Akk.*)
Lei (*Sg.*) Sie; Sie (*Akk.*)
lento langsam
li sie (*Akk. mpl*)
liberarsi (da / di) sich befreien
  von
libero frei
lista Liste
lo der; den (*Artikel, msg*)
lo, l' ihn (*Akk. msg*)
loro sie (*m / fpl Nom.*), sie (*Akk.
  Pl.*), ihnen (*Dativ Pl.*)
Loro, loro Ihr(e); ihr(e)
luce *f* Licht
lui er; ihn
ma aber
Macché! Ach was!
magari vielleicht; Schön wär's!
mah tja
malgrado trotz
me mich
mediante durch, mittels
meno male zum Glück
metterci brauchen (*Zeit*)
mettere stellen; legen; setzen
mettere da parte beiseite legen;
  sparen
mi dispiace es tut mir Leid

mi raccomando *(etwa)* denk' dran,
  denken Sie dran
mi, m' mich; mir
mica doch nicht, gar nicht
mio/a mein(e)
molte grazie vielen Dank
molto viel
molto piacere sehr erfreut
nascondere verstecken
ne davon; darüber
neanch'io ich auch nicht
neanche nicht einmal; auch nicht
necessario nötig, notwendig
necessità Notwendigkeit
nel caso che falls; sofern
nemmeno auch nicht
neppure auch nicht
nessuno niemand
nient'altro sonst nichts;
  das genügt
no nein
no, grazie nein, danke
noi wir; uns
non nicht
non ... neanche auch nicht,
  nicht einmal
non ... affatto überhaupt nicht
non ... niente nichts
non fa niente das macht nichts
non importa das macht nichts
non solo ... ma anche nicht nur ...
  sondern auch
nonostante trotz
normale normal, üblich
nostro/a unser(e)
nulla nichts
nuovo neu
o oder
o ... o entweder ... oder
occupare besetzen; bewohnen
oddio / Dio mio oh Gott,
  mein Gott
oggetto Gegenstand
ogni jede(-r, -s)

ognuno jeder(mann)
oh oh
oh santo cielo oh Gott
oltre a außer, neben
oltre a ciò darüber hinaus
opporsi a sich widersetzen
opportunità Gelegenheit
oppure oder (aber)
ordinario gewöhnlich *(Adj.)*
ormai inzwischen; schon
paio *(pl:* le paia) Paar
parecchi/e (ziemlich) viel(e)
partecipare teilnehmen
particolare besondere(-r, -s)
particolare *m* Besonderheit;
  Einzelheit
passo Schritt
Peccato! Schade!
per für; nach; über; durch
per caso zufällig, per Zufall
per di più darüber hinaus,
  außerdem
per cortesia / favore / piacere
  bitte *(bei Wünschen, Bitten)*
per fortuna zum Glück
per motivi / ragioni di wegen
per niente überhaupt nicht;
  umsonst
per poco fast, beinahe
per quello / questo deswegen
perché warum; weil, da; damit
perché *(minv)* Grund
perciò also; deshalb, darum
perfino sogar
perlopiù meistens
permesso Erlaubnis
Permesso? Erlauben Sie?
però aber, jedoch
piacere erfreut; angenehm
poiché da, weil
porre setzen; stellen; legen
posare legen; stellen
positivo positiv
possibile möglich

possibilità Möglichkeit
Posso aiutarLa / aiutarti?
  Kann ich Ihnen / dir helfen?
potere können; dürfen
potrei ich könnte
premere drücken
prendere parte a teilnehmen an
presso bei
principale Haupt-, wichtigste(-r, -s)
principale *m / f* Chef(in)
probabile wahrscheinlich (*Adj.*)
probabilmente wahrscheinlich
  (*Adv.*)
problema *m* Problem
pronto hallo (*Telefon*); bereit
proposito Absicht, Vorsatz
proprio eigene(-r, -s); genau
provare a versuchen; probieren
pure auch
qualche (+ *Sg.!*) einige; ein paar;
  manch
qualcosa etwas
qualcuno jemand
quale welche(-r, -s)
qualsiasi jede(-r, -s) (beliebige)
qualunque jede(-r, -s) (beliebige);
  irgendein(e)
quanto a was ... betrifft
quello jene(r); der, die, das (da)
questo diese(-r, -s); der, die, das
  (hier)
quindi also, folglich
rapido schnell; kurz
rientrare zurück-, heimkommen
riguardo a was ... betrifft
riserva Vorrat
ritorno Rückfahrt, -flug
salve hallo; tschüss
se ob; wenn, falls
sé sich (*reflexiv*)
sebbene obwohl
sedersi sich setzen
segno Zeichen
segreto Geheimnis

semplicemente einfach; nur,
  lediglich
senza ohne
senza che ohne dass
serie *f* Reihe
serviti bedien dich; nimm dir
sfortuna Unglück, Pech
sì ja; doch; zwar
si serva bedienen Sie sich
sì, grazie ja, bitte
si, s' sich; man
sia ... che sowohl ... als auch
siccome da, weil
sicuro sicher
signora Frau, Dame
signore *m* Herr
signorina Fräulein
simile ähnlich; solch, so ein(e)
solito gewohnt, üblich
soltanto nur
soprattutto vor allem, haupt-
  sächlich
sorte *f* Schicksal; Los
specialmente besonders,
  vor allem
spero di no ich hoffe nicht
spero di sì ich hoffe (es)
standard *m* Standard; Standard-
stare facendo gerade machen
stare per im Begriff sein, etwas
  zu tun
stesso der- / die- / dasselbe;
  der / die / das Gleiche
strano seltsam, merkwürdig
straordinario außergewöhnlich
stringere enger machen; drücken
su auf, an; hin- / herauf; oben;
  über
suo /a sein(e), ihr(e)
Suo /a Ihr(e)
superare übertreffen; überholen
supporre annehmen, vermuten
tale solch ein(e), so ein(e)
tanto (so) viel(e); (so) sehr

te dich; dir
tendere a neigen zu
tenere conto di qc. etw. berücksichtigen
ti, t' dich
tirare ziehen
trattenersi bleiben, sich aufhalten
troppo zu (+ *Adjektiv*)
tu du
tuo /a dein(e)
tuttavia trotzdem, dennoch
tutto alles
Uffa! Oh Mann!
un, uno ein
una, un' eine
va bene okay, einverstanden, gut
vari(-e) verschiedene, mehrere

venire kommen; werden
(*Modalverb*)
veramente wirklich; eigentlich,
aber
verità Wahrheit
vero wahr; echt
Vi, vi Sie, Ihnen (*pl*); euch
visto che da
Voi, voi Sie (*Pl., Nom. und Akk.*);
ihr; euch
volentieri gern(e)
volere wollen, mögen
volontà Wille(n)
vorrebbe er / sie möchte
vorrei ich möchte, ich hätte gerne
vostro /a eur(e)
Vostro /a Ihr(e) (*Pl.*)

1.1 Dati personali
Angaben zur Person

essere *m* **umano** ['ɛssere u'ma:no]	**Mensch**
uomo, uomini [u'ɔ:mo – u'ɔ:mini]	**Mann, Männer; Mensch(en)**
umano [u'ma:no]	**menschlich**
Gli errori sono umani.	Fehler sind menschlich.
donna ['dɔnna]	**Frau**
maschio ['maskio]	**Junge** (*Tiere:* **Männchen**)
femmina ['femmina]	**Mädchen** (*Tiere:* **Weibchen**)
persona [per'so:na]	**Person**
nome *m* ['no:me]	**Name; Vorname**
cognome *m* [ko'ɲo:me]	**Familienname; Nachname; Zuname**
chiamarsi [kia'marsi]	**heißen**
Come ti chiami?	Wie heißt du?
data di **nascita** ['na:ʃita]	**Geburt**sdatum
luogo di nascita	Geburtsort
Dove sei nato / a?	Wo bist du geboren?
(Lui) è nato il 6 settembre.	Er ist am 6. September geboren.
Di dove sei?	Woher stammst du?
Da dove vieni?	Woher kommst du?
compleanno [komple'anno]	**Geburtstag**
Quando è il tuo compleanno?	Wann hast du Geburtstag?
Oggi compie gli anni.	Er / Sie hat heute Geburtstag.

i Geburtstagsglückwünsche können Sie so zum Ausdruck bringen:
Ti (Le) faccio i miei migliori auguri per il tuo (Suo) compleanno.

età [e'ta]	**Alter**
Quanti anni ha?	Wie alt sind Sie?
a che età / a quanti anni ...?	in welchem Alter / wann ...?
residenza [resi'dɛntsa]	**Wohnort**
residente in	wohnhaft in
cittadinanza [tʃittadi'nantsa]	**Staatsangehörigkeit**
stato civile ['sta:to tʃi'vi:le]	**Familienstand**
sposato [spo'sa:to]	**verheiratet**
celibe ['tʃɛ:libe]	**ledig** (*Männer*)
nubile ['nu:bile]	**ledig** (*Frauen*)
separato [sepa'ra:to]	**getrennt (lebend)**
divorziato [divortsi'a:to]	**geschieden**

1.2 Parti del corpo
Körperteile

testa ['tɛsta]	**Kopf**
dalla testa ai piedi	von Kopf bis Fuß
cervello [tʃer'vɛllo]	**Gehirn**
(Lui) ha agito senza cervello.	Er hat unüberlegt gehandelt.
fronte *f* ['fronte]	**Stirn**
corrugare la fronte	die Stirn runzeln
guancia [gu'antʃa]	**Wange, Backe**
guance paffute	Pausbacken
mento ['mento]	**Kinn**
doppio mento	Doppelkinn
capello – **capelli** [ka'pello]	**Haar(e)**
Marco ha i capelli castani.	Marco hat braunes Haar.
pelo ['pe:lo]	**(Körper)Haar**
I peli della barba pungono.	Barthaare pieksen.
faccia ['fattʃa]	**Gesicht**
Alla faccia!	Donnerwetter!; Na sowas!
occhio ['ɔkkio]	**Auge**
Lei è cieca da un occhio.	Sie ist auf einem Auge blind.
naso ['na:zo]	**Nase**
soffiarsi il naso	sich die Nase putzen
bocca ['bokka]	**Mund**
In bocca al lupo!	Hals- und Beinbruch!
fiato [fi'a:to]	**Atem**
Aspetta che mi manca il fiato!	Warte, mir bleibt die Luft weg!
respiro [res'pi:ro]	**Atem**
non avere un attimo di respiro	nicht zu Atem kommen
dente *m* ['dɛnte]	**Zahn**
(Lui) ha mal di denti.	Er hat Zahnschmerzen.
lingua ['lingua]	**Zunge**
labbro *m* – le **labbra** *fpl* ['labbro]	**Lippe(n)**
orecchio – le **orecchie** /	**Ohr(en)**
gli **orecchi** [o'rekkio]	
(Lui) è duro d'orecchi.	Er ist schwerhörig / hört schlecht.
collo ['kɔllo]	**Hals** (*von außen gesehen*)
Si è rotto l'osso del collo.	Er brach sich das Genick.
gola ['go:la]	**Kehle; Hals** (*von innen gesehen*)
Ho mal di gola.	Ich habe Halsschmerzen.
spalla ['spalla]	**Schulter**
(Lui) è largo di spalle.	Er hat breite Schultern.

il braccio *m* – **le braccia** *fpl*   Arm(e)
['brattʃo]
Si è rotta il braccio.   Sie hat sich den Arm gebrochen.
abbracciare [abbra'tʃaːre]   umarmen
gomito ['goːmito]   Ell(en)bogen
la mano *f* – **le mani** *fpl* ['maːno]   Hand
Mi lavo le mani.   Ich wasche mir die Hände.
dare / stringere la mano   die Hand geben / schütteln

Con le mani possiamo prendere ['prɛndere] (= nehmen),
pigliare [piʎ'ʎaːre] (= greifen), *afferrare* [affer'raːre] (= packen),
alzare [al'tsaːre] (= heben) *o* tirare [ti'raːre] (= werfen) *un oggetto.*
Possiamo porgere ['pɔrdʒere] (= reichen) *o stringere* ['strindʒere]
(= drücken) *la mano a un'altra persona.*
Con le gambe e con i piedi possiamo camminare [kammi'naːre]
(= gehen, laufen), correre ['korrere] (= rennen), *saltare* [sal'taːre]
(= springen), *inciampare in* [intʃam'paːre in] (= stolpern über) *un
ostacolo* (= Hindernis), *possiamo salire su* [sa'liːre su] (= steigen
auf) *una sedia* (= Stuhl), *scendere da* ['ʃendere da] (= aussteigen aus)
una macchina, infine (= schließlich) *possiamo arrampicarci su*
[arrampi'kartʃi] (= klettern auf) *un albero o scavalcare* [skaval'kaːre]
(= klettern über) *un muretto* (= Mäuerchen).

polso ['polso]   Handgelenk
orologio da polso   Armbanduhr
pugno ['puːɲo]   Faust
stringere i pugni   die Fäuste ballen
dito *m* – **le dita** *fpl* ['diːto]   Finger
dito del piede   Zehe
unghia ['ungia]   (Finger-)**Nagel**
tagliarsi le unghie   sich die Nägel schneiden
gamba ['gamba]   Bein
ginocchio *m* – **le ginocchia** *fpl*   Knie
[dʒi'nɔkkio]
caviglia [ka'viːʎa]   Knöchel
Mi sono slogato la caviglia.   Ich habe mir den Knöchel
    verrenkt.

piede *m* [pi'ɛːde]   Fuß
Siamo andati a piedi.   Wir sind zu Fuß gegangen.
petto ['pɛtto]   Brust(korb)
petto – **seno** ['pɛtto – 'seːno]   Brust – Brüste
costola ['kɔstola]   Rippe
pancia ['pantʃa]   Bauch

avere la pancia	einen Bauch haben
ventre *m* ['vɛntre]	**Bauch**
fare la danza del ventre	bauchtanzen
schiena [ski'ɛːna]	**Rücken**
spaccarsi la schiena	sich abrackern
sudare [su'daːre]	**schwitzen**
Gli sudano le mani.	Er schwitzt an den Händen.
sudore *m* [su'doːre]	**Schweiß**
Aspetta che mi asciugo il sudore dalla fronte.	Warte, ich wisch' mir nur den Schweiß von der Stirn.
cuore *m* [ku'ɔːre]	**Herz**
Mi batte il cuore per la gioia.	Mein Herz schlägt höher vor Freude.
polmone *m* [pol'moːne]	**Lungenflügel; Lunge**
fegato ['feːgato]	**Leber**
rene *m* ['reːne]	**Niere**
stomaco ['stɔːmako]	**Magen; Bauch**
a stomaco vuoto	auf nüchternen Magen
intestino [intes'tiːno]	**Darm**
sedere *m* [se'deːre]	**Gesäß; Hintern; Hinterteil**
ano ['aːno]	**After; Anus**
urina – orinare [u'riːna – ori'naːre]	**Urin; Harn – urinieren**
genitali *mpl* [dʒeni'taːli]	**Genitalien; Geschlechtsteile**
sangue *m* ['sangue]	**Blut**
circolazione *f* del sangue	Kreislauf
prelievo del sangue	Blutprobe / -abnahme
donatore(-trice) di sangue	Blutspender(in)
vena ['veːna]	**Vene**
arteria [ar'tɛːria]	**Arterie**
scheletro ['skeːletro]	**Skelett**
l'osso *m* – **le ossa** *fpl* ['ɔsso]	**Knochen**
articolazione *f* [artikolatsi'oːne]	**Gelenk**
dolori articolari	Gelenkschmerzen
pelle *f* ['pɛlle]	**Haut**
Ho la pelle d'oca.	Ich habe eine Gänsehaut.
muscolo ['muskolo]	**Muskel**
dolori muscolari	Muskelkater
ghiandola [gi'andola]	**Drüse**
nervo ['nɛrvo]	**Nerv**
(Lei) ha i nervi saldi / deboli.	Sie hat gute / schwache Nerven.
nervoso [nɛr'voːso]	**Nerven- / nervös / gereizt**
il sistema nervoso	das Nervensystem

1.3 Aspetto esteriore
Äußere Erscheinung

apparenza [appa'rɛntsa] — (An)Schein; Aussehen
una giovane di bella apparenza — eine gut aussehende junge Frau
in apparenza — scheinbar
aspetto [as'pɛtto] — **Aussehen; Aspekt**
giudicare qualcuno dall'aspetto — jemanden nach seinem Äußeren beurteilen

espressione *f* [espressi'o:ne] — **(Gesichts)Ausdruck**
Che espressione che fai! — Was machst denn du für ein Gesicht!

linea ['li:nea] — **Figur; Linie**
badare alla linea — auf die Linie achten
fisico ['fi:ziko] — **Körper(bau)**
avere un bel fisico — gut gebaut sein
bellezza [bel'lettsa] — **Schönheit**
Esiste anche una bellezza interiore. — Es gibt auch innere Schönheit.
statura [sta'tu:ra] / **altezza** [al'tettsa] — **Größe**
Quanto è alto(-a)? — Wie groß sind Sie?
alto – **basso** ['alto – 'basso] — **groß – klein (gewachsen)**
Lui è alto, lei è bassa. — Er ist groß, sie ist klein.
grosso ['grɔsso] — **groß; dick**
snello ['znɛllo] — **schlank**
una donna snella — eine schlanke Frau
mingherlino [minger'li:no] — **schmächtig**
Gianni è mingherlino. — Gianni ist schmächtig.
muscoloso [musko'lo:so] — **muskulös**
magro ['ma:gro] — **mager; dünn**
(Lui) è alto e magro. — Er ist groß und dünn.
peso ['pe:so] — **Gewicht**
essere sottopeso — untergewichtig sein
robusto [ro'busto] — **kräftig**
un uomo robusto — ein kräftiger Mann
grassoccio [gras'sɔttʃo] — **mollig; pummelig**
corpulento [korpu'lɛnto] — **korpulent; beleibt; füllig**
una donna un po' corpulenta — eine etwas füllige Frau
ingrassare [iŋgras'sa:re] — **zunehmen, dick werden**
Ti vedo ingrassato, vecchio mio. — Du hast (ordentlich) zugenommen, mein Alter.

mettere su peso ['mettere su 'pe:zo] — **zunehmen**
Senza movimento si mette su peso. — Ohne Bewegung nimmt man zu.

dimagrire [dima'gri:re]	abnehmen
Sono dimagrita di sei chili!	Ich habe sechs Kilo abgenommen!
largo di spalle – dalle spalle larghe ['largo di 'spalle – 'dalle 'spalle 'large]	breit(schultrig)
ben messo ['ben 'messo]	kräftig (gebaut)
energico [e'nɛrdʒiko]	energisch
curvato – curvo [kur'va:to – 'kurvo]	gebeugt
La vecchiaia lo aveva curvato.	Er war vom Alter gebeugt.

Attrattiva (= Attraktivität)

carino *– grazioso* [ka'ri:no – gratsi'o:so]: *un bimbo carino, una ragazza giovane e carina, una giovane graziosa* (= ein **niedlicher** kleiner Junge, ein **hübsches** junges Mädchen, eine **reizende** junge Frau)

attraente [attra'ɛnte]: *Lei è simpatica e attraente.* (= Sie ist sympathisch und **attraktiv**.)

ben fatto [ben 'fatto]: *Lei ha le gambe ben fatte.* (= Sie hat **wohl geformte** Beine.)

elegante [ele'gante]: *un uomo elegante e slanciato* (= ein **eleganter**, schlank gewachsener Mann)

abbronzato [abbron'dzato]: *Però, che bello abbronzato che sei!* (= Mensch, bist du aber schön **braun(gebrannt)**!)

bello ['bɛllo]: *Lei ha begli occhi azzurri.* (= Sie hat **schöne** blaue Augen.)

Mancanza di attrattiva (= Mangelnde Attraktivität)

poco attraente ['pɔːko attra'ɛnte]: *una signora dura e poco attraente* (= eine harte, **wenig attraktive** Frau)

non attraente [non attra'ɛnte]: *un tipo viscido, non attraente* (= ein schleimiger, **unattraktiver** Typ)

grasso ['grasso]: *un uomo grasso e chiassoso* (= ein **fetter**, lauter Mann)

brutto ['brutto]: *Anche se è brutto, ha il cuore d'oro.* (= Auch wenn er **hässlich** ist, hat er ein goldenes Herz.)

---

viso ['vi:zo]	Gesicht
un viso ovale / rotondo	ein ovales / rundes Gesicht
un viso gonfio	ein aufgedunsenes Gesicht
occhio ['ɔkkio]	Auge
scuro – chiaro ['sku:ro – ki'a:ro]	dunkel – hell
occhi scuri – occhi ridenti	dunkle Augen – strahlende Augen
avere le occhiaie	Augenringe haben
colorito [kolo'ri:to]	Gesichtsfarbe

un colorito **roseo** / **pallido** ['rɔːzeo / 'pallido]	eine **rosige** / **bleiche** Gesichtsfarbe
raggiante [rad'dʒante]	**strahlend; leuchtend**
(Lei) era raggiante di gioia.	Sie strahlte vor Freude.
ruga ['ruːga]	**Falte**

Der Mensch

Capelli e pettinature (= Haare und Frisuren)

taglio ['taːʎo]: *un taglio alla moda* (= ein modischer **Schnitt**)
farsi tagliare ['farsi taʎaːre]: *farsi tagliare i capelli* (= sich die Haare schneiden lassen)
riccio(lo) ['rittʃo(lo)]: *i suoi splendidi riccioli rossi* (= ihre prächtigen roten **Locken**)
biondo – *castano* [bi'ondo – kas'taːno]: *capelli biondi* / *castani* (= blonde / braune, brünette Haare)
liscio – riccio – crespo ['liʃʃo – 'rittʃo – 'krespo]: *capelli lisci, ricci, crespi* (= glattes, lockiges, krauses Haar)
coda di cavallo ['koːda di ka'vallo]: *Lei si fa la coda di cavallo.* (= Sie trägt einen **Pferdeschwanz.**)
treccia ['trettʃa]: *Ti si è aperta una treccia.* (= Dir ist ein **Zopf** aufgegangen.)
baffi mpl – **barba** ['baffi – 'barba]: *Ti stanno bene i baffi* / *Ti sta bene la barba.* (= Der **Schnurrbart** / **Bart** steht dir gut.)
cadere [ka'deːre]: *Gli stanno cadendo i capelli.* (= Ihm **fallen** die Haare **aus.**)
calvo ['kalvo]: *È calvo.* (= Er ist **kahl** / hat eine Glatze)

---

vestito [ves'tiːto]	**Kleidung – gekleidet**
essere vestito elegante / alla moda	elegant / modisch gekleidet sein
Lui è sempre vestito in modo elegante.	Er ist immer schick / flott gekleidet.
indossare [indos'saːre]	**tragen** (*Kleidung*)
(Lei) indossa un tailleur.	Sie trägt ein Kostüm.
curato – **trascurato** [ku'raːto – trasku'raːto]	**gepflegt** – **ungepflegt**
il suo aspetto trascurato	seine ungepflegte Erscheinung
sporco – **sudicio** ['spɔrko – 'suːditʃo]	**schmutzig** – **schmuddelig**
cencioso [tʃent'ʃoːso]	**schäbig; vergammelt**
spiegazzato – **sgualcito** [spiegat'tsaːto – zgual'tʃiːto]	**zerknittert; verwuschelt; zerzaust**
Lui indossava un abito sgualcito.	Er trug einen zerknitterten Anzug.

1.4 Infanzia e giovinezza
Kindheit und Jugend

bambino – **bambina**	Kind; Junge – Mädchen
[bam'bi:no – bam'bi:na]	
abbigliamento per bambini	Kinderkleidung
bambini piccoli	kleine Kinder
Gesù Bambino	Christkind
Non fare il bambino!	Benimm dich nicht wie ein Kind!
vivace [vi'va:tʃe]	**lebhaft**
un bambino vivace	ein lebhaftes Kind
figli *mpl* ['fi:ʎi]	**Kinder**
È figlia unica.	Sie ist ein Einzelkind.
Hanno due figli.	Sie haben zwei Kinder.
neonato [neo'na:to] / **bebè** *m*	**Baby; Neugeborenes**
bambinaia [bambi'na:ia]	**Tagesmutter; Kindermädchen**
baby-sitter *m / finv* ['bɛbi-'sitter]	**Babysitter**
infanzia [in'fantsia]	**frühe Kindheit; Kindesalter**
culla ['kulla]	**Wiege**
dalla culla alla bara	von der Wiege bis zur Bahre
lettino [let'ti:no]	**Kinderbett**
carrozzina [karrot'tsi:na]	**Kinderwagen**
passeggino [passed'dʒi:no]	**Buggy**
ciuccio ['tʃuttʃo]	**Schnuller**
giocattolo [dʒo'kattolo]	**Spielzeug**
Ogni bambino ha bisogno di giocattoli.	Jedes Kind braucht Spielzeug.

Dinge, mit denen sich Kinder beschäftigen

giocare a palla / a carte / a nascondino [dʒo'ka:re a 'palla / a 'karte / a naskon'di:no] (= Ball / Karten / Versteck spielen) • *bambola* ['bambola] (= Puppe) • *animali mpl di peluche* [ani'ma:li di pe'luʃ] (= Plüschtiere) • *orsacchiotto* [orsakki'ɔtto] (= Teddy) • *trenino* [tre'ni:no] (= Modelleisenbahn) • *freccia* ['frettʃa] (= Pfeil) • *arco* ['arko] (= Bogen) • *macchinina* [makki'ni:na] (= Spielzeugauto) • *fiaba / favola* [fi'a:ba / 'fa:vola] (= Märchen) • *fumetto* [fu'metto] (= Comic) • *altalena* [alta'le:na] (= Wippe / Schaukel) • *scivolo* ['ʃi:volo] (= Rutschbahn) • *bicicletta* [bitʃi'kletta] (= Fahrrad) • *slitta* ['slitta] (= Schlitten) • *indovinello* [indovi'nɛllo] (= Rätsel, Denksportaufgabe)

---

giovane *m / f* ['dʒo:vane]	**jung; Jugendliche(r)**
giovani	junge Leute; Jugendliche

Männliche Jugendliche sind *ragazzi, giovanotti, giovani*.
Weibliche Jugendliche sind *ragazze, giovani donne*.

giovanile [dʒova'niːle]	**jugendlich; Jugend-**
entusiasmo giovanile	jugendliche Begeisterung
gioventù [dʒoven'tu]	**Jugend**
La gioventù è il futuro di un Paese.	Die Jugend ist die Zukunft eines Landes.
giovinezza [dʒovi'nettsa]	**Jugend(zeit)**
monello [mo'nɛllo]	**Balg; Gör(e); Flegel**
viziato [vitsi'aːto]	**verwöhnt**
(Lei) è una ragazzina viziata.	Sie ist ein verwöhntes Balg.
adolescenza [adole'ʃɛntsa]	**die Zeit des Heranwachsens**
i ricordi dell'adolescenza	die Erinnerungen aus der Jugendzeit
adolescente *m / f* [adole'ʃɛnte]	**jung; junger Mann / junge Frau**
gli adolescenti	Heranwachsende; Teenager
pubertà [puber'ta]	**Pubertät**
minorenne *m / f* [mino'rɛnne]	**Minderjährige(r) – minderjährig**
delinquente minorenne	jugendliche(r) Straftäter(in)
diventare **maggiorenne** [maddʒo'rɛnne]	**volljährig** werden

Ein paar ungute Dinge, die Kinder und Jugendliche tun

Vessano / Terrorizzano altri bambini. (= Sie schikanieren / tyrannisieren andere Kinder.)
Marinano la scuola. (= Sie schwänzen die Schule.)
Smettono di frequentare la scuola. (= Sie brechen die Schule ab.)
Scappano di casa. (= Sie laufen von zu Hause weg.)
Si drogano. (= Sie nehmen Drogen.)

minore / minorile [mi'noːre / mino'riːle]	**Jugend-**
lavoro minorile	Kinderarbeit
adulto [a'dulto]	**erwachsen; Erwachsene(r)**
una persona adulta	ein erwachsener Mensch
grande ['grande]	**erwachsen; groß**
Hanno due figli grandi.	Sie haben zwei große Söhne.
maturo [ma'tuːro]	**reif; erwachsen**
È molto maturo per la sua età.	Er ist sehr reif für sein Alter.
immaturo [imma'tuːro]	**unreif**
prematuro [prema'tuːro]	**frühreif**

1.5 **Mezza età e vecchiaia**
Mittlere Jahre und Alter

l'età [e'ta]	das Alter
l'età matura	das mittlere Lebensalter (ca. 40–65)
la terza età	Senioren
raggiungere un'età molto avanzata	ein hohes Alter erreichen
esperienza [esperi'ɛntsa]	**Erfahrung**
Nella vita bisogna maturare esperienze.	Man muss Erfahrungen im Leben sammeln.
speranza di vita [spe'rantsa di 'vi:ta]	**Lebenserwartung**
l'invecchiamento [invekkia'mento]	**das Altern**
invecchiare [invekki'a:re]	**alt werden**
Hai visto Lisa come è invecchiata?	Hast du Lisa gesehen, wie alt sie geworden ist?
anziano [antsi'a:no]	**betagt; älter**
la gente anziana – gli anziani	die alten Leute
casa di riposo ['ka:sa di ri'pɔ:so]	**Altenheim; Altersheim**
pensionato(-a) [pensio'na:to]	**Rentner(in)**
andare in pensione	in den Ruhestand treten
la vecchiaia [vekki'a:ia]	**das Alter**
vecchio [vɛk'kio]	**alt**
un uomo vecchio	ein alter Mann
longevità [londʒevi'ta]	**Langlebigkeit**
declino [de'kli:no]	**Verfall**
gli ultimi anni di vita [ʎi 'ultimi 'anni di 'vi:ta]	**die letzten Lebensjahre**
decrepito [de'kre:pito]	**altersschwach**
un vecchio decrepito	ein hinfälliger alter Mann

Adjektive, die Schwäche bzw. Gebrechlichkeit ausdrücken:
debole ['debole] (= schwach) • fiacco [fi'akko] (= matt/schwach) • fragile ['fra:dʒile] (= schwach/gebrechlich/zart) • infermo [in'fermo] (= gebrechlich/hinfällig).

---

senile – senilità [se'ni:le – senili'ta]	**senil – Senilität**
senior ['sɛnior]	**Senior**
casa di ricovero ['ka:sa di ri'kɔ:vero]	**Pflegeheim**
badante m/f [ba'dante]	**Altenpfleger(in)**

Personalità e comportamento
Persönlichkeit und Verhalten

comportamento [komporta'mento]
comportarsi bene / male
[kompor'tarsi]
Non si è comportato bene verso di me.
maniera [mani'ɛ:ra]
Che maniere sono?

Benehmen
sich gut / schlecht **benehmen /
verhalten**
Er hat sich mir gegenüber schlecht benommen.
Benehmen
Was ist denn das für ein Benehmen?

modo ['mɔ:do]
Non sono d'accordo col tuo modo di comportarti.
personalità [personali'ta]
carattere m [ka'rattere]
(Lei) ha un carattere simpatico.

Art, Weise
Ich bin nicht einverstanden mit der Art, wie du dich benimmst.
Persönlichkeit
Wesen; Naturell
Sie besitzt ein sympathisches Wesen.

temperamento [tempera'mento]
(Lei) ha un temperamento impetuoso.
tipo ['ti:po]
Gino è un tipo molto timido.

Temperament; Naturell
Sie hat ein heftiges Naturell.

Typ; Kerl
Gino ist ein außerordentlich schüchterner Kerl.

principio [prin'tʃi:pio]
Maurizio ha dei saldi principi.
abitudine f [abi'tu:dine]
(Lui) ha l'abitudine di appisolarsi nella poltrona.
abituato [abitu'a:to]
Non sono abituato agli sbalzi di temperatura.
tendenza [ten'dɛntsa]
Purtroppo ho la tendenza a ingrassare.
tendere a ['tɛndere a]
Purtroppo egli tende sempre a esagerare.
essere solito (di) fare
['ɛssere 'sɔ:lito (di) 'fa:re]
Sono solito prepararmi un caffè dopo pranzo.

Prinzip
Maurizio hat feste Prinzipien.
Gewohnheit
Er hat die Angewohnheit, im Sessel einzunicken.
gewohnt
Ich bin Temperaturumschwünge nicht gewohnt.
Neigung
Leider neige ich dazu, dick zu werden.
neigen zu
Leider neigt er immer dazu zu übertreiben.
gewöhnlich tun

Ich mache mir gewöhnlich einen Kaffee nach dem Mittagessen.

tenerci a [te'neːrtʃi a]
Stasera devi proprio venire.
Il capo ci tiene molto!

wichtig finden; Wert legen auf
Heute Abend musst du einfach
kommen. Der Chef legt großen
Wert darauf!

lasciarsi andare [laʃʃarsi an'daːre]
Non bisogna mai lasciarsi andare.

sich gehen lassen
Man darf sich nie gehen lassen.

curiosità [kuriosi'ta]
Chiedo per pura curiosità.

Neugier(de)
Ich frage aus reiner Neugier.

curioso [kuri'oːso]
Sono curioso di sapere chi ha
vinto la partita.

neugierig
Ich bin neugierig zu erfahren,
wer das Spiel gewonnen hat.

timido ['tiːmido]

schüchtern

appassionato [appassio'naːto]
Marco è un tifoso appassionato
del Milan.

leidenschaftlich
Marco ist ein leidenschaftlicher
AC Mailand-Fan.

attivo [at'tiːvo] – **passivo** [pas'siːvo]
Sei una persona attiva o passiva?

aktiv – passiv
Bist du ein aktiver oder ein
passiver Mensch?

silenzioso [silentsi'oːso]
È un tipo silenzioso.

leise, still
Er ist ein stiller Typ.

zitto ['tsitto]
Zitto! Ho sentito qualcosa!

still
Sei still! Ich habe etwas gehört!

Adjektive, die menschliche Eigenschaften ausdrücken:

(in)abile [(in)'aːbile]	**(un)fähig**
(in)affidabile [(in)affi'dabile]	**(un)zuverlässig**
(dis)attento [(dis)at'tɛnto]	**(un)vorsichtig / (un)aufmerksam**
(in)colto [(in)'kolto]	**(un)kultiviert / (un)gebildet**
(in)deciso [(in)de'tʃiːso]	**(un)entschieden**
(in)disponibile [(in)dispo'niːbile]	**abweisend – hilfsbereit**
(in)esperto [(in)es'pɛrto]	**(un)erfahren**
(in)flessibile [(in)fles'siːbile]	**(un)flexibel**
(in)giusto [(in)'dʒusto]	**(un)fair / (un)gerecht**
(in)tollerante [(in)tolle'rante]	**(un)duldsam / (in)tolerant**
(im)paziente [(im)patsi'ɛnte]	**(un)geduldig**
(im)preciso [(im)pre'tʃiːzo]	**(un)genau / (un)präzise**
(ir)responsabile [(ir)respon'saːbile]	**verantwortungslos / -bewusst**
(s)garbato [(z)gar'baːto]	**(un)höflich**
(s)cortese [(s)kor'teːze]	**(un)höflich**
(dis)onesto [(dis)o'nɛsto]	**(un)ehrlich**
(in)sincero [(in)sin'tʃɛːro]	**(un)aufrichtig**

bravo ['braːvo]	**lieb; gut; tüchtig**
Bambini, fate i bravi!	Kinder, seid lieb!
caro ['kaːro]	**lieb**
Rolando è un caro amico.	Rolando ist ein lieber Freund.
amichevole [amiˈkeːvole]	**freundschaftlich**
gentile [dʒenˈtiːle]	**freundlich; nett**
essere di maniere gentili	ein freundliches Benehmen haben
divertente [diverˈtɛnte]	**unterhaltsam, amüsant**
serio ['sɛːrio]	**ernst**
Mimmo è così divertente che non riesco a restare serio.	Mimmo ist so lustig, dass ich es nicht schaffe, ernst zu bleiben.
compassionevole – spietato [kompassioˈneːvole – spieˈtaːto]	**mitfühlend – mitleidlos**
onesto – corrotto [oˈnɛsto – korˈrotto]	**ehrlich – korrupt / bestechlich**
semplice ['semplitʃe]	**schlicht**

Viele der hier aufgeführten Adjektive werden durch Anhängen
von -*mente* zu häufig gebrauchten Adverbien:
Lui ha agito stoltamente / irresponsabilmente / scortesemente.
(= Er handelte töricht / verantwortungslos / unhöflich.)

diligente – pigro [diliˈdʒente – 'piːgro]	**fleißig – faul / träge**
astuto – stupido [asˈtuːto – 'stuːpido]	**klug – dumm**
una battuta stupida	eine dumme Bemerkung
sciocchezza [ʃɔkˈkettsa]	**Dummheit; Blödsinn**
Non dire sciocchezze!	Red' keinen Blödsinn!
sciocco ['ʃɔkko]	**dumm, blöd, albern**
Non essere così sciocco!	Sei nicht so albern!
matto ['matto]	**verrückt; wahnsinnig**
Roba da matti!	Wahnsinn / Unglaublich!
ridicolo [riˈdiːkolo]	**lächerlich**
Non essere ridicolo!	Mach' dich nicht lächerlich!
comico ['kɔːmiko]	**komisch**
Ieri sera abbiamo visto un film comico.	Gestern Abend haben wir einen komischen Film gesehen.
sbadato [zbaˈdaːto]	**unachtsam; unüberlegt**
agire in maniera sbadata	unüberlegt handeln
irritabile – equilibrato [irriˈtaːbile – ekuilibˈraːto]	**leicht erregbar – ausgeglichen**
temperamento irritabile	leicht erregbares Temperament
una persona equilibrata	ein ausgeglichener Mensch

conservatore – progressivo
[konserva'to:re – progres'si:vo]

konservativ – progressiv

generoso – avaro / taccagno
[dʒene'ro:so – a'va:ro / tak'kaɲo]

großzügig – geizig / knauserig

È un uomo dal cuore molto
generoso.

Er ist ein sehr großzügiger
Mensch.

Das vollkommene Fehlen einer Eigenschaft kann durch *senza /
privo di* ausgedrückt werden:
Lui è completamente privo di ambizioni / del senso dell'umorismo.
(= Es mangelt ihm vollkommen an Ehrgeiz / Humor.)

affascinante – privo di fascino
[affaʃi'nante – 'pri:vo di 'faʃino]

charmant – ohne Charme

ottimistico – pessimistico
[otti'mistiko – pessi'mistiko]

optimistisch – pessimistisch

comunicativo – riservato
[komunika'ti:vo – riser'va:to]

kontaktfreudig – zurückhaltend

vantarsi di [van'ta:rsi di]

sich rühmen; sich hervortun

**di buon umore – malinconico /
abbattuto** [di bu'ɔ:n u'mo:re –
malin'kɔ:niko / abbat'tu:to]

gutgelaunt – trübsinnig /
niedergeschlagen

lamentarsi [lamen'tarsi]

sich beklagen

forte – **debole** ['fɔrte – 'de:bole]

stark – schwach

essere forte / debole d'animo,
di carattere

einen starken / schwachen
Charakter haben

duro – **remissivo** ['du:ro –
remis'si:vo]

(knall)hart / cool – gefügig

un tipo duro

ein knallharter Bursche

coraggioso – vigliacco
[korad'dʒo:so – vi'ʎakko]

mutig – feige

rilassato – teso [rilas'sa:to – 'te:so]

entspannt – angespannt

calmo – **agitato** ['kalmo –
adʒi'ta:to]

ruhig – aufgeregt

rispettoso – sfacciato
[rispet'to:so – sfat'tʃa:to]

respektvoll – frech / unverschämt

crudele [kru'dɛ:le]

grausam

sensibile [sen'si:bile]

sensibel; empfindlich

Bice è molto sensibile ai
rimproveri.

Bice reagiert sehr empfindlich
auf Vorwürfe.

modesto – presuntuoso
[mo'dɛsto – prezuntu'o:so]

bescheiden – eingebildet /
anmaßend

un giovane sciocco e presuntuoso

ein dummdreister junger Mann

Sensi e sensazioni
Sinne und Sinneseindrücke

1.7

senso ['sɛnso]	**Sinn**
i cinque sensi	die fünf Sinne
Non ha senso lavorare così.	Es hat keinen Sinn, so zu arbeiten.
sensazione *f* [sensatsi'o:ne]	**Gefühl; Empfindung; Sinnes-eindruck**
Ho la sensazione che perderemo il treno.	Ich habe das Gefühl, wir werden den Zug verpassen.
sete *f* ['se:te]	**Durst**
fame *f* ['fa:me]	**Hunger**
Mamma, ho sete! – E io ho fame!	Mami, ich habe Durst! – Und ich hab' Hunger!
vedere [ve'de:re]	**sehen**
Hai visto Michela?	Hast du Michela gesehen?
vista ['vista]	**Sehvermögen; Sicht; Aussicht**
È amore a prima vista.	Es ist Liebe auf den ersten Blick.
conoscersi di vista	sich vom Sehen / flüchtig kennen
una bella vista sulla città	ein schöner (Aus)Blick auf die Stadt
guardare [guar'da:re]	**sehen; schauen**
Hai guardato in cucina?	Hast du in der Küche nach-gesehen?
Non guardo la televisione.	Ich schaue kein Fernsehen.
notare [no'ta:re]	**bemerken; wahrnehmen**
Nessuno ha notato il furto.	Niemand bemerkte den Diebstahl.
notevole [no'te:vole]	**erkennbar; deutlich**
un notevole incremento	eine deutliche Zunahme
osservare [os'serva:re]	**beobachten; bemerken**
sembrare [sem'bra:re]	**scheinen; glauben**
Sembra muoversi!	Es scheint sich zu bewegen!
Mi sembra che vengano.	Ich glaube, sie kommen.
miopia – miope [mio'pi:a –'mi:ope]	**Kurzsichtigkeit – kurzsichtig**
presbite ['prɛzbite]	**weitsichtig**
Lui è presbite.	Er ist weitsichtig.
cieco ['tʃɛko] / non vedente	**blind**
occhiali *mpl* [okki'ali] da vista / da sole	Seh- / Sonnen**brille**
lenti a contatto	Kontaktlinsen
visibile – invisibile [vi'zi:bile – invi'zi:bile]	**sichtbar – unsichtbar**

invisibile ad occhio nudo	mit bloßem Auge nicht erkennbar
sguardo [zgu'ardo]	(kurzer) **Blick**
Do uno sguardo al giornale.	Ich werfe einen Blick in die Zeitung.
occhiata [okki'a:ta]	**Blick**
Ho dato un'occhiata alle offerte di lavoro.	Ich habe einen Blick auf die Stellenangebote geworfen.
udito [u'di:to]	**Gehör(sinn)**
`sentire` [sen'ti:re]	**hören**
sentire bene / male	gut / schlecht hören
Hai sentito quel rumore?	Hast du dieses Geräusch gehört?
sordo ['sordo]	**taub**
un(-a) sordomuto(-a)	ein(e) Taubstumme(r)
`ascoltare` [askol'ta:re]	(zu)**hören**
ascoltare la radio	Radio hören
`rumore` m / `suono` – `suonare` [ru'mo:re / su'ɔ:no – suo'na:re]	**Geräusch / Laut / Klang – klingen**
Cos'era quel rumore?	Was war das für ein Geräusch?
Suona strano!	Das klingt komisch!
tono ['tɔno]	**Ton**
Non mi piace il tuo tono.	Dein Ton gefällt mir nicht.
`alto` / `forte` / `ad alta voce` ['alto / 'fɔrte / 'ad 'alta 'vo:tʃe]	**laut**
Cerchi di parlare più forte.	Versuchen Sie, lauter zu sprechen.
volume m [vo'lu:me]	**Lautstärke**
alzare / abbassare il volume	das Gerät lauter / leiser stellen
chiasso [ki'asso]	**Geschrei; Lärm**
I ragazzi fanno chiasso in cortile.	Die Kinder lärmen im Hof.

Entsprechungen für „ruhig"

Viviamo in un quartiere `tranquillo` [traŋku'illo]. (= Wir wohnen in einer ruhigen Gegend.)

Il mare è calmo ['kalmo]. (= Das Meer ist ruhig.)

Lui è sempre taciturno [tatʃi'turno]. (= Er ist immer ruhig / still.)

Lui non riesce a stare seduto `fermo` ['fermo]. (= Es fällt ihm schwer, ruhig zu sitzen.)

Finalmente una serata in pace [in 'pa:tʃe] *a casa.* (= Endlich ein ruhiger Abend zu Hause.)

---

olfatto [ol'fatto]	**Geruchssinn**
odorare – `odore` m [odo'ra:re – o'do:re]	**riechen – Geruch**
La minestra ha un odore squisito.	Die Suppe riecht köstlich.

Le lenzuola odorano di fresco.	Die Betttücher riechen frisch.
annusare [annu'sa:re]	**riechen; schnuppern**
È bello annusare un fiore profumato.	Es ist schön, an einer duftenden Blume zu schnuppern.
puzzare – puzzo / puzza / fetore *m*	**stinken – Geruch / Gestank**
[put'tsa:re – 'puttso / 'puttsa / fe'to:re]	
Qui puzza di bruciato!	Hier riecht's angebrannt!
▭ **profumo** [pro'fu:mo]	**Duft; Geruch; Parfüm**
il profumo di limoni	der Duft von Zitronen
aroma *m* [a'ro:ma]	**Aroma; Duft**
l'aroma del caffè	der Duft des Kaffees
gusto ['gusto]	**Geschmack(ssinn)**
senza gusto	ohne Geschmack; geschmacklos
gustare / sapere [gu'sta:re / sa'pe:re]	**schmecken**
Questo sugo non sa di niente!	Diese Soße schmeckt nach gar nichts!
Il raffreddore impedisce di gustare qualsiasi cosa.	Mit einem Schnupfen schmeckt man gar nichts mehr.
▭ **sapore** *m* – **assaporare**	**Geschmack – kosten**
[sa'po:re – assapo'ra:re]	

Come può essere il sapore? (= Wie kann der Geschmack sein?)
▭*Dolce* ['doltʃe] (= süß), *dolciastro* [dol'tʃastro] (= süßlich),
agrodolce [agro'doltʃe] (= süßsauer), *agro* ['a:gro] (= zitronensauer),
acido ['a:tʃido] (= essigsauer), ▭*amaro* [a'ma:ro] (= bitter).
Un cibo senza sapore è insipido [in'si:pido] (= fad).

▭ **appetito** [appe'ti:to]	**Appetit**
Buon appetito!	Guten Appetit!
tatto ['tatto]	**Berührung; Tastsinn; Takt**
La stoffa è morbida al tatto.	Der Stoff fühlt sich weich an.
È un uomo che non ha tatto.	Er ist ein taktloser Mensch.
▭ **toccare** [tok'ka:re]	**berühren**
Si prega di non toccare.	Bitte nicht berühren.
toccare con le mani	anfassen; berühren
▭ **sentire** [sen'ti:re]	**fühlen**

🔆 Das Verb *sentire* hat verschiedene Bedeutungen:
hören / empfinden / fühlen / riechen / schmecken / kosten / spüren.

Sento freddo.	Mir ist kalt.
Senta, scusi, mi sa dire dov'è Piazza Ciro?	Hören Sie bitte, können Sie mir sagen, wo die Piazza Ciro ist?

1.8 Sentimenti e atteggiamenti
Gefühle und Einstellungen

atteggiamento [atteddʒa'mento]	Einstellung; Haltung
il suo atteggiamento verso gli stranieri	ihre / seine Einstellung gegenüber Ausländern
sentimento [senti'mento]	Gefühl
sentire – **sentirsi** [sen'ti:re – sen'tirsi]	(sich) fühlen
Si sentiva stanca e depressa.	Sie fühlte sich müde und deprimiert.
provare [pro'va:re]	fühlen; empfinden
Provo pietà nei suoi confronti.	Ich empfinde Mitleid ihm gegenüber.
pietà [pie'ta]	Mitleid, Erbarmen
emozione *f* [emotsi'o:ne]	Gefühl; Erregung
arrossire per l'emozione	vor Erregung erröten
emozionale [emotsio'na:le]	emotionell; emotional; Erregungs-
stato emozionale	Gemütszustand
emotivo [emo'ti:vo]	emotional; gefühlsbetont
È una donna emotiva.	Sie ist eine gefühlsbetonte Frau.
emozionante [emotsio'nante]	spannend; aufregend
un film emozionante	ein spannender Film
morale *m* [mo'ra:le]	Stimmung
Dopo il compito la classe è giù di morale.	Nach der Klausur ist die Stimmung in der Klasse mies.
ansioso [ansi'o:so]	gespannt; beunruhigt
Sono ansioso di fare il primo giro con la nuova moto.	Ich bin gespannt auf die erste Tour mit dem neuen Motorrad.
avere paura di [a've:re pa'u:ra di]	Angst haben vor
Hai paura del cane?	Hast du Angst vor dem Hund?
temere [te'me:re]	(be)fürchten
Temo che così perderemo il bus.	Ich fürchte, dass wir so den Bus verpassen werden.
preoccuparsi [preokku'parsi]	sich Sorgen machen
Non preoccuparti: risolvo io la faccenda.	Mach' dir keine Sorgen, ich kläre die Angelegenheit.
preoccupato [preokku'pa:to]	beunruhigt, besorgt
A poco a poco sono un po' preoccupato.	Langsam mache ich mir ein wenig Sorgen.
spaventarsi [spaven'tarsi]	erschrecken

Non spaventarti, sono i Carabinieri.	Erschrick' nicht, es sind die Carabinieri.
spavento [spa'vɛnto]	**Schreck**
Che spavento che mi sono preso!	Bin ich erschrocken!
sorpresa – **sorprendere** [sor'pre:sa – sor'prɛndere]	**Überraschung – überraschen**
Che sorpresa gradita!	Was für eine nette Überraschung!
stupire – stupirsi – stupito [stu'pi:re – stu'pirsi – stu'pi:to]	**(er)staunen – erstaunt, verblüfft**
Ciò non mi stupisce.	Das erstaunt mich nicht.
passione *f* [passi'o:ne]	**Leidenschaft**
Lui fa il suo lavoro con passione.	Er macht seine Arbeit mit Leidenschaft.
vergogna [ver'go:ɲa]	**Schande**
È una vergogna come ti comporti!	Es ist eine Schande, wie du dich benimmst!
punto di vista ['punto di 'vista]	**Ansicht, Meinung, Standpunkt**
Dal mio punto di vista non vale nemmeno la pena parlarne.	Meiner Meinung nach ist das nicht einmal der Rede wert.
umore *m* [u'mo:re]	**Laune**
(Lui) era di buon / cattivo umore.	Er hatte gute / schlechte Laune.
bisogno [bi'zo:ɲo]	**Bedürfnis; Drang**
Avrei un bisognino!	Ich muss mal austreten!
amore *m* – **amare** [a'mo:re – a'ma:re]	**Liebe – lieben**
Amo l'opera lirica italiana.	Ich liebe die italienische Oper.
innamorato [innamo'ra:to]	**verliebt**
Lo sapevi che Fausto è innamorato di Rita?	Wusstest du, dass Fausto in Rita verliebt ist?
tenero ['tɛ:nero]	**zart, zärtlich**
Che tenero che sei!	Bist du aber zärtlich!
volere bene [vo'le:re 'bɛ:ne]	**lieb haben; mögen**
Voglio molto bene a mia moglie.	Ich habe meine Frau sehr lieb.
cordiale [kordi'a:le]	**herzlich**
Il nostro rapporto è molto cordiale.	Unser Verhältnis ist sehr herzlich.
dispiacere [dispia'tʃe:re]	**Leid tun; ausmachen**
Mi dispiace di aver fatto tardi.	Es tut mir Leid, dass es so spät geworden ist.
Le dispiacerebbe spostarsi un po'?	Würde es Ihnen etwas ausmachen, ein wenig zu rücken?
piacere [pia'tʃe:re]	**mögen; gern haben; Freude; Genuss**
Il vino non mi piace.	Ich mag keinen Wein.

godere [go'de:re]
Godo molto della tua compagnia.

genießen
Ich bin sehr gern mit dir
  zusammen.

affascinare [affaʃi'na:re]
adorare [ado'ra:re]
Lei adora Verdi.
desiderio – desiderare
  [dezi'dɛ:rio – dezide'ra:re]
Desidera un altro caffè?
nostalgia [nostal'dʒi:a]
Quanta nostalgia di casa che ho!
interesse *m* – interessante
  [inte'rɛsse – interes'sante]
(Lui) lo legge con grande interesse.
noia – noioso ['nɔ:ia – noi'o:so]
Ti sconsiglio questo libro:
  è noioso.
Che noia queste riunioni!
annoiarsi [annoi'arsi]
stancare [staŋ'ka:re]
I suoi continui consigli mi hanno
  stancato.
allegria [alle'gri:a] – allegro
  [al'le:gro]
È una persona allegra.
tristezza [tris'tettsa]
triste ['triste]
Sono triste di dover partire.

disperato [dispe'ra:to]
Sono disperata: mi hanno rubato
  la macchina!
solo ['so:lo]
Senza la mia famiglia mi sento
  solo.
(in)felice [fe'li:tʃe]
È felice come una pasqua.

felicità [felitʃi'ta]
lieto [li'ɛ:to]
Molto lieto di fare la Sua
  conoscenza.
(s)piacevole [(s)pia'tʃe:vole]

faszinieren
anbeten / schwärmen
Sie schwärmt für Verdi.
Wunsch / Begehren – wünschen,
  mögen / begehren
Mögen Sie noch einen Kaffee?
Sehnsucht; Heimweh
Hab' ich ein Heimweh!
Interesse – interessant

Er liest es mit großem Interesse.
Langeweile – langweilig
Ich rate dir von diesem Buch ab:
  es ist langweilig.
Sind diese Meetings nervig!
sich langweilen
ermüden; leid sein
Ich habe seine ständigen
  Ratschläge satt.
Fröhlichkeit – fröhlich; heiter

Sie ist ein fröhlicher Mensch.
Traurigkeit
traurig
Ich bin traurig, dass ich abreisen
  muss.

verzweifelt; hoffnungslos
Ich bin verzweifelt: Mein Auto
  ist gestohlen worden!
allein, einsam
Ohne meine Familie fühle ich
  mich einsam.
(un)glücklich
Er / Sie freut sich wie ein Schnee-
  könig.

Glück
froh; erfreut
Sehr erfreut, Sie kennen zu
  lernen.
(un)angenehm, (un)erfreulich

Edoardo è una persona piacevole.
Edoardo ist ein angenehmer
Zeitgenosse.

preferire [prefe'ri:re]
(es) **vorziehen**
Preferisco i CD-ROM ai libri.
Ich ziehe CD-ROMs Büchern vor.
sopportare [soppor'ta:re]
ertragen; leiden können
Non lo sopporto.
Ich kann ihn nicht leiden.
non **poter soffrire** [po'te:r soff'ri:re]
nicht **ausstehen** können
Non lo posso soffrire.
Ich kann ihn nicht ausstehen.
accettare – tollerare
sich abfinden mit – sich gefallen
  [attʃet'ta:re – tolle'ra:re]
  lassen
odiare – odio [odi'a:re / 'ɔ:dio]
(es) **hassen – Hass**
Odio far tutto alla svelta.
Ich hasse es, wenn ich hetzen
muss.

rabbia ['rabbia]
Ärger, Wut, Zorn
arrabbiarsi [arrabbi'arsi]
zornig / wütend werden
Il capo si arrabbia per ogni
Der Chef ärgert sich über jede
nonnulla.
Kleinigkeit.
arrabbiato [arrabbi'a:to]
zornig, wütend; böse, sauer
Perché sei arrabbiato con me?
Warum bist du sauer auf mich?
contrariato [kontrari'a:to]
verärgert
Sembri contrariato. Cos'è successo?
Du wirkst verärgert. Was ist los?
(s)contento [(s)kon'tɛnto]
(un)zufrieden
Spero che Lei sia contento del
Ich hoffe, dass Sie mit meiner
mio lavoro.
Arbeit zufrieden sind.
soddisfazione f [soddisfatsi'o:ne]
Befriedigung; Genugtuung
soddisfatto [soddis'fatto]
befriedigt; zufrieden
Sei finalmente soddisfatto?
Bist du nun endlich zufrieden?
entusiasmo [entuzi'azmo]
Begeisterung, Enthusiasmus
Se la gente è motivata, lavora
Wenn die Leute motiviert sind,
con entusiasmo.
arbeiten sie mit Begeisterung.
entusiasta [entuzi'asta]
begeistert
Sono veramente entusiasta di
Ich bin wirklich begeistert von
questo compito!
dieser Aufgabe!
far piacere ['far pia'tʃe:re]
(sich) freuen
Mi fa piacere che tu abbia
Ich freue mich, dass du eine
trovato lavoro.
Arbeit gefunden hast.
deluso [de'lu:so]
enttäuscht
delusione f [deluzi'o:ne]
Enttäuschung
Che delusione questo ristorante!
Was für eine Enttäuschung,
dieses Restaurant!

offendersi [of'fɛndersi]
beleidigt sein
Non ti offendere, l'ho detto
Sei nicht beleidigt, das hab' ich
per scherzo!
zum Spaß gesagt!

sperare – **speranza**
[spe'ra:re – spe'rantsa]
Spero che le piaccia.
Si è rotto? – Spero di no.

hoffen – Hoffnung

Hoffentlich gefällt es ihr.
Ist es kaputt gegangen? –
Ich hoffe nicht.

disperazione *f* – **disperare**
[disperatsi'o:ne – dispe'ra:re]
Questo compito mi fa disperare!

Verzweiflung – verzweifeln

Diese Aufgabe treibt mich
zur Verzweiflung!

commovente [kommo'vɛnte]
un momento commovente
commuovere [kommu'ɔ:vere]
Quel film mi ha commosso.

rührend; bewegend; ergreifend
ein bewegender Augenblick
bewegen, ergreifen, rühren
Dieser Film hat mich ergriffen.

pregiudizio – **prevenuto**
[predʒu'ditsio – preve'nu:to]
pregiudizi contro gli stranieri

Vorurteil – voreingenommen

Vorurteile gegen Ausländer

sentimentale [sentimen'ta:le]
un romanzo sentimentale

sentimental
ein sentimentaler Roman

orgoglioso – **orgoglio**
[orgo'ʎo:so – or'gɔʎo]
È molto orgoglioso dei suoi figli.

stolz – Stolz

Er ist sehr stolz auf seine Kinder.

fiero [fi'ɛ:ro]
Sono molto fiero di te!

stolz
Ich bin sehr stolz auf dich!

geloso – **gelosia**
[dʒe'lo:so – dʒelo'si:a]
Sei geloso(-a) di lui?

eifersüchtig (auf) – **Eifersucht**

Bist du eifersüchtig auf ihn?

invidia – **invidiare** [in'vi:dia –
invidi'a:re]
Ti invidio per questo lavoro.

Neid – beneiden

Ich beneide dich um diesen Job.

disprezzo – **disprezzare**
[disp'rɛttso – dispre'ttsa:re]
pentirsi di [pen'tirsi di]
Ti penti di quello che hai fatto?

Verachtung – verachten

bereuen
Bereust du das, was du getan hast?

ridere ['ri:dere]
Perché ridi?

lachen
Warum lachst du?

sorridere [sor'ri:dere]
Hai visto? Mi ha sorriso!

(an)lächeln
Hast du gesehen? Sie hat mich
angelächelt.

sorriso [sor'ri:so]
Dai, regalami un sorriso!

Lächeln
Komm', schenk' mir ein Lächeln!

piangere – **gridare**
[pi'andʒere – gri'da:re]
Senti: il bimbo piange!

weinen – schreien

Hör doch mal: Das Baby weint!

1.9 **Moralità e immoralità**
Moral und Unmoral

morale *f* [mo'ra:le]	die Moral; die Lehre
(im)morale [(im)mo'ra:le]	(un)moralisch / (un)sittlich
il bene – il male	das Gute – das Schlechte / Böse
[il 'bɛ:ne – il 'ma:le]	

Wie drückt man „gut" und „schlecht" aus?
buono Adjektiv [bu'ɔ:no] (= gut) • cattivo Adjektiv [kat'ti:vo]
(= schlecht) • *migliore* [mi'ʎo:re] (= besser) • *peggiore* [ped'dʒo:re]
(= schlimmer; schlechter) • *ottimo* ['ɔttimo] (= sehr gut, ausgezeichnet) • *pessimo* ['pɛssimo] (= sehr schlecht)
È un ottimo / pessimo ristorante, (non) te lo consiglio. (= Das ist ein
ausgezeichnetes / mieses Restaurant, ich empfehle es dir (nicht).)

bene Adverb ['bɛ:ne] (= gut) • male Adverb ['ma:le] (= schlecht) •
meglio ['mɛʎo] (= besser) • *peggio* ['pɛddʒo] (= schlechter, schlimmer) • *benissimo* [be'nissimo] (= sehr gut; bestens) • *malissimo*
[ma'lissimo] (= sehr, ganz schlecht)
Peggio non può diventare. (Schlimmer kann's nicht werden).

---

giusto – **corretto** ['dʒusto – kor'rɛtto]	richtig / recht – korrekt
Hai fatto la cosa giusta.	Du hast richtig / recht gehandelt.
falso ['falso]	falsch
una persona falsa	heuchlerische Person
sbagliato [zba'ʎa:to]	falsch; unrichtig; Fehl-
Questa risposta è sbagliata.	Diese Antwort ist verkehrt.
avere ragione / torto [a've:re ra'dʒo:ne / 'tɔrto]	Recht / Unrecht haben
In questo hai ragione!	Da hast du Recht!
coscienza – coscienzioso [ko'ʃɛntsa – koʃentsi'o:so]	Gewissen – gewissenhaft
ideale *m* [ide'a:le]	Ideal; ideal
qualità [kuali'ta]	(positive) **Eigenschaft**
(Lei) ha molte qualità.	Sie hat viele gute Eigenschaften.
(in)giustizia [(in)dʒus'titsia]	(Un)Gerechtigkeit
(in)giusto [(in)'dʒusto]	(un)gerecht
Questo lo trovo ingiusto.	Das finde ich ungerecht.
vergognarsi [vergo'ɲarsi]	sich schämen
Vergognati!	Schäm dich!

1.10 Mente e intelletto
Geist und Verstand

spirito – mente *f* ['spi:rito – 'mente]   **Geist; Sinn**
un uomo di spirito   ein geistreicher Mann
Ti ricordi il nome di quel tale? –   Erinnerst du dich an den Namen
   No, non mi viene in mente.   von dem Typen? – Nein, er fällt
    mir nicht ein.

mentale [men'ta:le]   **geistig; psychisch**
Soffre di disturbi mentali.   Er leidet unter Geistesstörungen.
intelletto – cervello   **Verstand**
   [intel'lɛtto – tʃer'vɛllo]
Usa il tuo cervello!   Benutz' deinen Verstand!
buon senso [bu'ɔn 'sɛnso]   **gesunder Menschenverstand**
Paolo manca di buon senso.   Paolo mangelt es an gesundem
    Menschenverstand.

ragione *f* [ra'dʒo:ne]   **Geist; Vernunft, Verstand; Grund**
ridurre qualcuno alla ragione   jemanden zur Vernunft bringen
Ha dovuto licenziarsi per ragioni   Er hat aus gesundheitlichen
   di salute.   Gründen kündigen müssen.
ragionare [radʒo'na:re]   **(logisch) denken**
Ragiona un po'!   Denk doch mal nach!
ragionevole [radʒo'ne:vole]   **vernünftig**
prezzi ragionevoli   vernünftige Preise
intelligenza [intelli'dʒɛntsa]   **Intelligenz**
intelligente [intelli'dʒɛnte]   **intelligent**
Ritengo molto intelligente   Ich halte deine Tochter für
   tua figlia.   sehr intelligent.
ritenere [rite'ne:re]   **halten für**
figurarsi [figu'rarsi]   **sich vorstellen**
Simpatico il tuo fidanzato, ma   Nett, dein Verlobter, aber ich
   me lo figuravo più snello.   hatte ihn mir schlanker vor-
    gestellt.

Die erstarrten Ausrufe *figurati*, *si figuri* und *figuriamoci* bedeuten
soviel wie „gern geschehen", „macht doch nichts" oder „stell' dir
vor, stellen Sie sich vor".

immaginazione *f* [immadʒinatsi'o:ne]   **Fantasie, Einbildungskraft**
Non si stimola l'immaginazione   Man regt die Vorstellungskraft
   dei bambini con i videogiochi.   von Kindern mit Videospielen
    nicht an.

immaginare [immadʒi'na:re]	sich vorstellen; annehmen
Immagino la tua sorpresa!	Ich kann mir vorstellen, wie überrascht du warst!
Immagino che abbiate fame!	Ich nehme an, ihr habt Hunger!
immagine *f* [im'ma:dʒine]	**Bild**
impressione *f* [impressi'o:ne]	**Eindruck**
La prima impressione non inganna.	Der erste Eindruck trügt nicht.
idea [i'dɛ:a]	**Idee; Ahnung; Vorstellung**
Che bella idea!	Was für eine schöne Idee!
Non hai idea di come sia cambiato Marcello!	Du hast keine Ahnung, wie sehr sich Marcello verändert hat!
parere *m* [pa're:re]	**Meinung, Ansicht**
Qual è il Suo parere in merito?	Welche Meinung haben Sie dazu?
concentrazione *f* [kontʃentratsi'o:ne]	**Konzentration**
Ogni tanto mi manca la concentrazione.	Manchmal fehlt es mir an Konzentration.
memoria [me'mɔ:ria]	**Gedächtnis, Erinnerung**
Ogni tanto imparo a memoria una poesia.	Ab und an lerne ich ein Gedicht auswendig.
ricordare [rikor'da:re]	**(sich) erinnern**
Adesso non ricordo!	Ich kann mich gerade nicht erinnern!
ricordarsi [rikor'darsi]	**sich erinnern; daran denken**
Ti ricordi di nonno Brando?	Erinnerst du dich an Opa Brando?
Ti ricordi di comprare un vasetto di marmellata?	Denkst du daran, ein Glas Marmelade zu kaufen?
dimenticare [dimenti'ka:re]	**vergessen**
Cielo, ho dimenticato la marmellata!	Himmel, ich habe die Marmelade vergessen!
riflessione *f* [riflessi'o:ne]	**Überlegung; Nachdenken**
riflettere [ri'flɛttere]	**nachdenken, sich überlegen**
Fammi riflettere un attimo!	Lass' mich einen Augenblick lang nachdenken!
pensiero [pensi'ɛ:ro]	**Gedanke**
Che gentile pensiero!	Was für ein netter Gedanke!
pensare [pen'sa:re]	**denken; glauben; meinen**
Penso di sì / di no.	Ich denke schon / nicht.
Penso che sarò di ritorno verso le otto.	Ich glaube, dass ich gegen acht zurück sein werde.
Penso che questo sia il tono sbagliato.	Ich meine, dass das der verkehrte Ton ist.
pensarci [pen'sartʃi]	**denken; nachdenken, sich überlegen**

Non ci penso neanche!
Ci ho pensato a lungo, ma non
  so decidermi.

sapere [sa'pe:re]
Sai come si fa partire questo
  aggeggio?
Non so nuotare.

capire [ka'pi:re]
Non ho capito bene l'ultima
  parola.

comprendere [kom'prɛndere]
Non comprendo il suo modo
  di agire.

prendere in considerazione
  ['prɛndere in konsideratsi'o:ne]
Ha mai preso in considerazione
  di cambiare posto di lavoro?

considerare [konside'ra:re]

bisogna considerare che …

accorgersi [ak'kɔrdʒersi]
Ti sei accorto che i vicini hanno
  una nuova moto?

interessarsi [interes'sarsi]
Di che cosa ti interessi?

chiedersi / domandarsi
  [ki'e:dersi / doman'darsi]
Mi chiedo se io non abbia torto.

confusione f [konfuzi'o:ne]
Dai, non fare confusione:
  La prozia si chiama Rosa.

confondere [kon'fondere]
Con la tua domanda lo hai
  confuso.
Scusi, l'ho confusa con una mia
  conoscente.

capace [ka'pa:tʃe]
furbo ['furbo]
Spesso le persone capaci sono
  anche furbe.

Ich denk' ja nicht daran!
Ich habe lange darüber nach-
  gedacht, aber ich kann mich
  nicht entscheiden.
können; wissen
Weißt du, wie man dieses Ding
  zum Laufen bringt?
Ich kann nicht schwimmen.
begreifen; verstehen
Ich habe das letzte Wort nicht
  richtig verstanden.
verstehen
Ich verstehe seine Verhaltens-
  weise nicht.
in Erwägung ziehen

Haben Sie je in Erwägung
  gezogen, Ihren Arbeitsplatz
  zu wechseln?
**abwägen; berücksichtigen,
  bedenken**
man muss bedenken, dass …
bemerken
Hast du bemerkt, dass die Nach-
  barn ein neues Motorrad haben?
sich interessieren
Für was interessierst du dich?
sich fragen

Ich frage mich, ob ich nicht
  Unrecht habe.
Durcheinander; Unordnung
Bring' nichts durcheinander:
  Die Großtante heißt Rosa.
verwirren, verwechseln
Mit deiner Frage hast du ihn
  durcheinander gebracht.
Entschuldigen Sie, ich habe Sie
  mit einer Bekannten verwechselt!
fähig
schlau, clever
Oft sind fähige Leute auch clever.

1.11 Lingua e mezzi d'espressione
Sprache und Ausdrucksmittel

lingua ['lingua] — Sprache
Quante lingue parli? — Wie viele Sprachen sprichst du?
espressione *f* [espressi'o:ne] — **Ausdruck**
Non conosco questa espressione. — Ich kenne diesen Ausdruck nicht.
alfabeto [alfa'bɛ:to] — **Alphabet**
Nell'alfabeto italiano manca la lettera "kappa". — Im italienischen Alphabet fehlt der Buchstabe „ka".
parola [pa'rɔ:la] — **Wort**
femminile [femmi'ni:le] — **weiblich**
maschile [mas'ki:le] — **männlich**
La parola "moto" è maschile o femminile? – È femminile. — Ist das Wort „moto" männlich oder weiblich? – Es ist weiblich.
singolare *m* [singo'la:re] — **Singular, Einzahl**
plurale *m* [plu'ra:le] — **Plural, Mehrzahl**
Com'è il plurale di "la città"? – È "le città". — Wie lautet der Plural von „die Stadt"? – Er lautet „die Städte".
grammatica [gram'ma:tika] — **Grammatik**
Senza grammatica non si può parlare una lingua. — Ohne Grammatik kann man keine Sprache sprechen.
frase *f* ['fra:ze] — **Satz**
sostantivo [sostan'ti:vo] — **Substantiv**
verbo ['vɛrbo] — **Verb**
aggettivo [addʒet'ti:vo] — **Adjektiv**
avverbio [av'vɛrbio] — **Adverb**

Nella frase "in quella suggestiva locanda si mangia bene" "locanda" è un sostantivo, "mangia" è un verbo, "suggestiva" è un aggettivo e "bene" è un avverbio. (= In dem Satz "In diesem reizenden Gasthof isst man gut" ist „Gasthof" ein Substantiv, „isst" ein Verb, „reizend" ein Adjektiv und „gut" ein Adverb.)

pronuncia [pro'nuntʃa] — **Aussprache**
La tua pronuncia è perfetta. — Deine Aussprache ist perfekt.
perfetto [per'fetto] — **perfekt, vollkommen**
pronunciare [pronun'tʃa:re] — **aussprechen**
Come si pronuncia la parola „gnocchi"? — Wie spricht man das Wort "gnocchi" aus?
accento [at'tʃɛnto] — **Akzent**
senza accento — akzentfrei

esprimere – esprimersi
[es'pri:mere – es'pri:mersi]
Ti esprimi già molto bene.

ausdrücken – sich ausdrücken

Du drückst dich schon sehr gut
aus.

opinione f [opini'o:ne]
Non vuoi esprimere anche la
tua opinione?

Meinung
Willst du deine Meinung nicht
auch zum Ausdruck bringen?

conversazione f [konversatsi'o:ne]
È sgarbato escludere qualcuno
da una conversazione.

Gespräch
Es ist unhöflich, jemanden von
einem Gespräch auszuschließen.

parlare [par'la:re]
Parla per caso il tedesco?

sprechen
Sprechen Sie zufällig Deutsch?

dire ['di:re]
Come si dice in italiano?

sagen
Wie sagt man auf Italienisch?

bugia [bu'dʒi:a]
Non bisogna dire bugie.

Lüge
Man darf nicht lügen.

mentire [men'ti:re]
Mi hai mentito!

lügen
Du hast mich angelogen!

bugiardo(-a) [bu'dʒardo]
È un maledetto bugiardo.

Lügner(in) – verlogen
Er ist ein verdammter Lügner.

essere d'accordo ['essere dak'kɔrdo]
mettersi d'accordo
['mettersi dak'kɔrdo]
mettersi d'accordo su ...

einverstanden sein
sich einigen

sich auf ... einigen

chiacchierare [kiakkie'ra:re]
fare quattro chiacchiere
['fa:re ku'attro ki'akkiere]
Ieri sera abbiamo fatto quattro
chiacchiere in piazza.

sich unterhalten, plaudern
sich unterhalten, plaudern

Gestern Abend haben wir uns
auf der Piazza unterhalten.

chiacchiere fpl [ki'akkiere]
Gigi e Magda divorziano? –
Ma sono chiacchiere!

Gerede
Gigi und Magda lassen sich schei-
den? – Das ist doch bloß Gerede!

pettegolezzo [pettego'lettso]
In estate i giornali sono pieni
di pettegolezzi.

Klatsch
Im Sommer sind die Zeitungen
voller Klatsch und Tratsch.

domandare/chiedere
[doman'da:re / ki'e:dere]
Deve chiedere all'autista.

fragen

Da müssen Sie den Fahrer fragen.

rispondere [ris'pondere]
Tu rispondi subito alle lettere?

antworten
Beantwortest du Briefe gleich?

risposta [ris'posta]
La mia risposta è no.

Antwort
Meine Antwort lautet nein.

intendere [in'tɛndere]

meinen

Cosa intendi dire con ciò?	Was meinst du damit?
raccontare [rakkon'ta:re]	**erzählen**
Adesso ti racconto una barzelletta.	Jetzt erzähle ich dir einen Witz.
dichiarare [dikia'ra:re]	**erklären**
Il direttore ha dichiarato che gli affari vanno bene.	Der Direktor hat erklärt, dass die Geschäfte gut gehen.
spiegare [spiega:re]	**erklären**
Mi spieghi il significato di questa parola?	Erklärst du mir die Bedeutung dieses Wortes?
avere ragione [a've:re ra'dʒo:ne]	**Recht haben**
Va bene, hai ragione.	Na schön, du hast Recht.
avere torto [a've:re 'tɔrto]	**Unrecht haben**
Secondo me hai torto.	Meiner Meinung nach hast du Unrecht.
urlare [ur'la:re]	**schreien**
Non devi urlare, ti sento molto bene.	Du brauchst nicht zu schreien, ich höre dich sehr wohl.
strillare [stril'la:re]	**schreien**
Vai a guardare che il bimbo strilla?	Schaust du mal nach? Das Kind schreit.
sussurrare [sussur'ra:re]	**flüstern**
Mi ha sussurrato qualcosa all'orecchio.	Sie hat mir etwas ins Ohr geflüstert.
voce *f* ['vo:tʃe]	**Stimme**
Hai proprio una "voce da telefono"!	Du hast wirklich eine Telefonstimme!
meritare [meri'ta:re]	**verdienen**
La tua decisione merita rispetto.	Deine Entscheidung verdient Respekt.
ovvio ['ɔvvio]	**offensichtlich; klar**
È ovvio che ci ha fregati.	Es ist klar, dass er uns reingelegt hat.
stupendo [stu'pɛndo]	**herrlich; wunderbar; toll**
Che giornata stupenda!	Was für ein herrlicher Tag!
magnifico [ma'ɲi:fiko]	**herrlich; toll; super**
Magnifico! Allora vengo.	Toll! Dann komme ich.
meraviglioso [meravi'ʎo:so]	**wunderbar, wunderschön**
Che paesaggio meraviglioso!	Was für eine wunderschöne Landschaft!
terribile [ter'ri:bile]	**schrecklich, furchtbar**
Ma è terribile!	Aber das ist ja schrecklich!
dannato [dan'na:to]	**verdammt**
Dannati vocaboli!	Verdammte Vokabeln!

1.12 **Rapporti umani**
Menschliche Beziehungen

rapporti *mpl* [rap'pɔrti]
Sono in buoni rapporti con lui.

Beziehungen
Ich stehe gut mit ihm.

relazione *f* [relatsi'o:ne]
le sue relazioni con gli uomini

Beziehung
ihre Beziehungen zu Männern

frequentare [frekuen'ta:re]
frequentare gli amici

Umgang haben
mit Freunden Umgang haben

andare d'accordo [an'da:re dak'kɔrdo]
(Lei) va d'accordo con lui.

auskommen; sich verstehen
Sie kommt gut mit ihm aus.

intendersi [in'tɛndersi]
intendersi ad occhi chiusi

sich verstehen; auskommen
sich blind verstehen

folla ['fɔlla]
la folla davanti allo sportello

(Menschen)Menge
die Menschenmenge vor dem
  Schalter

gruppo ['gruppo]
tutti i membri del gruppo

Gruppe
alle Mitglieder der Gruppe

classe *f* ['klasse]
Frequentavamo la stessa classe.

Klasse
Wir waren in derselben Klasse.

club *m* / **circolo** ['klub / 'tʃirkolo]
iscriversi a un club

Klub; Verein
sich bei einem Klub anmelden

coppia ['kɔppia]
Loro due sono una bella coppia.

Paar
Die beiden sind ein schönes Paar.

(avere) **in comune** [in ko'mu:ne]
Hanno molto in comune.

gemein (haben)
Sie haben viel gemein.

membro ['membro]
per soli membri

Mitglied
Nur für Mitglieder

socio(-a) ['sotʃo]

Partner(in)

capo – **direzione** *f*
  ['ka:po – diretsi'o:ne]

(An-)Führer(in) – Führung

amico(-a) [a'mi:ko]
Sono molto amici.

Freund(in)
Sie sind eng befreundet.

ragazzo – **ragazza** [ra'gattso]
(Lui) non ha una ragazza fissa.

Freund – Freundin
Er hat keine feste Freundin.

bacio ['ba:tʃo]
Dai il bacio della buonanotte
  al papà e poi a letto!

Kuss
Gib' dem Papa den Gutenachtkuss
  und dann ab ins Bett!

baciare [ba'tʃa:re] – **baciarsi**
  [ba'tʃarsi]
Vedi quei due? Si baciano tutto
  il giorno!

küssen – sich küssen

Siehst du die beiden? Die küssen
  sich den lieben langen Tag!

amicizia [ami'tʃitsia]	**Freundschaft**
un'amicizia intima / cordiale	eine enge / herzliche Freundschaft
fare amicizia ['faːre ami'tʃitsia]	**sich anfreunden**
Ho fatto amicizia con un simpatico veronese.	Ich habe mich mit einem netten Veroneser angefreundet.

Die verschiedenen Bedeutungen von *„compagno"* [kom'paːɲo]
compagno(-a) (= Kamerad, Gefährte, Kumpel) • *compagno(a) di gio-chi / di scuola* [di 'dʒɔːki / di sku'ɔːla] (= Spiel-, Schulkamerad(in)) •
compagno(a) di vita [di 'viːta] (= Lebensgefährte(-tin))

compagnia [kompa'ɲiːa]	**Gesellschaft**
(Lei) gli fa compagnia.	Sie leistet ihm Gesellschaft.
conoscenza – conoscente *m/f*	**Bekanntschaft – Bekannte(r)**
[kono'ʃentsa – kono'ʃente]	
Piacere di fare la Sua conoscenza!	Erfreut, Sie kennen zu lernen!
Lei è una mia conoscente.	Sie ist eine Bekannte von mir.
conoscere – conoscersi	**(sich) kennen (lernen)**
[ko'noʃʃere – ko'noʃʃersi]	
Ci siamo conosciuti durante la guerra.	Wir lernten uns im Krieg kennen.

Wenn Nomina auf *-ante* und *-ente* Personen bezeichnen, wird
ihr grammatisches Geschlecht durch das natürliche Geschlecht
bestimmt:
il cantante (= der Sänger) – *la cantante* (= die Sängerin),
il conoscente (= der Bekannte) – *la conoscente* (= die Bekannte).

vicino(-a) [vi'tʃiːno]	**Nachbar(in)**
I nostri vicini sono molto gentili.	Unsere Nachbarn sind sehr nett.
stretto ['stretto]	**nahe; eng**
(Lei) è una mia amica stretta.	Sie ist eine enge Freundin von mir.
appoggiare [appod'dʒaːre]	**unterstützen**
Loro ci hanno sempre appoggiati.	Sie haben uns stets unterstützt.
collaborazione *f* **– collaborare**	**Zusammenarbeit –**
[kollaboratsi'oːne – kollabo'raːre]	**zusammenarbeiten**
accordo – disaccordo	**Einvernehmen – Uneinigkeit**
[ak'kɔːrdo – dizak'kɔːrdo]	
D'accordo?	Einverstanden?
conflitto [konf'litto]	**Konflikt**
venire a conflitto	in Streit / Konflikt geraten
lite *f* **– litigare** ['liːte – liti'gaːre]	**Streit – sich streiten**

Loro litigavano spesso.
ostile – ostilità [os'ti:le – ostili'ta]
nemico(-a) [ne'mi:ko]
avversario(-a) [avver'sa:rio]
concorrente *m / f* [koŋkor'rɛnte]
Ci sono molti concorrenti per
  quel posto.
contatto [kon'tatto]
Dobbiamo restare in contatto.
discussione *f* – **discutere**
  [diskussi'o:ne – dis'ku:tere]
Dobbiamo discuterne / parlarne.

contare su [kon'ta:re su]
Conto su di te!
fidarsi di [fi'darsi di]
È meglio non fidarsi di lui.
fiducia [fi'du:tʃa]
Ho fiducia in te.
imbrogliare [imbro'ʎa:re]
Guarda bene lo scontrino.
  Mi hanno già imbrogliato.
influenza [influ'ɛntsa]
I media esercitano una grande
  influenza sulla gente.
influenzare [influen'tsa:re]
Se non si accende la tv non
  ci si fa influenzare.

informare [infor'ma:re]
Dobbiamo informarLa che ...

informarsi [infor'marsi]
Ti puoi informare in Internet.

insultare [insul'ta:re]
Attenzione, non insultarlo
  che è molto permaloso!
offendere [of'fendere]
Non intendevo offenderti.
minacciare ['minattʃa:re]
Ha minacciato di tornare.

Sie stritten sich oft.
feindselig – Feindseligkeit
Feind(in)
Gegner(in)
Konkurrent(in); Bewerber(in)
Es gibt viele Bewerber für
  den Posten.
Kontakt, Verbindung
Wir müssen in Kontakt bleiben.
Diskussion – diskutieren

Wir müssen uns darüber
  unterhalten.
zählen auf, sich verlassen auf
Ich zähle auf dich!
vertrauen
Ihm vertraut man besser nicht.
Vertrauen
Ich vertraue dir.
betrügen
Sieh' dir den Bon genau an.
  Ich bin schon betrogen worden.
Einfluss
Die Medien üben einen großen
  Einfluss auf die Leute aus.
beeinflussen
Wenn man den Fernseher nicht
  anmacht, wird man nicht
  beeinflusst.
informieren, mitteilen
Wir müssen Ihnen mitteilen,
  dass ...
sich informieren
Du kannst dich im Internet
  informieren.
beschimpfen, beleidigen
Vorsicht, beschimpf' ihn nicht,
  er ist sehr nachtragend!
beleidigen
Ich wollte dich nicht beleidigen.
bedrohen, drohen
Er hat damit gedroht, wieder-
  zukommen.

onore *m* [o'noːre]
Ti do la mia parola d'onore.
perdonare [perdo'naːre]
La sua ragazza lo ha perdonato.

persuadere [persua'deːre]
Mi sono fatto persuadere a
comprare questa cretinata.

prendere per ['prendere per]

Ah, è un borsellino? L'avrei preso
per un portachiavi.

scambiare per [skambi'aːre per]
Mi scusi, l'ho scambiata per una
mia conoscente.
promettere [pro'mettere]
Lui mi ha promesso di scrivere.

rendere ['rɛndere]
Quando pensi di rendermi i miei
200 euro?
gesto ['dʒesto]
Che bei fiori! Che gesto gentile!

complimento [kompli'mento]
I miei complimenti allo chef!

convincere [kon'vintʃere]
favore *m* [fa'voːre]
Mi potrebbe fare un favore?

dar fastidio ['dar fas'tiːdio]
Do fastidio? – No, entri pure.

imitare [imi'taːre]
Lui sa imitare i versi di molti
animali.
incoraggiare [iŋkorad'dʒaːre]
Bisogna incoraggiare i giovani.

reazione *f* [reatsi'oːne]

Ehre
Ich gebe dir mein Ehrenwort.
verzeihen
Seine Freundin hat ihm verziehen.
überreden
Ich habe mich dazu überreden
lassen, diesen Schwachsinn
zu kaufen.
**(irrtümlich) halten für,
verwechseln mit**
Ach, das ist eine Geldbörse?
Ich hätte es für ein Schlüssel-
etui gehalten.
verwechseln mit
Entschuldigen Sie, ich habe Sie
für eine Bekannte gehalten.
versprechen
Er hat mir versprochen zu
schreiben.
zurückgeben
Wann gedenkst du, mir meine
200 Euro zurückzugeben?
Geste
Was für schöne Blumen!
Was für eine nette Geste!
Kompliment
Mein Kompliment an den
Küchenchef!
überzeugen
Gefallen
Könnten Sie mir einen Gefallen
tun?
stören
Störe ich? – Nein, kommen Sie
nur herein.
nachahmen
Er kann viele Tierstimmen
nachahmen.
ermutigen
Man muss jungen Leuten Mut
machen.
Reaktion

provocare [provo'ka:re] — provozieren, reizen; hervorrufen, verursachen

Per carità, non provocarlo! È molto irascibile. — Um Himmelswillen, reiz' ihn nicht! Er ist sehr aufbrausend.

rispettare [rispet'ta:re] — respektieren, achten

Non tutti rispettano le leggi. — Nicht alle respektieren die Gesetze.

seccare [sek'ka:re] — stören, belästigen

Quello lì continua a seccare ... — Der da nervt weiter ...

seguire [segu'i:re] — folgen

Bambini, seguite la nonna, qui c'è traffico. — Kinder, folgt der Oma, hier herrscht Verkehr.

ricordare [rikor'da:re] — erinnern

Le ricorda che domani ha un appuntamento col parrucchiere? — Erinnern Sie sie daran, dass sie morgen einen Friseurtermin hat?

 Seguire ist anders als im Deutschen transitiv, steht also mit Akkusativ; *ricordare* dagegen ist – wieder anders als im Deutschen – intransitiv und steht mit Dativ!

tacere [ta'tʃe:re] — schweigen

Chi tace acconsente. — Wer schweigt, stimmt zu.

tesoro [te'zɔ:ro] — Schatz

Sei un tesoro! — Du bist ein Schatz!

trattare [trat'ta:re] — behandeln

Trattala con delicatezza, è molto suscettibile. — Behandle sie mit Feingefühl, sie ist sehr empfindlich.

Questo libro tratta i temi più svariati. — Dieses Buch behandelt die verschiedensten Themen.

scusa ['sku:za] — Ausrede; Entschuldigung

Le chiedo scusa, ma quel posto è mio. — Entschuldigung, aber das ist mein Platz.

Sono tutte scuse! — Das sind alles Ausreden!

scusare [sku'za:re] — entschuldigen

scusarsi [sku'zarsi] — sich entschuldigen

 Wie entschuldigt man sich auf Italienisch?

Vertraulich: *Scusa / Scusami, puoi aiutarmi?* (= Entschuldige, kannst du mir helfen?)

Förmlich Einzahl: *Scusi / Mi scusi, sa che ore sono?* (= Entschuldigen Sie, wissen Sie, wie spät es ist?)

Förmlich Mehrzahl: *Scusate se vi interrompo.* (= Entschuldigen Sie, wenn ich Sie unterbreche.)

1.13 Sessualità
Sexualität

sesso – **sessualità**	Geschlecht / Sex – Sexualität
['sɛsso – sessuali'ta]	
l'altro sesso	das andere Geschlecht
sessuale [sessu'aːle]	**sexuell; Sexual-; Geschlechts-**
molestie sessuali *fpl*	sexuelle Belästigung
abuso sessuale	sexueller Missbrauch
delitto (a sfondo) sessuale	Sexualverbrechen
sexy ['sɛksi]	**sexuell attraktiv**
maschile / femminile [mas'kiːle /	**männlich / weiblich**
femmi'niːle]	
eterosessuale *m/f* [eterosessu'aːle]	**heterosexuell; Heterosexuelle(r)**
omosessuale *m/f* [omosessu'aːle]	**homosexuell; Homosexuelle(r)**
frocio / finocchio / gay	**schwul; Schwule(r)**
['frɔːtʃo / fi'nɔkkio / 'gei]	
lesbica ['lɛzbika]	**lesbisch; Lesbierin / Lesbe**

Ausdrücke für *rapporti sessuali* (= Geschlechtsverkehr)
fare l'amore ['faːre la'moːre] *con qualcuno* (= mit jemandem schlafen),
*andare a letto con qualcuno, avere un rapporto sessuale con qual-
cuno* (= mit jemandem ins Bett gehen), *avere una relazione intima
con qualcuno* (= mit jemandem intim sein)

---

eccitare – **eccitazione** *f*	(sexuell) **erregen – Erregung**
[ettʃi'taːre – ettʃitatsi'oːne]	
eccitato [ettʃi'taːto]	**aufgeregt, erregt**
Ma sei tutto eccitato!	Du bist ja ganz erregt!
inibito – **inibizioni** *fpl*	**gehemmt – Hemmungen**
[ini'biːto – inibitsi'oːne]	
impotente – **impotenza**	**impotent – Impotenz**
[impo'tɛnte – impo'tɛntsa]	
masturbazione *f* [masturbatsi'oːne]	**Masturbation; Selbstbefriedigung**
masturbarsi	masturbieren; onanieren
prostituta – **prostituzione** *f*	**Prostituierte – Prostitution**
[prosti'tuːta – prostitutsi'oːne]	
ragazza squillo [ra'gattsa sku'illo]	**Callgirl**
ragazzo di vita / marchetta	**Strichjunge; Stricher**
[ra'gattso di 'viːta / mar'ketta]	
bordello / casa di tolleranza	**Bordell; Puff**
[bor'dɛllo / 'kaːza di tolle'rantsa]	

1.14 Igiene del corpo
Körperpflege

igiene *f* [i'dʒɛːne]	**Hygiene**
igiene del corpo	Körperpflege
pulizia [puli'tsiːa]	**Reinlichkeit**
pulizia del viso	Gesichtswäsche
lavarsi [la'varsi]	**sich waschen; sich putzen**
Ti sei lavato(-a) le mani?	Hast du dir die Hände gewaschen?
Ti sei lavato(-a) i denti?	Hast du dir die Zähne geputzt?
dentifricio [dɛnti'friːtʃo]	**Zahnpasta**
sapone *m* [sa'poːne]	**Seife**
saponetta	ein Stück Seife
spazzola – spazzolare	**Bürste – bürsten**
['spattsola – spattso'laːre]	
spazzola per i capelli	Haarbürste
spazzolino (da denti)	**Zahnbürste**
[spattso'liːno da 'dɛnti]	
Hai pensato agli spazzolini?	Hast du an die Zahnbürsten gedacht?
bagno ['baːɲo]	**Bad / Badezimmer**
Hai fatto il bagno?	Hast du gebadet?
doccia – **fare la doccia**	**Dusche – sich duschen**
['dɔttʃa – 'faːre la 'dɔttʃa]	
Aspetta che sto facendo la doccia!	Warte, ich dusche gerade!
spugna ['spuːɲa]	**Schwamm / Frottee**
guanto di spugna (per lavarsi)	Waschlappen
asciugamano – **asciugarsi**	**Handtuch – sich abtrocknen**
[aʃuga'maːno – aʃu'garsi]	
Aspetta un attimo che mi asciugo.	Warte, ich trockne mich nur noch ab.
collutorio [kollu'tɔːrio]	**Mundwasser**
farsi la barba ['farsi la 'barba]	**sich rasieren**
Lui si fa la barba ogni due giorni.	Er rasiert sich jeden zweiten Tag.
rasoio [ra'soːio]	**Rasierer**
La lametta del rasoio è consumata.	Die Klinge des Rasierers ist abgenutzt.
schiuma da barba ['skiuːma da 'barba]	**Rasiercreme**
dopobarba *m*	**Rasierwasser** (für nach der Rasur)
shampoo ['ʃampɔ]	**Haarwaschmittel; Haarwäsche**

asciugacapelli *m* [aʃugaka'pelli]	**Haartrockner; Fön**
pettine *m* – **pettinare**	**Kamm – kämmen**
['pεttine – petti'naːre]	
pettinarsi [petti'narsi]	**sich kämmen**
Mi passi il pettine che devo	Reichst du mir den Kamm?
pettinarmi?	Ich muss mich kämmen.
parrucchiere *m* [parrukki'εːre]	**Friseur**
Vado dal parrucchiere.	Ich gehe zum Friseur.
barbiere *m* [barbi'εːre]	**(Herren-)Friseur**
taglio ['taːʎo]	**Schnitt**
Questo taglio ti sta molto bene.	Dieser Schnitt steht dir sehr gut.
farsi tagliare i capelli	sich die Haare schneiden lassen
trucco ['trukko]	**Make-up; Schminke**
Vuole provare con questo trucco?	Wollen sie dieses Make-up ausprobieren?
truccarsi [truk'karsi]	**sich schminken**
truccarsi il viso	sich das Gesicht schminken
struccarsi – togliersi il trucco	sich abschminken

Alcuni prodotti cosmetici (= Einige Kosmetika)
crema ['krεːma] (= Creme) • *crema detergente / idratante* ['krεːma deter'dʒente / idra'tante] (= Reinigungs- / Feuchtigkeitscreme) • *cipria* ['tʃiːpria] (= Gesichtspuder) • *rossetto* [ros'setto] (= Lippenstift) • *rimmel* *m* ['rimmel] (= Wimperntusche) • *ombretto* [om'bretto] (= Lidschatten) • *fard* *m* [far] (= Rouge) • profumo [pro'fuːmo] (= Parfüm) • *deodorante* *m* [deodo'rante] (= Deodorant) • *smalto per unghie* ['zmalto per 'uŋgie] (= Nagellack).
Eine *lozione* *f* [lotsi'oːne] ist eine Pflegeflüssigkeit für die Haut: *lozione per il corpo* (= Körper), *per il viso* (= Gesicht), *per le mani* (= Hände), *lozione dopobarba* (= Rasierwasser), *lozione solare* (= Sonnenöl) etc.

---

ovatta [o'vatta]	**Watte**
fazzoletto [fattso'letto]	**Taschentuch**
fazzoletto di carta	Papier- / Tempo™-Taschentuch
soffiare [soffi'aːre]	**blasen; (Nase) putzen**
Un attimo che mi soffio il naso.	Augenblick, ich putz' mir die Nase.
assorbente *m* [assor'bεnte]	**(Damen-)Binde**
carta igienica ['karta i'dʒεnika]	**Toilettenpapier**
gabinetto [gabi'netto]	**Toilette; Klo**
Laura è al gabinetto.	Laura ist auf dem Klo.

1.15 Morte
Tod

morte *f* ['mɔrte]	**Tod**
Non hai paura della morte?	Hast du keine Angst vor dem Tod?
morire [mo'ri:re]	**sterben**
(Lui) è morto di cancro / vecchiaia.	Er starb an Krebs / Altersschwäche.
morto(-a) ['mɔrto]	**tot; Tote(r)**
deceduto / defunto	**verstorben**
[detʃe'du:to / de'funto]	
la vedova del defunto	die Witwe des Verstorbenen
cadavere *m* [ka'da:vere]	**Leiche**
bara – urna (cineraria)	**Sarg – Urne**
['ba:ra – 'urna (tʃine'ra:ria)]	
funerale *m* / **sepoltura**	**Begräbnis; Beerdigung;**
[fune'ra:le / sepol'tu:ra]	**Beisetzung**
Sono stato al funerale.	Ich war auf der Beerdigung.
funebre ['funebre]	**Leichen-; Toten-; Trauer-**
carro funebre	Leichenwagen
istituto di pompe funebri	Bestattungsinstitut
cimitero [tʃimi'tɛ:ro]	**Friedhof**
seppellire [seppel'li:re]	**begraben**
Dove è sepolto?	Wo liegt er begraben?
crematorio	Krematorium
tomba ['tomba]	**Grab**
mortale [mor'ta:le]	**sterblich / tödlich**
ferita mortale	tödliche Verletzung
anima ['a:nima]	**Seele**
lutto ['lutto] – essere in lutto	**Trauer – (be)trauern**
suicidio [sui'tʃi:dio]	**Selbstmord; Selbsttötung; Freitod**
(Lei) si è suicidata.	Sie beging Selbstmord.
uccidere / **assassinare qualcuno**	**jemanden töten / umbringen**
[ut'tʃi:dere / assassi'na:re kual'ku:no]	
È stato ucciso a colpi d'arma da fuoco.	Er wurde erschossen.
testamento [testa'mento]	**Testament**
la mia ultima volontà	mein letzter Wille
condoglianze *fpl* [kondo'ʎantse]	**Beileid**
Desidero esprimere le più sincere condoglianze a Lei e alla Sua famiglia.	Ich möchte Ihnen und Ihrer Familie mein aufrichtiges Beileid aussprechen.

2.1 Rapporti familiari
Verwandtschaftliche Beziehungen

parente *m / f* [pa'rɛnte]
(Lei) non è una mia parente.
Ho parenti in America.
origine *f* [o'ri:dʒine]
Loro sono di origine bavarese.
famiglia [fa'mi:ʎa]
Pensiamo di metter su famiglia.

i miei *mpl* [i mi'ɛ:i]
padre *m* – **madre** *f* ['pa:dre – 'ma:dre]
patrigno – matrigna
figlio – **figlia** ['fi:ʎo – 'fi:ʎa]
fratello – **sorella** [fra'tɛllo – so'rɛlla]
Siamo 4 fratelli, due ragazzi e due ragazze.

Verwandte(r) – verwandt
Sie ist nicht mit mir verwandt.
Ich habe Verwandte in Amerika.
Herkunft
Sie sind bayerischer Abstammung.
Familie
Wir wollen uns jetzt Kinder zulegen.

meine Leute / Verwandten / Familie
Vater – Mutter

Stiefvater – Stiefmutter
Sohn – Tochter
Bruder – Schwester

Wir sind 4 Geschwister, zwei Jungen und zwei Mädchen.

Parenti acquisiti [pa'rɛnti akkui'zi:ti] **(= angeheiratete Verwandte)**
suocero – suocera [su'ɔ:tʃero] (= Schwiegervater, -mutter) • *suoceri* [su'ɔ:tʃeri] (= Schwiegereltern) • *genero* ['dʒɛ:nero] (= Schwiegersohn) • *nuora* [nu'ɔ:ra] (= Schwiegertochter) • *cognato – cognata* [ko'ɲa:to] (= Schwager, Schwägerin)

---

zio – **zia** [ts'i:o - ts'i:a]
gli zii [ʎi ts'i:i]
nipote *m / f* [ni'po:te]
cugino – **cugina** [ku'dʒi:no]
Cinzia è una mia cugina.
nonno – **nonna** ['nɔnno – 'nɔnna]
nonni *mpl* ['nɔnni]
prendersi cura di ['prɛndersi 'ku:ra di]
Chi si prende cura dei nonni?

ereditare [eredi'ta:re]
Ha ereditato una fortuna dai nonni.

Onkel – Tante
Onkel und Tante
Neffe / Nichte; Enkel(in)
Cousin / Vetter – Cousine / Base
Cinzia ist eine Cousine von mir.
Großvater – Großmutter
Großeltern
sich kümmern um
Wer kümmert sich um die Großeltern?

erben
Er hat ein Vermögen von seinen Großeltern geerbt.

2.2 Matrimonio e divorzio
Ehe und Ehescheidung

matrimonio [matri'mɔ:nio]	Ehe; Heirat
Il matrimonio si è celebrato in chiesa.	Die Hochzeit fand in der Kirche statt.
matrimonio civile	standesamtliche Trauung
matrimonio religioso	kirchliche Trauung
certificato di matrimonio	Trauschein; Heiratsurkunde
Le ha fatto una proposta di matrimonio.	Er machte ihr einen Heiratsantrag.
matrimoniale	ehelich; Ehe-
consulente *m*/*f* matrimoniale	Eheberater(in)
anniversario di matrimonio	Hochzeitstag
sposo – sposa ['spɔ:zo – 'spɔ:za]	**Bräutigam – Braut**
abito da sposa	Hochzeitskleid
fede *f* / **vera** ['fe:de / 've:ra]	**Trauring; Ehering**
scambiarsi le fedi	die Ringe austauschen
sposare(-arsi) [spo'za:re]	heiraten; trauen
Vuoi sposarmi?	Willst du mich heiraten?
Vogliono sposarsi in chiesa.	Sie möchten kirchlich heiraten.
Sono stati sposati dal vescovo.	Sie wurden vom Bischof getraut.
(Lei) è sposata con un artista.	Sie ist mit einem Künstler verheiratet.
Si sono sposati nel 2002.	Sie haben 2002 geheiratet.
Si sono dovuti sposare.	Sie mussten heiraten.
coniugi *mpl* ['kɔ:niudʒi]	**Eheleute; Ehepaar**
coppia di coniugi	Ehepaar
coniugale	ehelich; Ehe-
fidanzato – fidanzata [fidan'tsa:to]	(der) **Verlobte** – (die) **Verlobte**
Si sono appena fidanzati.	Sie haben sich gerade verlobt.
fidanzamento	Verlobung
anello di fidanzamento	Verlobungsring
nozze *fpl* ['nɔttse]	**Trauung; Hochzeit**
nozze d'argento / d'oro	silberne / goldene Hochzeit
festeggiare le nozze d'argento	Silberhochzeit feiern
viaggio di nozze	Hochzeitsreise
luna di miele ['lu:na di mi'ɛ:le]	**Flitterwochen**
In luna di miele gli sposi sono stati a Roma.	Ihre Flitterwochen verbrachten die Neuvermählten in Rom.
ufficio anagrafico [uf'fi:tʃo anag'ra:fiko]	**Standesamt**

testimone *m* / *f* (di nozze) [testi'mɔːne]	Trauzeuge / Trauzeugin
marito e moglie [ma'riːto e 'moːʎe]	(Ehe-)**Mann** und (Ehe-)**Frau**
il suo ex marito	ihr Exmann
partner *m* / *f* – **compagno(-a) di vita** ['partnɛr – kom'paɲo di 'viːta]	**Partner(in)** – **Lebensgefährte / -gefährtin**
Marco e la sua compagna	Marco und seine Lebensgefährtin
portare i calzoni [por'taːre i kal'tsoːni]	**die Hosen anhaben**
È lei a portare i calzoni.	Sie ist es, die die Hosen anhat.
(il)legittimo [(il)le'dʒittimo]	**(nicht)ehelich**
figli legittimi ed illegittimi	eheliche und nichteheliche Kinder
infedeltà [infedel'ta]	**Untreue** (*in Ehe bzw. Partnerschaft*)
fedele – **infedele**	**treu** – **untreu**
Non ti sono mai stato infedele.	Ich bin dir nie untreu geworden.
adulterio [adul'tɛːrio]	**Ehebruch**
commettere adulterio	Ehebruch begehen
mettere le corna *fpl* al marito / alla moglie ['mettere le 'kɔrna]	dem Ehemann / der Ehefrau **Hörner aufsetzen**
una relazione extraconiugale ['uːna relatsi'one ekstrakoniu'gaːle]	**ein außereheliches (Liebes-)Verhältnis**
Che abbia avuto una relazione con lei?	Ob er wohl ein Verhältnis mit ihr hatte?
amante *m* / *f* [a'mante]	**Geliebte(r) / Liebhaber**
Sua moglie ha un amante.	Seine Frau hat einen Liebhaber.
donnaiolo [donnai'ɔːlo]	**Schürzenjäger; Frauenheld**
separarsi [sepa'rarsi]	**sich trennen**
I suoi genitori sono separati.	Ihre / Seine Eltern leben getrennt.
(Lei) vuole separarsi da lui.	Sie will sich von ihm trennen.
separazione *f*	**Trennung**
fallire [fal'liːre]	**in die Brüche gehen; scheitern**
Molti matrimoni falliscono.	Viele Ehen scheitern.
divorzio [di'vɔrtsio]	**(Ehe-)Scheidung**
Valeria ha chiesto il divorzio.	Valeria hat die Scheidung eingereicht.
divorziare [divɔrtsi'aːre]	**sich scheiden lassen**
Riccardo vuole divorziare.	Riccardo will sich scheiden lassen.
(Loro) hanno divorziato.	Sie ließen sich scheiden.
alimenti *mpl* [ali'menti]	**Unterhalt** (nach der Scheidung)
(Lui) deve corrispondere gli alimenti alla ex moglie.	Er muss seiner früheren Frau Unterhalt zahlen.
vedova – **vedovo** ['veːdova]	**Witwe** – **Witwer**

2

La famiglia

Genitori e figli
Eltern und Kinder

genitori *mpl* – **figli** *mpl*　　Eltern – Kinder
[dʒeni'toːri – 'fiːʎi]
Molti genitori hanno un figlio　　Viele Eltern haben einen Sohn
e una figlia.　　　　　　　　　und eine Tochter.
figlio – **figlia** ['fiːʎo – 'fiːʎa]　**Sohn / Kind – Tochter**

Dass eine Frau **schwanger** (= *incinta* [in'tʃinta]) ist, kann auf unterschiedliche Weise ausgedrückt werden: *lei aspetta un bambino, lei
è in stato interessante. Una futura madre* ist eine werdende Mutter.

---

nascita ['naʃita]　　　　　　Geburt
dare alla luce un bambino　　　ein Kind zur Welt bringen
certificato di nascita　　　　　Geburtsurkunde
nascere ['naʃere]　　　　　　**geboren werden**
Dove è nato?　　　　　　　　　Wo sind Sie geboren?
avvisare [avvi'zaːre]　　　　**sagen, benachrichtigen; warnen**
Hanno avvisato la futura madre　Die werdende Mutter ist gewarnt
che dovranno effettuare un　　　worden, dass ein Kaiserschnitt
taglio cesareo.　　　　　　　　gemacht werden muss.
gemello(-i / -e) [dʒe'mɛllo]　**Zwilling(e)**
battesimo [bat'teːzimo]　　　**Taufe**
figlioccio(-a) [fiː'ʎottʃo]　　**Patenkind**
padrino – **madrina** [pa'driːno – **Patenonkel – Patentante**
ma'driːna]

Kosewörter (= *vezzeggiativi*)
Für *padre m* ['paːdre] (= Vater): *papà – babbo* [pa'pa – 'babbo]
(= Papa, Papi).
Für *madre f* ['maːdre] (= Mutter): *mamma* ['mamma] (= Mama),
mammina [mam'miːna] (= Mami).
Für *bambino(-a)* [bam'biːno] (= Kind): *bimbo – piccolo* ['bimbo –
'pikkolo] (= Kleine), *ragazzo(-a)* [ra'gattso] (= Junge – Mädchen),
tesoro [te'zɔːro] (= Schatz).

---

dare il biberon ['daːre il bibe'rɔn]　**das Fläschchen geben**
allattare [allat'taːre]　　　　**stillen**
calmare – **calmarsi** [kal'maːre – **beruhigen – sich beruhigen**
kal'marsi]

| 2.3 Genitori e figli

Il bébé piange da mezz'ora.
Forse i dentini?
ciuccio ['tʃuttʃo]
Ah, ha perso il ciuccio!

Das Baby weint seit einer halben
Stunde. Vielleicht die Zähnchen?
Schnuller
Ach, es hat den Schnuller ver-
loren!

pannolino [panno'li:no]
fasciare il bambino
vasetto [va'zetto]
Hai fatto la pupù?
fare il bagno al bimbo
['fa:re il ba:ɲo]
ninnananna ['ninnananna]
storia della buona notte
racconto – raccontare
[rak'konto – rak'konta:re]
Prima di dormire il babbo
racconta una fiaba ai bimbi.
cura ['ku:ra]
adottare [adot'ta:re]
figlio adottivo
dare in adozione un bambino
orfano(-a) – orfanotrofio
['ɔrfano – orfano'trɔ:fio]
crescere un figlio ['kre:ʃere]
educazione f [edukatsi'o:ne]
Ha avuto un'educazione severa.
educare [edu'ka:re]
Lei è stata educata in casa.
bisognare [bizo'ɲa:re]
Bisogna educare i figli con amore
e pazienza.
Bisogna che qualcuno prepari
la pappa ai bimbi.

Windel
das Baby wickeln
Töpfchen
Hast du Aa gemacht?
das Baby **baden**

Wiegenlied; Schlaflied
Gutenachtgeschichte
Erzählung – erzählen

Vor dem Schlafen erzählt der Papa
den Kleinen ein Märchen.
Obhut; Pflege
adoptieren
ein adoptiertes Kind / Adoptivkind
ein Kind zur Adoption freigeben
Waise(nkind) – Waisenhaus

ein Kind **großziehen**
Erziehung; Kinderstube
Er/Sie wurde streng erzogen.
erziehen; bilden
Sie wurde zu Hause unterrichtet.
müssen; nötig sein
Man muss Kinder mit Liebe und
Geduld erziehen.
Es ist nötig, dass jemand den
Kleinen das Happa macht.

Bisognare wird im Sinne von „müssen, erforderlich sein" **nur in
der 3. Person Einzahl** gebraucht. Es steht mit einem Infinitiv oder
mit der Konjunktion „*che*". Dann ist ein Konjunktiv erforderlich.

ubbidire [ubbi'di:re]
Pierino, mi raccomando, ubbidisci
al nonno!
permettere [per'me:ttere]

gehorchen, (be)folgen
Peterchen, hör' mir zu, gehorch'
dem Opa!
erlauben, gestatten, zulassen

Non ti permetto di parlare così
con tua madre!
| **proibire** | [proi'biːre]
Ti proibisco di uscire stasera!

Ich erlaube dir nicht, so mit
deiner Mutter zu sprechen!
verbieten
Ich verbiete dir, heute Abend
auszugehen!

| **vietare** | [vie'taːre]
Questo film è vietato ai minori
di 16 anni.

verbieten, untersagen
Dieser Film ist für Jugendliche
unter 16 Jahren verboten.

| **ottenere** | [otte'neːre]
Molti bambini ottengono
tutto quello che vogliono.

erreichen, erhalten
Viele Kinder erhalten alles,
was sie wollen.

assomigliare [assomi'ʎaːre]
Lei assomiglia alla madre.

ähnlich sein / sehen
Sie sieht ihrer Mutter ähnlich.

paghetta [pa'ghetta]
Gli abbiamo aumentato la
paghetta.

Taschengeld
Wir haben sein Taschengeld
erhöht.

| **insistere** | [in'sistere]
Carlino insiste su un aumento
della paghetta.

bestehen auf, beharren auf
Karlchen besteht auf einer
Erhöhung des Taschengelds.

accontentarsi [akkonten'tarsi]
No, si accontenterà di quello
che ha.

sich zufrieden geben mit
Nein, er wird sich mit dem
zufrieden geben, was er hat.

accontentare [akkonten'taːre]

zufrieden stellen

guaio [gu'aːio]
Ragazzi, il vetro è rotto. Siamo
nei guai!

Schwierigkeit, Ärger
Jungs, die Scheibe ist kaputt. Wir
stecken in Schwierigkeiten!

combinare [kombi'naːre]
Bambini, che guai avete combi-
nato oggi?

anstellen, anrichten
Kinder, was habt ihr heute wieder
angestellt?

sgridare qualcuno [zgri'daːre]
(Lei) lo ha sgridato.

jemanden **ausschimpfen**
Sie hat ihn ausgeschimpft.

rimprovero [rim'prɔːvero]
rimproverare un bambino
[rimprove'raːre]

Vorwurf; Schelte
ein Kind **ausschimpfen / schelten**

picchiare un bambino [pikki'aːre]
viziare un bambino [vitsi'aːre]
trascurare un bambino [trasku'raːre]
maltrattare un bambino
[maltrat'taːre]

ein Kind **hauen**
ein Kind **verziehen / verwöhnen**
ein Kind **vernachlässigen**
ein Kind **misshandeln**

mammone *m* [mam'moːne]
Che mammone! A 35 anni vive
ancora a casa!

Muttersöhnchen
Was für ein Muttersöhnchen! Mit
35 Jahren lebt er noch zuhause!

Kapitel 3

3.1 Alimenti
Nahrungsmittel

alimentazione f [alimentatsi'o:ne] (= Nahrung / Essen / Kost) • *cibo* ['tʃi:bo] (= Nahrung, Essen) • *alimentazione dietetica* [alimentatsi'o:ne die'tɛ:tika] (= Reformkost) • *fast food* ['fast 'fu:d] (= Schnellgerichte) • *piatto pronto* [pi'atto 'pronto] (= Fertiggericht) • *surgelati mpl* [surdʒe'la:ti] (= Tiefkühlkost)

latte m ['latte] (= Milch) • *latte intero* [in'te:ro] (= Vollmilch) • *latte parzialmente scremato* [partsial'mente skre'ma:to] (= fettarme Milch) • *latte a lunga conservazione* [a lunga konservatsi'o:ne] (= H-Milch)

burro ['burro] (= Butter) • *panna* ['panna] (= Sahne) • *panna acida* ['panna 'a:tʃida] (= saure Sahne) • *panna montata* ['panna mon'ta:ta] (= Schlagsahne) • *gelato* [dʒe'la:to] (= Speiseeis) • *yogurt* [i'ɔ:gurt] (= Joghurt)

formaggio [for'maddʒo] (= Käse) • *formaggio caprino* [for'maddʒo ka'pri:no] (= Ziegenkäse) • *pecorino* [peko'ri:no] (= Schafskäse) • *parmigiano* [parmi'dʒa:no] (= Parmesan) • *Bel Paese* [bɛlpa'e:ze] (= Butterkäse) • *mozzarella di bufala* [mottsa'rɛlla di 'bu:fala] (= Büffelkäse) • *robiola* [robi'ɔ:la] (= Weichkäse)

uovo [u'ɔ:vo] (= Ei) • *uovo alla coque* [u'ɔ:vo alla 'kɔ:k] (= weich ge-kochtes Ei) • *uovo sodo* [u'ɔ:vo 'sɔ:do] (= hartes Ei) • *uova all'occhio di bue* [u'ɔ:va all'ɔkkio di 'bu:e] (= Spiegeleier) • *uova strapazzate* [u'ɔ:va strapat'tsa:te] (= Rühreier). Das Wort „Ei" ändert im Plural das Geschlecht: *l'uovo m – le uova fpl.*

pane m ['pa:ne] (= Brot) • *pane bianco* ['pa:ne bi'anko] (= Weißbrot) • *pane nero* ['pa:ne 'ne:ro] (= Schwarzbrot) • *pane di segale* ['pa:ne 'se:gale] (= Roggenbrot) • *pane integrale* ['pa:ne inte'gra:le] (= Voll-kornbrot) • *panino* [pa'ni:no] (= Brötchen) • *brioche f* [bri'ɔ:ʃ] (= Ku-chenbrötchen) • *pane a cassetta / pan carrè m* ['pa:ne a kas'setta / 'pa:n kar'rɛ] (= Toastbrot) • *grissini* [gris'si:ni] (= dünne Weißbrotstangen) • *tramezzino* [tramed'dzi:no] (= Sandwich) • *panino imbottito* [pa'ni:no imbot'ti:to] (= belegtes Brötchen) • *focaccia* [fo'kattʃa] (= süßer oder salziger Fladen) • *pane biscottato* ['pa:ne biskot'ta:to] (= Zwieback) *dolci mpl* ['doltʃi] (= Gebäck) • *torta* ['torta] (= Kuchen) • *crostata alla frutta* [kro'sta:ta 'alla 'frutta] (= Obstkuchen) • *biscotto* [bis'kɔtto] (= Keks) • *pasticcini mpl* [pastit'tʃi:ni] (= Feingebäck) • *frollini mpl* [frol'li:ni] (= Spritzgebäck) • *bignè m* [bi'ɲɛ] (= Beignet / leichtes Gebäck, oft mit Cremefüllung)

cereali mpl [tʃere'a:li] (= Getreide) • *segale m* ['se:gale] (= Roggen) • *frumento* [fru'mento] (= Weizen) • *orzo* ['ɔrdzo] (= Gerste) • *grano-turco / mais m* [grano'turko / 'mais] (= Mais) • *orzo perlato* [per'la:to] (= Perlgraupe(n)) • *farina* [fa'ri:na] (= Mehl) • *crusca* ['kruska] (= Kleie) • *avena* [a've:na] (= Hafer) • ▢*riso* ['ri:so] (= Reis) • *polenta* [po'lenta] (= Maisbrei)

dolciumi mpl [dol'tʃu:mi] (= Süßigkeiten) • *caramelle* [kara'melle] (= Bonbons) • *mentine* [men'ti:ne] (= Pfefferminzbonbons) • *lecca-lecca m* [lekka'lekka] (= Lutscher) • ▢*cioccolata* [tʃokko'la:ta] (= Schokolade) • *la barretta / tavoletta di cioccolata* [la ba'rretta / tavo'letta di 'tʃokkola:ta] (= ein Riegel / eine Tafel Schokolade)

▢*pasta* ['pasta] (= Teigwaren / Nudeln) • *impasto* [im'pasto] (= Teig) • *pasta di grano duro* [di 'gra:no 'du:ro] (= Hartweizennudeln) • *pasta all'uovo* [allu'ɔ:vo] (= Eiernudeln) • *pasta fatta in casa* ['fatta in 'ka:sa] (= hausgemachte Nudeln) • *al dente* [al 'dɛnte] (= bissfest)

▢*spaghetti* [spa'getti] (= Nudeln) • *maccheroni* [makke'ro:ni] (= Nudeln) • *lasagne* [la'sa:ɲe] (= Nudelteigplatten) • *ravioli* [ravi'ɔ:li] (= gefüllte Nudeltaschen) • *vermicelli* [vermi'tʃelli] (= Fadennudeln) • *tagliatelle verdi* [taʎa'tɛlle 'verdi] (= Spinatbandnudeln) • *fusilli* [fu'silli] (= spiralförmige Nudeln) • *fettuccine* [fettut'tʃi:ne] (= Eierbandnudeln) • *rigatoni* [riga'to:ni] (= Rillennudeln) • *orecchiette* [orek'kiette] (= „Öhrchen")

▢*carne f* ['karne] (= Fleisch) • *carne di manzo* ['karne di 'mandzo] (= Rindfleisch) • *carne di maiale* ['karne di mai'a:le] (= Schweine-fleisch) • *carne di vitello* ['karne di vi'tɛllo] (= Kalbfleisch) • *agnello* [a'ɲɛllo] (= Lammfleisch) • *montone m / castrato* [mon'to:ne / kas'tra:to] (= Hammelfleisch) • *bistecca* [bis'tɛkka] (= Steak; Schnitzel) • *pancetta* [pan'tʃetta] (= durchwachsener Speck)

pollame m [pol'la:me] (= Geflügel) • ▢*pollo* ['pollo] (= Huhn / Hähn-chen) • *anatra* ['a:natra] (= Ente) • *oca* ['ɔka] (= Gans) • *tacchino* [tak'ki:no] (= Truthahn / Pute) • *faraona* [fara'o:na] (= Perlhuhn)

selvaggina [selvad'dʒi:na] (= Wild) • *capriolo* [kapri'ɔ:lo] (= Reh) •
lepre ƒ ['lɛpre] (= Hase) • *coniglio* [ko'ni:ʎo] (= Kaninchen) • *cinghiale m* [tʃingi'a:le] (= Wildschwein) • *fagiano* [fa'dʒa:no] (= Fasan)

salumi mpl [sa'lu:mi] (= Wurst) • ‎ ‎*salame* ‎ *m* [sa'la:me] (= Salami) •
mortadella [morta'dɛlla] (= Wurst aus Schweinefleisch mit Pistazien) •
‎*prosciutto crudo* ‎ [pro'ʃu:tto 'kru:do] (= roher Schinken) • ‎*prosciutto*
cotto ‎ [pro'ʃu:tto 'kɔtto] (= gekochter Schinken)

frutti di mare ['frutti di ma:re] (= Meeresfrüchte) *e* ‎*pesce* ‎ *m* ['pe:ʃe]
(= Fisch) • *baccalà m* [bakka'la] (= Stockfisch) • *pescespada m*
[pe:ʃe'spa:da] (= Schwertfisch) • *passera di mare* ['passera di 'ma:re]
(= Scholle) • *salmone m* [sal'mo:ne] (= Lachs) • *salmone affumicato*
[affumi'ka:to] (= Räucherlachs) • *sogliola* ['sɔ:ʎola] (= Seezunge) •
trota [trɔ:ta] (= Forelle) • *tonno* ['tonno] (= Thunfisch) • *sgombro*
['sgombro] (= Makrele) • *crostacei* [kro'sta:tʃei] (= Schalentiere) •
astice m ['astitʃe] (= Hummer) • *aragosta* [ara'gɔsta] (= Languste) •
gamberetti [gambe're:tti] (= Krabben / Garnelen) • *seppie* ['seppie]
(= Tintenfische) • *vongola* ['vongola] (= Venusmuschel)

‎*minestra* ‎ [mi'nɛstra] (= Suppe) • *minestrone m* [mines'tro:ne] (= dicke
Gemüsesuppe mit Teigwaren) • *brodo ristretto* ['brɔ:do ris'tretto]
(= Kraftbrühe) • *pastina in brodo* [pas'ti:na in 'brɔ:do] (= Nudelsuppe) •
brodo ['brɔ:do] (= Brühe)

salsa ['salsa] (= Soße) *e sugo* ['su:go] (= Nudelsoße) • *pesto* ['pesto]
(= Genueser grüne Sauce) • *besciamella* [beʃa'mɛlla] (= Bechamel-
sauce) • *sugo di pomodoro* ['su:go di pomo'do:ro] (= Tomatensauce) •
ragù m [ra'gu] (= Fleischsoße)

grassi ['grassi] (= Fette) • *grasso* ['grasso] (= Fett) • ‎*olio* ‎ ['ɔ:lio] (= Öl) •
margarina [marga'ri:na] (= Margarine) • ‎*burro* ‎ ['burro] (= Butter)

verdure ed ortaggi [ver'du:re e or'taddʒi] (= Gemüse) • *asparago*
[as'pa:rago] (= Spargel) • *fagioli* [fa'dʒɔ:li] (= Bohnen) • *fagiolini*
[fadʒɔ'li:ni] (= grüne Bohnen) • *piselli* [pi'sɛ:lli] (= Erbsen) • *cavolo*
['ka:volo] (= Kohl) • *cavolini di Bruxelles* [kavo'li:ni di bru'ssɛl]
(= Rosenkohl) • *cavolfiore m* [kavolfi'o:re] (= Blumenkohl) • *spinaci*
[spi'na:tʃi] (= Spinat) • *fungo* ['fungo] (= Speisepilz) • ‎*pomodoro* ‎
[pomo'dɔ:ro] (= Tomate) • *cetriolo* [tʃetri'ɔ:lo] (= Gurke) • *cipolla*
[tʃi'polla] (= Zwiebel) • *ravanelli* [rava'nɛ:lli] (= Radieschen) •

carciofi [kar'tʃɔːfi] (= Artischocken) • *lattuga* [lat'tuːga] (= Kopfsalat) • *peperone m* [pepe'roːne] (= Paprikaschote) • *zucchine* [tsuk'kiːne] (= Zucchini) • *melanzane* [melan'tsaːne] (= Auberginen) • *carota* [ka'rɔːta] (= Karotte) • *oliva* [o'liːva] (= Olive) • *patata* [pa'taːta] (= Kartoffel) • *zucca* ['tsukka] (= Kürbis) • *radicchio* [ra'dikkio]

insalata [insa'laːta] (= Salat) • *rucola* ['ruːkola] (= Gartenrauke) • *insalata mista* [insa'laːta 'mista] (= gemischter Salat) • *insalata verde* [insa'laːta 'verde] (= grüner Salat) • *insalata di pomodori* [insa'laːta di pomo'dɔːri] (= Tomatensalat) • *macedonia* (= Obstsalat) [matʃe'dɔːnia]

frutta ['frutta] (= Obst) • *mela* ['meːla] (= Apfel) • *pera* ['peːra] (= Birne) • *ciliegia* [tʃili'ɛːdʒa] (= Kirsche) • *prugna* ['pruɲa] (= Pflaume) • *pesca* ['pɛska] (= Pfirsich) • *uva* ['uːva] (= Weintrauben) • *nespole* ['nɛspole] (= Mispeln) • *fragole* ['fraːgole] (= Erdbeeren) • *more* ['mɔːre] (= Brombeeren) • *lamponi* [lam'poːni] (= Himbeeren) • *mirtilli* [mir'tilli] (= Blaubeeren) • *melograno* [melo'graːno] (= Granatapfel) • *ribes* ['ribes] (= Johannisbeeren) • *uvetta* [u'vetta] (= Rosinen) • *banana* [ba'naːna] (= Banane) • *arancia* [a'rantʃa] (= Apfelsine) • *pompelmo* [pom'pɛlmo] (= Grapefruit) • *limone m* [li'moːne] (= Zitrone) • *ananas* ['ananas] (= Ananas) • *dattero* ['dattero] (= Dattel) • *albicocca* [albi'kɔkka] (= Aprikose) • *cocomero – anguria* [ko'koːmero – an'guːria] (= Wassermelone) • *melone m* [me'loːne] (= Honigmelone)

frutta con guscio ['frutta kon 'guːʃo] (= Schalenobst) • *noce f* ['noːce] (= Walnuss) • *nocciola* [not'tʃɔːla] (= Haselnuss) • *arachide f* [a'raːkide] (= Erdnuss) • *castagna* [ka'staɲa] (= Kastanie)

erbe aromatiche ['ɛrbe aro'maːtike] (= Gewürzkräuter) *e spezie* ['spɛːtsie] (= Gewürze) • *pepe m* ['peːpe] (= Pfeffer) • *curry* ['kərri] • *senape f* ['sɛːnape] (= Senf) • *aglio* ['aːʎo] (= Knoblauch) • *prezzemolo* [pret'tseːmolo] (= Petersilie) • *rosmarino* [rosma'riːno] (= Rosmarin) • *alloro* [al'lɔːro] (= Lorbeer) • *maggiorana* [maddʒo'raːna] (= Majoran) • *origano* [o'riːgano] (= Oregano) • *basilico* [ba'siːliko] (= Basilikum) • *salvia* ['salvia] (= Salbei) • *erba cipollina* ['ɛrba tʃipol'liːna] (= Schnittlauch) • *menta* ['menta] (= Minze) • *timo* ['tiːmo] (= Thymian)

condimenti [kondi'menti] (= Salatwürze) • *olio d'oliva* ['ɔːlio do'liːva] (= Olivenöl) • *olio di semi* ['ɔːlio di 'seːmi] (= Pflanzenöl) • *aceto di vino* [a'tʃeːto di 'vino] (= Weinessig) • *aceto balsamico* [a'tʃeːto bal'saːmiko] (= Balsamessig) • *sale m* ['saːle] (= Salz) • *pepe m* ['peːpe] (= Pfeffer) • *marmellata* [marmel'laːta] (= Marmelade) • *miele m* [mi'ɛːle] (= Honig) • *zucchero* ['tsukkero] (= Zucker)

3.2 **Bevande**
Getränke

bere (– bevvi – bevuto) ['beːre]	**trinken**
Bevi qualcosa?	Magst du etwas zu trinken?
bevanda alcolica / analcolica	alkoholisches / alkoholfreies
[be'vanda al'kɔːlika / anal'kɔːlika]	Getränk
bibita ['biːbita]	**Getränk**
aperitivo [aperi'tiːvo]	**Aperitif**
Prendiamo un aperitivo?	Trinken wir einen Aperitif?
acqua minerale ['akkua mine'raːle]	(Mineral-)**Wasser**
acqua naturale / liscia	stilles Mineral- / Tafelwasser
acqua minerale gassata / frizzante	Sprudel
limonata [limo'naːta]	(Zitronen-)**Limonade**
aranciata [aran'tʃaːta]	**Orangenlimonade**
succo di frutta ['sukko di 'frutta]	(Frucht-)**Saft**
succo di mela / di pera	Apfel- / Birnensaft
spremuta d'arancia	frisch ausgepresster Orangensaft
birra ['birra]	**Bier**
Preferisco la birra alla spina.	Ich trinke lieber Bier vom Fass.
vino (bianco / rosso / rosé)	(Weiß- / Rot- / Rosé-)**Wein**
['viːno (bi'anko / 'rosso / ro'zeː)]	
spumante *m* [spu'mante]	**Schaumwein; Sekt**
grappa ['grappa]	**Tresterschnaps**
liquore *m* [likk'ore]	**Likör**
superalcolico [superal'kɔːliko]	**hochprozentig**
amaro [a'maro]	**(Magen)Bitter; Digestif**
latte *m* ['latte]	**Milch**
caffè *m* [kaf'fɛ]	**Kaffee**

i In Italien ist das Kaffeetrinken ein Ritus. Es gibt: *caffé decaffei-nato* (= koffeinfrei), *caffè macchiato* (= mit einem Schuss Milch), *caffellatte* (= Milchkaffee), *caffè corretto* (= mit etwas Grappa), *caffè lungo* (= mit mehr Wasser) oder *caffè ristretto* (= konzentriert). Schließlich gibt es den *cappuccino* (= mit aufgeschäumter Milch), den Italiener nur bis mittags (!) trinken.

tè *m* ['tɛ]	**Tee**
tè col latte / col limone	Tee mit Milch / mit Zitrone
tisana / infuso [ti'zaːna / in'fuːzo]	**Kräutertee**
una cioccolata calda	**heiße (Trink-)Schokolade; Kakao**
['uːna tʃokko'laːta 'kalda]	

3.3 Cucinare e cucina
Küche und Kochen

cucinare – cucina
[kutʃi'na:re – ku'tʃi:na]
Cucinare è il mio hobby.
libro di cucina / ricettario
piatto [pi'atto]
tipico ['ti:piko]
La pizza è un piatto tipico
  di Napoli.
preparare – prepararsi
[prepa'ra:re – prepa'rarsi]
Mi prepari il mio piatto preferito?

kochen / zubereiten – Küche

Kochen ist mein Hobby.
Kochbuch
Gericht; Gang; Teller
typisch
Pizza ist ein typisch neapoli-
  tanisches Gericht.
vor-, zubereiten –
  sich vor-, zubereiten
Bereitest du mir mein Lieblings-
  gericht zu?

cuocere [ku'ɔ:tʃere]
cuocere al forno una torta
pulire la verdura [pu'li:re]
pelare le patate [pe'la:re le pa'ta:te]
condire l'insalata [kon'di:re]
colare [ko'la:re]
mescolare [mesko'la:re]
sbattere / montare ['zbattere /
  mon'ta:re]
fetta ['fetta]
spesso – sottile [so'tti:le]
tagliare [ta'ʎa:re] a fette
una fetta di salame
tagliuzzare [taʎut'tsa:re]
tritare [tri'ta:re]
carne trita
macinare [matʃi'na:re]
battere ['battere]
Batto sempre la carne. Così è più
  tenera.
agitare [adʒi'ta:re]
agitare bene
pressare [pres'sa:re]
Le olive si pressano nel frantoio.

kochen (lassen)
einen Kuchen backen
das Gemüse **putzen**
die Kartoffeln **schälen**
den Salat **anmachen**
sieben; abseihen
(um)rühren
(Ei / Sahne) **schlagen**

Scheibe
dick – dünn
in Scheiben **schneiden**
eine Scheibe Salami
klein schneiden
durch den Fleischwolf drehen
Hackfleisch; Gehacktes
(z. B. *Kaffee*) **mahlen**
schlagen; klopfen
Ich klopfe das Fleisch immer.
  So ist es zarter.
schütteln
kräftig schütteln
(aus)drücken
Oliven werden in der Ölmühle
  gepresst.

spremere ['sprɛːmere]
Spremiamo qualche arancia?

schiacciare [skiat'tʃaːre]
Perché hai schiacciato tutte
  queste noci?

scolare [skoˈlaːre]
a cottura terminata scolare

separare [sepaˈraːre]
separare il tuorlo dall'albume

spalmare [spalˈmaːre]
Ti spalmo burro sul pane o no?

aggiungere [adˈdʒundʒere]
Io aggiungerei un po' di sale.

mancare [manˈkaːre]
Secondo me manca un pizzico
  di pepe.

pieno – **vuoto** [piˈɛːno – vuˈɔːto]
riempire [riemˈpiːre]
Il tuo bicchiere è vuoto. Te lo
  riempio un'altra volta?

versare [verˈsaːre]

Le verso un altro goccio?

bollire [bolˈliːre]
far bollire a fiamma viva

friggere [ˈfriddʒere]
frittata [fritˈtaːta]
stufare [stuˈfaːre]
arrostire [arroˈstiːre]
arrosto di maiale / di vitello

fare ai ferri [ˈfaːre ˈai ˈfɛrri]
fare una bistecca ai ferri /
  alla griglia

rosolare [rozoˈlaːre]
coprire [koˈpriːre]
Copri la carne che si scuoce!

cotto – **crudo** [kɔtto – kruːdo]
Le verdure si mangiano cotte
  o crude.

(aus)pressen
Pressen wir ein paar Orangen aus?

zerdrücken; knacken
Warum hast du all diese Nüsse
  geknackt?

abgießen
nach dem Kochen abschütten

trennen
Eigelb von Eiweiß trennen

(be)streichen
Streiche ich dir Butter aufs Brot
  oder nicht?

hinzufügen, ergänzen
Ich würde etwas Salz hinzufügen.

fehlen
Meiner Ansicht nach fehlt eine
  Prise Pfeffer.

voll – leer
(auf)füllen; ausfüllen
Dein Glas ist leer. Soll ich es dir
  noch einmal füllen?

**gießen; einschenken;
  (ver)schütten**
Darf ich Ihnen noch einen
  Tropfen einschenken?

kochen; sieden
auf großer Flamme zum Kochen
  bringen

(in Fett) **braten**
Eierkuchen
(*Fleisch*) **schmoren**
braten
Schweine- / Kalbsbraten

grillen
ein Steak grillen

anbraten
(zu-, ab)decken
Deck' das Fleisch ab, sonst
  verkocht es!

gar; gekocht; gebraten – roh
Gemüse isst man gekocht oder
  roh.

lesso ['lesso] — gekocht; gesotten

toast – **tostare** – **tostapane** *m* — Toast – toasten – Toaster
['tɔst – to'staːre – tosta'paːne]

vasetto [va'zetto] — Glas; Gefäß (*aus Glas, Plastik etc.*)

un vasetto di marmellata — ein Glas Marmelade

piselli in scatola — Erbsen in der **Dose/Büchse**

mettere **sott'aceto** [sotta'tʃeːto] — in **Essig einlegen**

mettere **sott'olio** [sott'ɔːlio] — in **Öl einlegen**

avvolgere [av'vɔldʒere] — (ein)wickeln

conservare – **conservarsi** — aufbewahren; lagern –
[konser'vaːre – konser'varsi] — (sich) halten

Avvolgo i resti in pellicola. Così — Ich wickele die Reste in Klarsicht-
si conservano fino a domani. — folie. So halten sie bis morgen.

scadere [ska'deːre] — **ablaufen, fällig werden**

Riesci a leggere quando scade — Kannst du lesen, wann dieses
questo yogurt? — Yoghurt abläuft?

***Stoviglie** fpl* [sto'viːʎe], ***posate** fpl* [po'saːte] *e **utensili** mpl* [uten'siːli]
da cucina (= Geschirr, Besteck und Küchengeräte)

piatto [pi'atto] (= Teller) • *tazza e piattino* ['tattsa e piat'tiːno] (= Tasse
und Untertasse) • *teiera e bricco del caffè* [tei'ɛːra e 'brikko del kaf'fe]
(= Tee- und Kaffeekanne) • *bicchiere m* [bikki'ɛːre] (= Glas) • *zucche-*
riera [tsukkeri'ɛːra] (= Zuckerdose) • *brocca* ['brɔkka] (= Kanne/Krug) •
scodella [sko'dɛlla] (= Schüssel/Schale) • *terrina* [ter'riːna] (= Schüs-
sel) • *zuppiera e insalatiera* [tsuppi'ɛːra e insalati'ɛːra] (= Suppen- und
Salatschüssel) • *macinapepe m* [matʃina'peːpe] (= Pfeffermühle) •
coltello [kol'tɛllo] (= Messer) • *forchetta* [for'ketta] (= Gabel) •
cucchiaio [kukki'aːio] (= Löffel) • *cucchiaino* [kukkia'iːno] (= Kaffee-/
Teelöffel) • *padella* [pa'dɛlla] (= Pfanne) • *pentola* ['pentola] (= Topf) •
coperchio [ko'perkio] (= Deckel) • *tegame m* [te'gaːme] (= Brat-/
Backform) • *colino* [ko'liːno] (= Sieb) • *misurino* [mizu'riːno] (= Mess-
becher) • *cavatappi m / cavaturaccioli m* [kava'tappi – kavatu'rattʃoli]
(= Korkenzieher) • *apribottiglie m* [apribot'tiːʎe] (= Flaschenöffner) •
apriscatole m [apris'kaːtole] (= Dosenöffner) • *schiaccianoci m*
[skiattʃa'noːtʃi] (= Nussknacker)

---

fornello [for'nɛllo] — (Koch-)**Herd**

forno ['forno] — **Backofen**

forno a microonde — Mikrowelle(nherd)

caffettiera [kaffetti'ɛːra] — **Kaffeemaschine**

la moca — Espressomaschine für den Herd

vassoio [vas'soːio] — **Tablett**

3.4 Pasti
Mahlzeiten

colazione *f* [kolatsi'o:ne]   **Frühstück / Mittagessen**
Quando facciamo colazione?   Wann frühstücken wir?
A colazione bevo caffè.   Ich trinke zum Frühstück Kaffee.

i   Zum Frühstück (= [*prima*] *colazione*) isst man in Italien wenig:
Eine Tasse *cappuccino* oder *tè*, in die Kekse (= *biscotti*) eingetunkt
(= *intingere*) werden können. Allerdings geht man noch vor dem
Mittagessen (= [*seconda*] *colazione / pranzo*) häufig in eine *bar*, in der
man seinen Espresso (= *caffè*) trinkt und dazu ein Sandwich (= *tramezzino*), einen Pausensnack (= *merendina*) oder einen anderen kleinen Imbiss (= *spuntino*) zu sich nimmt. In einigen Regionen Italiens
steht der Begriff *colazione* auch für „Mittagessen", weshalb ein Ge-
schäftsessen üblicherweise als *colazione d'affari* bezeichnet wird.

pranzo ['prandzo]   **Mittagessen**
pranzare [pran'dza:re]   **zu Mittag essen**
Avete già pranzato?   Habt ihr schon zu Mittag gegessen?

i   „Mahlzeit!" als Grußformel hat im Italienischen keine direkte
Entsprechung. „Guten Appetit!" dagegen wünscht man sich wie
auch in Deutschland bei Tisch vor dem Essen mit dem Ausruf:
Buon appetito! Die Antwort lautet: *Grazie altrettanto!*

merenda [me'rɛnda]   **kleine Vormittags- / Nachmittags-
brotzeit für Kinder**
A merenda i bambini hanno   Als Brotzeit haben die Kinder
   mangiato pane, burro e   Brot, Butter und Marmelade
   marmellata.   gegessen.
cena ['tʃe:na]   **Abendessen**
cenare [tʃe'na:re]   **zu Abend essen**
Oggi andiamo a cena fuori.   Heute gehen wir auswärts essen.
tavola ['ta:vola]   **(Ess)Tisch**
Bambini, a tavola!   Kinder, zu Tisch!
apparecchiare la tavola   **den Tisch decken**
   [apparekki'a:re la 'ta:vola]
sparecchiare [sparekki'a:re]   **(den Tisch) abräumen; abdecken**
tavolo ['ta:volo]   **Tisch**
Amore, riserveresti un tavolo   Liebling, würdest du einen Tisch
   per le nove?   für neun Uhr reservieren?

Alimentazione, bere, abbigliamento

3.5 Mangiare fuori casa
Auswärts essen

ospite m/f ['ɔspite]	Gast / Gastgeber
frequentare [frekuen'ta:re]	(als Kunde / Kundin) **besuchen**
un ristorante molto frequentato	ein gut besuchtes Restaurant
i nostri **clienti fissi** mpl [kli'ɛnti 'fissi]	unsere **Stammgäste**

Dove si mangia (= Wo man isst)

bar (= Bar) • caffè (= Café) • *bistrot* (= Bistro) • *birreria / pub* (= Bierstube) • *il self-service* (= Selbstbedienungsrestaurant) • *buffet / bar ristorante* (= Bar mit Schnellimbiss) • *il fast food* (= Fast Food-Restaurant) • *tavola calda* (= Schnellrestaurant) • *paninoteca / panineria* (= Sandwich-Imbiss) • pizzeria (= Pizza-Restaurant) • *spaghetteria* (= Restaurant mit ausschließlich Nudel-gerichten) • *rosticceria* (= Schnellbraterei) • ristorante (= sehr gutes Restaurant) • *trattoria* (= gutes Restaurant) • *osteria* (= Gasthof, Wirtshaus) • *albergo ristorante* (= Gasthaus mit Übernachtungsbetrieb) • *locanda* (= Landgasthof) • *autogrill* (= Raststätte) • *vagone ristorante* (= Speisewagen) • *mensa* (= Kantine oder Mensa) • *gelateria* [dʒelate'ri:a] (= Eisdiele)

---

guardaroba m [guarda'rɔ:ba]	**Garderobe**
gabinetto [gabi'netto]	**Toilette**

i Nach der Toilette fragen Sie am besten mit dem Satz: *Dov'è il bagno?* Ein Euphemismus (= verhüllender Ausdruck), denn *il bagno* ist das Bad.

spuntino [spun'ti:no]	(eine) **Kleinigkeit zu essen**
Facciamo solo uno spuntino veloce.	Wir essen nur rasch eine Kleinigkeit.
da asporto [da a'spɔrto]	**zum Mitnehmen**
pizza da asporto	Pizza zum Mitnehmen
riservare [riser'va:re]	**buchen; reservieren; vorbestellen**
È meglio se riserviamo un tavolo.	Wir sollten einen Tisch reservieren.
far riservare [far riser'va:re]	**reservieren lassen**
Ho fatto riservare un tavolo per Rossi.	Ich habe einen Tisch auf den Namen Rossi reservieren lassen.
prenotazione f [prenotatsi'o:ne]	**Reservierung**
solo su prenotazione	nur auf Reservierung

prenotare [preno'ta:re]
Avete prenotato?
menù m [me'nu]
Cameriere, posso avere il menù?
Cameriere, ci può aiutare a
  scegliere?
lista dei vini ['lista dei 'vi:ni]
pasto ['pasto]
un pasto di quattro portate
ordinare – **ordine** m
  [ordi'na:re – 'ordine]
Desidera ordinare ora?
antipasto [anti'pasto]
Cosa desidera come antipasto?
piatto del giorno [pi'atto del 'dʒorno]
il primo / il secondo (piatto)
mangiare [man'dʒa:re]
Cosa mangiamo?
prendere ['prendere]
Per primo prendo degli spaghetti,
  per secondo il brasato con
  contorno di verdura.
assaggiare [assad'dʒa:re]
Vuoi assaggiare? È squisito!
contorno [kon'torno]
decider(si) [de'tʃidersi]
Ha deciso per il vino?

consigliare – **raccomandare**
  [konsi'ʎa:re – rakkoman'da:re]
Cosa mi consiglia?
proporre – **proposta**
  [pro'porre – pro'posta]
Oggi Le propongo il menù
  dello chef.
Avrebbe qualche proposta
  da farci?
consistere in / di [kon'sistere]
E in che cosa consiste?
scegliere ['ʃe:ʎere]
Ha scelto il dolce, signora?

dolce m / **dessert** m ['doltʃe / de'sɛr]

reservieren; (vor)bestellen; buchen
Haben Sie vorbestellt?
Speisekarte / Menü
Herr Ober, bitte die Speisekarte.
Herr Ober, können Sie uns
  beraten?
Weinkarte
Mahlzeit; Essen
ein Essen mit vier Gängen
bestellen – Bestellung

Möchten Sie jetzt bestellen?
Vorspeise
Was hätten Sie gern als Vorspeise?
Tagesgericht
erster Gang / zweiter Gang
essen
Was essen wir?
essen; nehmen
Als ersten Gang nehme ich
  Spaghetti, als zweiten Schmor-
  braten mit Gemüsebeilage.
kosten, probieren
Magst du kosten? Es ist lecker!
Beilage
(sich) entscheiden
Haben Sie sich für einen Wein
  entschieden?
empfehlen

Was empfehlen Sie mir?
vorschlagen – Vorschlag

Heute empfehle ich Ihnen das
  Menü des Chefs.
Könnten sie uns einen Vorschlag
  machen?
bestehen aus
Und woraus besteht das?
(aus)wählen
Haben Sie ein Dessert ausge-
  wählt?
Nachtisch

Come dessert prendiamo la frutta fresca.	Als Nachtisch nehmen wir frisches Obst.
tiramisù *minv* [tirami'su]	**Tiramisu**
stuzzicadenti *minv* [stuttsika'dɛnti]	**Zahnstocher**
Cameriere! Mi porterebbe uno stuzzicadenti?	Ober, würden Sie mir einen Zahnstocher bringen?
conto ['konto]	**Rechnung**
Cameriere, il conto, per favore.	Herr Ober, bitte zahlen!
servizio [ser'vi:tsio]	**Service, Bedienung / Set, Satz**
Il servizio è compreso.	Bedienung inbegriffen.
servire [ser'vi:re]	**bedienen, servieren; nützen, dienen; brauchen**
Saltate l'antipasto? Allora servo subito il primo.	Sie lassen die Vorspeise aus? Dann serviere ich gleich den ersten Gang.
Cameriere, ci servirebbe un altro coltello.	Ober, wir bräuchten noch ein Messer.
coperto [ko'pɛrto]	(Preis für das) **Gedeck**
mancia ['mantʃa]	**Trinkgeld**
Diamogli una buona mancia, è stato molto gentile.	Geben wir ihm ein anständiges Trinkgeld, er ist sehr freundlich gewesen.

Persone che lavorano in un ristorante

locandiere(-a), ristoratore, oste (= Gastwirt(in)) • *guardarobiera* (= Garderobenfrau) • cameriere / cameriera (= Kellner(in)) • *maître* (= Oberkellner) • *sommelier* (= Weinkellner) • *barman / barista* (= Barkeeper) • *cuoco / cuoca* (= Koch / Köchin) • *lavapiatti / sguattero* (= Geschirrspüler)

---

buffet *m* [by'fɛ]	**Büfett**
colazione al buffet	Frühstücksbüfett
porzione *f* [portsi'o:ne]	**Portion**
Che porzioni misere! Mi aspettavo di più!	Was für mickrige Portionen! Ich hätte mehr erwartet!
aspettarsi [aspet'tarsi]	**erwarten**
specialità [spetʃali'ta]	**Spezialität**
speciale [spe'tʃa:le]	**besondere(r, -s); Sonder-**
pizza speciale con tutto	Pizza speciale mit allem
offerta speciale	Sonderangebot

3.6 **Abbigliamento e moda**
Kleidung und Mode

Cappotti, giacche e abiti [kap'potti 'dʒakke e 'a:biti]
(= Mäntel, Jacken und Anzüge)

cappotto [kap'pɔtto] (= Mantel) • *impermeabile m* [imperme'a:bile]
(= Regenmantel) • *pelliccia* [pel'littʃa] (= Pelzmantel) • *trench minv*
['trentʃ] (= Trenchcoat) • *giacca a vento* ['dʒakka a 'vento] (= Anorak) •
parka minv ['parka] • *giubbotto* [dʒub'bɔtto] (= Blouson) • giacca
['dʒakka] (= Jacke / Jackett / Sakko) • *blazer minv* ['blazer] • *cardigan*
minv ['kardigan] (= Strickjacke) • *abito / completo* ['a:bito / kom'plɛ:to]
(= Anzug) • *panciotto / gilet minv* [pan'tʃotto / dʒi'lɛ] (= Weste) • *tuta*
da ginnastica ['tuta da dʒin'nastika] (= Jogginganzug) • *tasca* ['taska]
(= Tasche)

Vestiti [ves'ti:ti] (= Kleider)

vestito / abito [ves'ti:to / 'a:bito] (= Kleid) • *vestito da sposa* [ves'ti:to da
'spɔ:sa] (= Hochzeitskleid) • *abito da sera* ['a:bito da 'se:ra] (= Abend-
kleid) • *tailleur minv* [tai'œr] (= Kostüm) • *pantatailleur* [pantatai'œr]
(= Hosenanzug)

Capispalla mpl [kapi'spalla] (= Oberteile)

maglione *m* / pullover *minv* [maʎ'ʎo:ne] (= Pullover / Pulli) • maglia
['maʎa] (= (Strick-)Pullover) • *felpa / sweat-shirt f* ['felpa / su'ɛt-ʃərt]
(= legerer Freizeitpullover) • *dolcevita m* [dolce'vi:ta] (= Rollkragen-
pullover) • camicia [ka'mi:tʃa] (= Hemd) • camicetta [kami'tʃetta]
(= Bluse) • *bustier minv* [busti'e] • *bustino / corpino / top minv*
[bus'ti:no / kor-'pi:no / top] (= Top) • *body* ['bɔ:di] • *maglietta a polo*
[maʎ'ʎetta a 'pɔ:lo] (= Polohemd) • *T-shirt finv* [ti'ʃərt]

Oberteile können *senza maniche* ['sentsa 'ma:nike] (= ärmellos),
a maniche corte [a 'ma:nike 'korte] (= kurzärmelig) oder *a maniche*
lunghe [a 'ma:nike 'luŋge] (= langärmelig) bzw. *a mezze maniche*
[a 'mɛddze 'ma:nike] (= mit Halbarm) sein.

Pantaloni, gonne e calze [panta'lo:ni, 'gɔnne e 'kaltse]
(= Hosen, Röcke und Strümpfe)

pantaloni *mpl* / *calzoni mpl* [panta'lo:ni / kal'tso:ni] (= Hose) • *(blue)*
jeans [(blu) 'dʒins] (= Jeans) • *salopette finv* [salo'pɛt] (= Latzhose) •
pantaloncini / shorts [pantalon'tʃi:ni / 'ʃɔrts] (= kurze Hose) • *bermuda*
mpl [ber'mu:da] (= Bermudashorts) • gonna ['gɔnna] (= Rock) •
fuseaux / pantacalza [fu'zo / panta'kaltsa] (= Leggins) • *collant minv*
[kol'lan]

(= Damenstrumpfhose) • *calza* ['kaltsa] (= Strumpf) • *calzino* [kal'tsi:no] (= Socke)

Bei *pantaloni, calzoni, collant* entspricht dem deutschen Singular ein italienischer Plural: *Questi pantaloni sono troppo stretti.* (= Diese Hose ist zu eng.)

Biancheria intima e abbigliamento mare [bianke'ri:a 'intima e abbiʎa'mento 'ma:re] **(= Unterwäsche und Badekleidung)**
mutande fpl [mu'tande] (= Herren- / Damenunterhose) • *mutandine fpl* [mutan'di:ne] (= Damenunterhose) • *slip minv* ['slip] (= Slip) • *boxer minv* ['bɔkser] (= Boxershorts) • *canottiera / maglietta* [kanotti'ɛ:ra / ma'ʎetta] (= Unterhemd) • *sottoveste f* [sotto'vɛste] (= Unterkleid) • *reggiseno* [reddʒi'se:no] (= BH) • *body minv* ['bɔ:di] • *costume da bagno m* [kos'tu:me da 'ba:ɲo] (= Badehose für Herren / Badeanzug für Damen) • *costume intero m* [kos'tu:me inte:ro] (= einteiliger Badeanzug für Damen) • *bikini minv* [bi'ki:ni] • *monokini* [mɔnɔ'ki:ni] • *accappatoio* [akkappa'tɔ:io] (= Bademantel)

Biancheria da notte [bianke'ri:a da 'nɔtte] **(= Nachtwäsche)**
camicia da notte [ka'mi:tʃa da 'nɔtte] (= Damennachthemd) • *pigiama m* [pi'dʒa:ma] (= Schlafanzug) • *vestaglia* [ves'ta:ʎa] (= Morgenrock)

Calzature fpl [kaltsa'tu:re] **(= Fußbekleidung)**
scarpa ['skarpa] (= Schuh) • *scarpe stringate* ['skarpe strin'ga:te] (= geschnürte Halbschuhe) • *mocassini* [mokas'si:ni] (= Slipper) • *scarpe scollate* ['skarpe skol'la:te] (= Pumps) • *scarpe coi tacchi alti* ['skarpe koi 'takki 'alti] (= hochhackige Schuhe) • *stivale m* [sti'va:le] (= Stiefel) • *stivali di gomma* [sti'va:li di 'gomma] (= Gummistiefel) • *sandali* ['sandali] (= Sandalen) • *pantofole / ciabatte* [pan'tɔ:fole / tʃa-'batte] (= Hausschuhe) • *scarpe da ginnastica* ['skarpe da dʒin'nastika] (= Turnschuhe) • *tacco* ['takko] (= Absatz)

Le calzature si possono mettere ['mettere] (= anziehen), portare [por'ta:re] (= tragen) *o* togliere ['tɔ:ʎere] (= ausziehen); *le scarpe stringate* (= Schnürschuhe) *si possono allacciare* [allatʃ'ʃa:re] (= schnüren) *oppure slacciare* [slatʃ'ʃa:re] (= öffnen); *chi ama le sue scarpe, le deve lucidare* [lutʃi'da:re] *o lustrare* [lu'stra:re] (= putzen) *ogni giorno. Quando le suole* [su'ɔ:le] (= Sohlen) *o i tacchi* (= Absätze) *sono consumati* [konsu'ma:ti] (= abgelaufen), *bisogna portare le scarpe dal calzolaio* [kaltso'la:io] (= Schuster) *per farle risuolare* [risuo'la:re] (= neu besohlen lassen). *Le scarpe non devono stringere* ['strindʒe:re] (= drücken), *ma calzare bene* [kal'tsa:re 'bɛ:ne] (= gut passen).

Copricapi [kɔpri'ka:pi] **(= Kopfbedeckungen)**
cappello [kap'pɛllo] (= Hut) • *paglietta* [pa'ʎetta] (= Strohhut) •
basco ['basko] (= Baskenkappe) • *berretto* [ber'retto] (= Mütze) •
berretto con visiera [ber'retto kon visi'ɛ:ra] (= Schirmmütze) •
foulard minv / fazzoletto da testa [fu'lar / fattso'letto da 'tɛsta] (= Kopftuch)
• *cappuccio* [kap'putʃʃo] (= Kapuze) • *casco* ['kasko] (= Sturzhelm)

Altri articoli e accessori d'abbigliamento ['altri ar'ti:koli e attʃes'sɔ:ri
dabbiʎa'mento] **(= Weitere Kleidungsstücke und Zubehör)**
overall minv / tuta ['ɔverɔll / 'tu:ta] (= Overall) • *grembiule m* [grembi'u:le]
(= Schürze) • *cravatta* [kra'vatta] (= Krawatte) • *farfalla* [far'falla]
(= Fliege) • *foulard minv* [fu'lar] (= Halstuch / leichter Schal) • *scialle m*
['ʃalle] (= schwerer Schal) • *fazzoletto da naso* [fattso'letto da 'na:zo]
(= Taschentuch) • *guanti* [gu'anti] (= Handschuhe) • *cintura* [tʃin'tu:ra]
(= Gürtel) • *bretelle* [bre'telle] (= Hosenträger) • *bottone m* [bot'to:ne]
(= Knopf) • *cerniera lampo / zip* [tʃerni'ɛ:ra 'lampo / 'dzip] (= Reißver-
schluss) • portafogli *minv* [porta'fɔ:ʎi] (= Portemonnaie, Brieftasche) •
portamonete minv [portamo'ne:te] (= Geldbeutel) • *sciarpa* ['ʃa:rpa]
(= Schal) • ombrello [om'brɛllo] (= Schirm) • *bastone m* [bas'to:ne]
(= Stock) • *fiocco* [fi'ɔkko] (= Schleife) • orologio [oro'lɔ:dʒo] (= Uhr) •
cinturino [tʃintu'ri:no] (= Uhrarmband) • *colletto* [kol'letto] (= Kragen)

Gioielli mpl [dʒoi'ɛllo] **(= Schmuck)**
gioiello [dʒoi'ɛllo] (= Schmuckstück; Juwel) • *braccialetto* [bratʃʃa'letto]
(= Armband) • *bracciale m* [brat'tʃa:le] (= Armreif) • *catena* [ka'te:na]
(= Kette) • *anello* [a'nɛllo] (= Ring) • *diamante m* [dia'mante] (= Diamant) • *perla* ['pɛrla] (= Perle) • *prezioso* [pretsi'o:so] (= wertvoll) •
bigiotteria [bidʒotte'ri:a] (= Modeschmuck)

capo ['ka:po]	**Kleidungsstück; Teil**
combinare [kombi'na:re]	**kombinieren**
Tutti i nostri capi si possono combinare.	Alle unsere Teile kann man kombinieren.
vestiti *mpl* [ve'sti:ti]	**Kleidung; (Anzieh-)Sachen**
Ho bisogno di un vestito nuovo.	Ich brauche was Neues zum Anziehen.
vestito casual / informale	legere Kleidung
vestire – vestirsi [ve'sti:re – ve'stirsi]	**(sich) anziehen / kleiden**
Marta si veste sempre molto bene.	Marta zieht sich immer gut an.
Il papà veste il bimbo.	Der Papa zieht das Kind an.
portare [por'ta:re] / **indossare**	**tragen**

Non porto mai il cappello. — Ich trage nie einen Hut.
mettersi ['mettersi] — **anziehen;** (*Hut*) **aufsetzen**
È meglio se ti metti un maglione. — Du ziehst besser einen dicken Pulli an.

togliersi ['tɔːʎersi] — **ausziehen;** (*Hut*) **abnehmen**
Marco si è tolto il cappello. — Marco legte den Hut ab.
spogliarsi [spoˈʎaːrsi] — **sich (nackt) ausziehen**
Dottore, devo spogliarmi? — Doktor, soll ich mich ausziehen?
nudo ['nuːdo] — **nackt**
provare [proˈvaːre] — **anprobieren**
Mi fa provare questa giacca? — Kann ich diese Jacke anprobieren?
cambiarsi [kambiˈarsi] — **sich umziehen**
moda ['mɔːda] — **Mode**
moda femminile / maschile — Damenmode / Herrenmode
démodé / fuori moda — aus der Mode / unmodern
andare / stare bene [anˈdaːre / ˈstaːre ˈbɛːne] — **stehen, passen**
Come mi sta questa gonna? — Wie steht mir dieser Rock?
taglia ['taːʎa] — **Größe**
Che taglia porti? — Was für eine Größe trägst du?
numero ['nuːmero] — **(Schuh)Größe**
Che numero di scarpa porta? — Welche Schuhgröße tragen Sie?
largo ['largo] — **weit**
Questi pantaloni sono troppo larghi. — Diese Hose ist zu weit.
stretto ['stretto] — **eng**
È stretto di vita. — Das ist zu eng an der Taille.
lungo ['lungo] — **lang**
Le maniche sono troppo lunghe. — Die Ärmel sind zu lang.
corto ['kɔrto] — **kurz**
Cerco pantaloni corti. — Ich suche kurze Hosen.
in tinta unita [in ˈtinta uˈniːta] — **einfarbig**
a quadri [a kuˈaːdri] — **kariert**
a righe [a ˈriːge] — **gestreift**
a puntini [a punˈtiːni] — **gepunktet**
buco ['buːko] — **Loch**
cucire [kuˈtʃiːre] — **nähen**
Se vuoi, ti cucio il buco nel calzino. — Wenn du willst, nähe ich dir das Loch in der Socke.
stile *m* ['stiːle] — **Stil**
uno stile personalizzato — ein individueller Stil
stoffa – tessuto ['stɔffa – tesˈsuːto] — **Stoff – Gewebe**
seta ['seːta] — **Seide**

Kapitel 4

4.1 Malattie e sintomi
Krankheiten und Symptome

malattia [malat'ti:a]	**Krankheit** (*allgemein*)
malattie infantili	Kinderkrankheiten
male *m* ['ma:le]	**Krankheit** (*im Sinne von Unwohlsein bzw. Schmerzen*)
Ad andare in macchina gli viene subito il mal d'auto.	Ihm wird beim Autofahren sofort übel.
mal di gola – mal di testa	Halsschmerzen – Kopfschmerzen

Folgt dem Substantiv *male* ein zweites Wort, z.B. bei *mal di ...* (= ...schmerzen), fällt das auslautende -e von *male* ersatzlos weg.

ammalarsi [amma'larsi]	**krank werden**
Chi si ammala deve consultare un medico.	Wer krank wird, muss einen Arzt zu Rate ziehen.
ammalato [amma'la:to]	**krank, erkrankt**
Da quando è ammalato?	Seit wann sind Sie krank?
malato(-a) [ma'la:to]	**Kranke – krank**
Come sta il malato oggi?	Wie geht es dem Kranken heute?
tremare [tre'ma:re]	**zittern**
Il malato trema dal freddo.	Der Kranke zittert vor Kälte.
restare – **rimanere** [res'ta:re – rima'ne:re]	**bleiben**
Se ho la febbre resto a letto.	Wenn ich Fieber habe, bleibe ich im Bett.
Dovrebbe rimanere in casa ancora per qualche giorno.	Sie sollten noch ein paar Tage drin bleiben.
affrontare [affron'ta:re]	**angehen, herangehen an; ins Auge sehen; sich stellen**
Bisogna affrontare le malattie con coraggio.	Krankheiten muss man mutig angehen.
cavarsela [ka'varsela]	**es schaffen; davonkommen**
Se l'è cavata con lievi contusioni.	Er ist mit leichten Prellungen davongekommen.
grave / lieve ['gra:ve – li'ε:ve]	**ernst; schwer / harmlos, leicht**
guarire [gua'ri:re]	**wieder gesund werden; verheilen**
Sei guarito? Che bella nuova!	Du bist wieder gesund? Was für eine schöne Nachricht!

guarito [gua'ri:to]	**genesen**
Sei guarito del tutto?	Bist du wieder ganz gesund?
guarigione *f* [guari'dʒo:ne]	**Besserung, Genesung**

i Gute **Besserung** wünscht man in Italien mit *buona/pronta guarigione!* (= gute/rasche Besserung!).

riprendersi [ri'prɛndersi]	**sich erholen**
Mi sono ripreso del tutto.	Ich habe mich völlig erholt.
riguardarsi [riguar'darsi]	**sich schonen**
Deve riguardarsi.	Sie müssen sich schonen.
stare male/bene ['sta:re 'ma:le / 'bɛ:ne]	**schlecht/gut gehen**
Stai male? – No, sto bene.	Geht's dir schlecht? – Nein, mir geht's gut.
far male/bene ['far 'ma:le / 'bɛ:ne]	**weh tun / gut tun**
Dove Le fa male?	Wo tut es Ihnen weh?
Questa medicina Le farà bene.	Diese Medizin wird Ihnen gut tun.
soffrire [sof'fri:re]	**leiden**
Soffre di mal di mare.	Er wird leicht seekrank.
sintomo ['sintomo]	**Symptom; Anzeichen**
scomparire [skompa'ri:re]	**verschwinden**
Bisogna prendere la medicina finché i sintomi sono scomparsi.	Man muss die Medizin nehmen, bis die Symptome weg sind.
attacco [at'takko]	**Anfall**
un attacco d'asma / di emicrania	ein Asthma- / Migräneanfall
febbre *f* ['fɛbbre]	**Fieber**
avere la febbre	Fieber haben
avere un po' di febbre	erhöhte Temperatur haben
misurare [mizu'ra:re]	**messen**
Ha già misurato la febbre?	Haben Sie schon Fieber gemessen?
termometro [ter'mɔ:metro]	**Thermometer**
nausea ['nauzea]	**Übelkeit**
Ha la nausea?	Ist Ihnen übel?
vomitare – **vomito** [vomi'ta:re – 'vɔ:mito]	**erbrechen – Erbrechen**
colpo ['kolpo]	**Anfall**
colpo di calore – colpo di sole	(ein) Hitzschlag – (ein) Sonnenstich
avere un collasso [a've:re un kol'lasso]	**zusammenbrechen; kollabieren**
raffreddore *m* [raffred'do:re]	**Erkältung; Schnupfen; Grippe**
buscarsi un raffreddore	sich einen Schnupfen holen

starnutire [starnu'ti:re] — niesen
Chi è raffreddato starnutisce spesso. — Wer erkältet ist, niest oft.
infezione f [infetsi'o:ne] — **Infektion**
influenza [influ'ɛntsa] — (die) **Grippe**
Si è presa un'influenza. — Sie kriegte die Grippe.
tossire – tosse f [tos'si:re – 'tosse] — **husten – Husten**
Lei ha una brutta tosse. — Sie hat einen schlimmen Husten.
indigestione f [indidʒesti'one] — **Verdauungsstörung**
diarrea [diar'rɛ:a] — **Durchfall**
ulcera allo stomaco ['ultʃera] — (Magen-)**Geschwür**
tumore m [tu'mo:re] — **Tumor; Geschwulst**
tumore benigno / maligno — ein gutartiger / bösartiger Tumor
cancro ['kankro] — **Krebs**
cancro allo stomaco / al seno — Magen- / Brustkrebs
È morta di cancro. — Sie starb an Krebs.

Die Endung *-ite* bedeutet *infiammazione* (= -entzündung), ist weiblich und immer betont.
appendicite (= Blinddarmentzündung) • *bronchite* (= Entzündung der Bronchien) • *polmonite* (= Lungenentzündung) • *gastrite* (= Magenschleimhautentzündung) • *tonsillite* (= Mandelentzündung)

---

farsi male ['fa:rsi 'ma:le] — **sich weh tun**
crampo ['krampo] — **Krampf**
Ho un crampo alla gamba. — Ich habe einen Krampf im Bein.
strappo ['strappo] — **Zerrung**
gonfiarsi [gonfi'arsi] — **(an)schwellen**
Mi ha punto un insetto e la puntura si è subito gonfiata. — Mich hat ein Insekt gestochen und der Stich ist sofort angeschwollen.
contusione f [kontuzi'o:ne] — **Prellung**
allergico – allergia [al'lɛrdʒiko – aller'dʒi:a] — **allergisch – Allergie**
Rosa è allergica ai pollini. — Rosa ist gegen Pollen allergisch.
prudere – prurito ['pru:dere – pru'ri:to] — **jucken – Juckreiz**
Mi prudono le mani. — Mir jucken die Hände.
insonnia [in'sɔnnia] — **Schlaflosigkeit**
Molta gente soffre di insonnia. — Viele Leute leiden unter Schlaflosigkeit.
svenimento [zveni'mento] — **Bewusstlosigkeit**
svenire — bewusstlos werden

4.2 Incidenti e ferite
Unfälle und Verletzungen

incidente *m* [intʃi'dɛnte]
C'è un incidente in via Roma.
Voglio denunciare un incidente.
È stata ferita in un incidente.

Unfall
In der Via Roma ist ein Unfall.
Ich möchte einen Unfall melden.
Sie wurde bei einem Unfall
  verletzt.

causare [kau'zaːre]
Secondo la polizia sarebbe stato
  un capriolo a causare l'incidente.
scivolare [ʃivo'laːre]
Il pedone è scivolato su una
  buccia di banana.
schiantarsi [skian'tarsi]
Il ladro si è schiantato con la
  macchina contro un muro.
scontro / collisione *f* ['skontro /
  kollisi'oːne]
Sei persone sono morte nello
  scontro.
cozzare [kot'tsaːre]
La macchina ha cozzato contro
  il guardrail.

verursachen
Der Polizei zufolge soll ein Reh
  den Unfall verursacht haben.
(aus)rutschen
Der Fußgänger ist auf einer
  Bananenschale ausgerutscht.
zusammenstoßen; abstürzen
Der Dieb fuhr mit dem Auto
  gegen eine Mauer.
Zusammenstoß

Bei dem Zusammenstoß kamen
  sechs Menschen ums Leben.
(*Auto*) prallen (gegen)
Das Auto prallte gegen die
  Leitplanke.

 Dass jemand angefahren wird, kann mit *urtare* oder *investire*
ausgedrückt werden, das Überfahrenwerden entweder ebenfalls
mit *investire* oder aber mit *travolgere*.

incolume / illeso / indenne
  [in'kɔːlume / il'leːzo / in'dɛnne]
ferire [fe'riːre] – **ferirsi** [fe'riːrsi]
Si è ferita durante l'incendio.

unverletzt

verletzen, sich verletzen
Sie hat sich bei dem Brand
  verletzt.

ferita [fe'riːta]
Ha subito ferite alla testa.
cadere [ka'deːre]
rompere ['rompere] – **rompersi**
È caduto e si è rotto la / una
  gamba.
frattura – fratturarsi
  [frat'tuːra – frattu'rarsi]

Verletzung
Er / Sie erlitt Kopfverletzungen.
(herunter)fallen; stürzen
brechen – sich brechen
Er ist gestürzt und hat sich
  das / ein Bein gebrochen.
(Knochen-)Bruch; Fraktur –
  sich brechen

ustione *f* – **ustionarsi** [usti'o:ne – ustio'narsi]	Verbrennung – sich verbrennen
Si è ustionato un dito.	Er hat sich einen Finger verbrüht.
scottatura – **scottarsi** [skotta'tu:ra – skot'tarsi]	**Sonnenbrand** – **sich einen Sonnenbrand zuziehen**
soffocamento – **soffocare** [soffoka'mento – soffo'ka:re]	**Ersticken** – **ersticken**
Due persone sono morte soffocate.	Zwei Personen erstickten.
slogare – **lussare** [zlo'ga:re – lus'sa:re]	**ausrenken / verrenken** – **auskugeln**
Mi sono slogata un piede.	Ich habe mir einen Fuß vertreten.
distorcere / storcere [dis'tɔrtʃere / 'stɔrtʃere]	**verdrehen; verrenken; verstauchen**
livido – **contusione** *f* – **ematoma** *m* ['li:vido – kontuzi'o:ne – ema'tɔ:ma]	**blauer Fleck** – **Prellung** – **Bluterguss**
Aveva lividi dappertutto.	Er / Sie hatte überall blaue Flecken.
sanguinare [sangui'na:re]	**bluten**
Mi sanguina il naso!	Meine Nase blutet!
fasciare una ferita [fa'ʃa:re]	eine Wunde **verbinden**
benda ['benda]	**Verband**
cerotto [tʃe'rɔtto]	(Heft-)**Pflaster**
Dai, passami un cerotto!	Gib mir schnell mal ein Pflaster!
vittima / ferito(-a) ['vittima / fe'ri:to]	(Unfall-)**Opfer; Verletzte(r)**
shock *m* ['ʃɔk]	**Schock**
Era sotto shock.	Sie stand unter Schock.
soccorso [sok'kɔrso]	**Hilfe; Hilfeleistung**
prestare i primi soccorsi	Erste Hilfe leisten
pronto soccorso / ricovero d'urgenza	Notaufnahme
soccorrere	bergen
rianimare [riani'ma:re]	**wiederbeleben**
curare [ku'ra:re]	(ärztlich) **behandeln**
Le vittime sono state curate da un medico sul luogo dell'incidente.	Die Opfer sind an der Unfallstelle ärztlich versorgt worden.
ambulanza [ambu'lantsa]	**Krankenwagen**
chiamare l'ambulanza	einen Krankenwagen rufen
ricoverare [rikove'ra:re] in ospedale	ins Krankenhaus **einliefern**
caso d'emergenza ['ka:zo demer'dʒentsa]	**Notfall**
condizioni *fpl* [konditsi'o:ni]	**Zustand; Verfassung**
Versa ancora in condizioni critiche.	Ihr / Sein Zustand ist immer noch kritisch.

4.3 Invalidità
Behinderungen

invalidità [invalidi'ta]
invalido [in'va:lido]
Dopo l'incidente sul lavoro Franco
  è rimasto invalido.
disturbo [dis'turbo]
Egli soffre di disturbi mentali.
difetto [di'fɛtto]
difetto di pronuncia
ritardato(-a) (mentale) [ritar'da:to]

handicap m ['andikap]
handicappato(-a) [andikap'pa:to]
handicappato fisicamente /
  mentalmente
ridurre – riduzione f / **debolezza**
  [ri'durre – ridutsi'o:ne / debo'lettsa]
debolezza d'udito
La facoltà visiva di Letizia
  è ridotta.
inabile [i'na:bile]
inabile al lavoro
incapace – incapacità
  [inka'pa:tʃe – inkapatʃi'ta]
È incapace di parlare / camminare.
storpio – storpiarsi ['stɔrpio –
  storpi'arsi]
È caduto da cavallo e si è
  storpiato.
sordo ['sordo]
È sordo da un orecchio.
sordomuto [sordo'mu:to]
muto ['mu:to]
cieco ['tʃɛ:ko]
È cieco dalla nascita.
paralizzato [paralid'dza:to]
controllare [kontrol'la:re]
Non riesce a controllare né
  i muscoli delle braccia né
  quelli del collo.

Invalidität; Erwerbsunfähigkeit
invalide; körperbehindert / Invalide
Nach dem Arbeitsunfall war
  Franco schwer behindert.
(Funktions-)**Störung**
Er leidet an einer Geisteskrankheit.
Fehler
Sprachfehler
(geistig) **zurückgeblieben;**
  (geistig) **Zurückgebliebene(r)**
Behinderung
behindert; ein(e) Behinderte(r)
körperlich / geistig behindert

beeinträchtigen – Beeinträchtigung

Schwerhörigkeit
Letizias Sehkraft ist einge-
  schränkt.
unfähig; untauglich / Behinderte(r)
arbeitsunfähig
außerstande – Unfähigkeit

Er kann nicht sprechen / laufen.
Krüppel / verkrüppelt –
  zum Krüppel werden
Er ist vom Pferd gestürzt und
  zum Krüppel geworden.
taub
Er ist taub auf einem Ohr.
taubstumm
stumm
blind
Er ist von Geburt an blind.
gelähmt
kontrollieren
Er / Sie kann ihre Arm- und
  Nackenmuskeln nicht kontrollieren.

4.4 Dal medico – in ospedale
Beim Arzt – im Krankenhaus

i Umgangssprachlich und in der Anrede wird der Arzt auch *dottore* bzw. *dottoressa* [dot'to:re, -'ressa] genannt.

medico **generico** ['mε:diko dʒe'nε:riko]	**praktischer Arzt / praktische Ärztin**
medico di base / di famiglia ['mε:diko di 'ba:ze / fa'mi:ʎa]	**Hausarzt / Hausärztin**
specialista *m / f* [spetʃa'lista]	**Facharzt / Fachärztin**

Alcuni specialisti (= Einige Fachärzte)
otorinolaringoiatra *m / f* (= Hals-Nasen-Ohren-Arzt / -Ärztin) •
ginecologo /-a (= Frauenarzt / -ärztin) • *oculista* *m / f* (= Augenarzt /
-ärztin) • *ortopedico* (= Orthopäde / Orthopädin) • *pediatra* *m / f*
(= Kinderarzt / -ärztin) • *chirurgo* (= Chirurg /-in)

ambulatorio [ambula'tɔ:rio]	**Arztpraxis**
orario di ambulatorio [o'ra:rio di ambula'tɔ:rio]	**Sprechstunde**
L'ambulatorio è aperto tutti i giorni dalle ... alle ..., escluso il sabato.	Täglich Sprechstunde von ... bis ..., außer samstags.
anticamera / sala d'attesa [anti'ka:mera / 'sa:la dat'te:za]	**Wartezimmer, -raum**
studio medico ['stu:dio 'mε:diko]	**Behandlungsraum**
aspettare [aspet'ta:re]	**warten**
Scusi, c'è da aspettare molto?	Entschuldigen Sie, muss man lange warten?
attendere [at'tεndere]	**warten**
Attenda un momento, per favore.	Warten Sie bitte einen Augenblick.
appuntamento [appunta'mento]	**Termin**
Vorrei fissare un appuntamento.	Ich möchte einen Termin ausmachen.

i Außer bei Fachärzten ist ein Termin in Italien unüblich.
Die Devise lautet: Hingehen und anstellen.

paziente *m / f* [patsi'εnte]	**Patient(in)**
disturbi *mpl* [di'sturbi]	**Beschwerden**

Che disturbi ha? Dove Le fa male?

Wo fehlt es Ihnen denn? Wo tut's denn weh?

Ho disturbi / problemi / mal / dolori di ...

Ich habe ...beschwerden / ...weh / ...schmerzen.

dolore *m* [do'lo:re]

Schmerz

Dottore, ho un dolore lancinante / forte / persistente qui.

Herr Doktor, ich habe einen stechenden / starken / hartnäckigen Schmerz an dieser Stelle.

mal di ... ['mal di]

...schmerzen; ...weh

Ho un terribile mal di testa.

Ich habe schreckliche Kopfschmerzen.

fatica [fa'ti:ka]

Mühe, Anstrengung

Faccio fatica a concentrarmi.

Ich habe Mühe, mich zu konzentrieren.

appetito [appe'ti:to]

Appetit

Ha appetito?

Wie ist es mit Ihrem Appetit?

auscultare [auskul'ta:re]

abhorchen

Dica 33 (trentatre)!

Sagen Sie mal „Aah"!

respirare [respi'ra:re]

atmen

Respiri profondamente!

Atmen Sie bitte tief durch!

febbre *f* ['fɛbbre]

Fieber

misurare [mizu'ra:re]

messen

Dobbiamo misurare la febbre / la temperatura.

Wir müssen das Fieber / die Temperatur messen.

Ho 40 di febbre.

Ich habe 40 Fieber.

pressione *f* **del sangue** [pressi'o:ne del 'sangue]

Blutdruck

Adesso Le misuro la pressione (del sangue).

Jetzt messe ich Ihren Blutdruck.

radiografia (*ugs.*: i raggi x) [radiogra'fi:a]

Röntgenaufnahme

Per sicurezza facciamo una radiografia.

Wir werden sicherheitshalber röntgen.

iniezione *f* / **puntura** [inietsi'o:ne / pun'tu:ra]

Spritze

Il medico Le fa una puntura.

Der Arzt gibt Ihnen eine Spritze.

spogliarsi [spo'ʎarsi]

sich ausziehen

Si vuole spogliare, per favore?

Würden Sie sich bitte ausziehen?

rivestirsi [rive'stirsi]

sich wieder anziehen

Si può rivestire.

Sie können sich wieder anziehen.

visitare [vizi'ta:re]

untersuchen

Si sdrai sul lettino, così La posso visitare.

Legen Sie sich bitte auf die Liege, dann kann ich Sie untersuchen.

Das Verb *visitare* hat drei Bedeutungen: untersuchen, besuchen (*I nipoti visitano la nonna.*) und besichtigen (*Oggi visitiamo il duomo di Milano.*).

visita medica ['vi:zita 'mɛ:dika]
ärztliche Untersuchung
sottoporsi a visita medica
sich (ärztlich) untersuchen lassen
esame *m* – **esaminare**
Untersuchung – untersuchen
[e'za:me – ezami'na:re]
Dovremo fare un esame del sangue.
Wir werden eine Blutuntersuchung machen müssen.
risultato [risul'ta:to]
Ergebnis
Per i risultati può ripassare tra tre giorni.
Wegen der Ergebnisse können Sie in drei Tagen wiederkommen
risultare [risul'ta:re]
sich erweisen als; ausfallen
Può stare tranquillo, l'esame è risultato negativo.
Sie können beruhigt sein, der Test ist negativ ausgefallen.
mancanza – **mancare**
Mangel – fehlen
[man'kantsa – man'ka:re]
Dall'esame risulta che Lei soffre di una mancanza di mangano.
Aus der Untersuchung geht hervor, dass Sie an Manganmangel leiden.

medicamento / **medicina**
Medikament / Medizin
[medika'mento / medi'tʃi:na]
pillola ['pillola] / **pastiglia** [pas-'ti:ʎa] / **compressa** [kom'prɛssa]
Pille; Tablette
Prenda queste compresse due volte al giorno.
Nehmen Sie diese Tabletten zweimal am Tag.
fare effetto ['fa:re ef'fɛtto]
wirken
Attenzione che queste compresse fanno effetto subito!
Vorsicht, diese Pillen wirken sofort!
pomata [po'ma:ta]
Salbe
Le prescrivo una pomata per lenire il dolore.
Ich verschreibe Ihnen eine Salbe, die den Schmerz lindert.
ricetta [ri'tʃetta]
Rezept
Le serve una ricetta?
Brauchen Sie ein Rezept?
prescrivere [pres'kri:vere]
verschreiben
Le prescrivo queste supposte. Ne prenda due al giorno.
Ich verschreibe Ihnen diese Zäpfchen. Nehmen Sie zwei am Tag davon.

trattamento [tratta'mento]
Anwendung
Con i trattamenti di fango mi sento molto meglio.
Mit den Fangoanwendungen geht's mir viel besser.

Igiene

ambulanza [ambu'lantsa]
Potrebbe chiamare un'ambulanza?

Krankenwagen
Könnten Sie einen Krankenwagen holen?

pronto soccorso ['pronto sok'korso]
È un'emergenza, dov'è un pronto soccorso?

Notaufnahme
Das ist ein Notfall, wo ist eine Notaufnahme?

ospedale *m* [ospe'da:le]
Giorgio è stato ricoverato in ospedale.

Krankenhaus; Klinik
Giorgio ist ins Krankenhaus eingeliefert worden.

ambulatorio [ambula'tɔ:rio]

Ambulanz

infermiera(-e) [infer'miɛːra]

(Kranken)Schwester, -pfleger

operazione *f* [operatsi'o:ne]

Operation

operare [ope'ra:re]
Dovremo operarLa.

operieren
Wir werden Sie operieren müssen.

dentista *m/f* [den'tista]
Ho un appuntamento dal dentista.

Zahnarzt / Zahnärztin
Ich habe einen Termin beim Zahnarzt.

andare dal dentista

zum Zahnarzt gehen

sensibile [sen'si:bile]
Il dente è sensibile al freddo.

empfindlich
Der Zahn ist kälteempfindlich.

far / aver male [far / a'ver 'ma:le]
Il dente mi fa male solo quando mastico.
Ho mal di denti.

wehtun
Der Zahn tut nur weh, wenn ich kaue.
Ich habe Zahnweh.

gengiva [dʒen'dʒi:va]
Mi sanguinano le gengive.

Zahnfleisch
Mein Zahnfleisch blutet.

 Der Begriff *gengiva* wird in der Regel im Plural gebraucht, da zumeist vom Zahnfleisch des Ober- und Unterkiefers die Rede ist.

ballare [bal'la:re]
Ho un dente che balla.

wackeln
Ich habe einen Zahn, der wackelt.

dente *m* ['dɛnte]
estrarre / togliere un dente
Mi hanno tolto un dente.

Zahn
einen Zahn ziehen
Mir ist ein Zahn gezogen worden.

otturare [ottu'ra:re]
Bisogna otturare questo dente.

füllen; plombieren
Dieser Zahn muss plombiert werden.

corona [ko'ro:na]

Krone

ponte *m* ['ponte]

Brücke

tartaro ['tartaro]
Qui c'è molto tartaro.

Zahnstein
Sie haben viel Zahnstein.

4.5 Vivere in modo sano
Gesunde Lebensweise

salute *f* [sa'lu:te]
Nuotare fa bene alla salute.

Gesundheit
Schwimmen ist gesundheits-
  fördernd.

dieta [di'ɛ:ta]
fare una dieta
fare a meno di ['fa:re a 'me:no di]
Chi è a dieta fa a meno di
  dolciumi e grassi.
nutrirsi di [nu'trirsi di]
Si nutre di cibi sani.

Diät; Schlankheitskur
eine Diät machen
auf etw. verzichten
Wer auf Diät ist, verzichtet auf
  Süßigkeiten und Fette.
sich ernähren; *(Tiere)* fressen
Er ernährt sich mit gesunden
  Lebensmitteln.

distinguere [dis'tinguere]
Bisogna distinguere le diete sane
  da quelle malsane.
digiunare [didʒu'na:re]
Digiunare fa bene alla salute.
prevenire [preve'ni:re]
Si può digiunare per prevenire
  le malattie.
biologico [bio'lɔ:dʒiko]
alimenti / prodotti biologici
integrale [inte'gra:le]
alimenti / prodotti integrali
tisana [ti'za:na]
Desidero una tisana di menta.
vitamina [vita'mi:na]
con l'aggiunta di vitamina C
movimento [movi'mento]
Ha bisogno di più movimento.
muoversi [muɔ'versi]
Non ti muovi abbastanza.
esercizio [eser'tʃi:tsio]
essere fuori esercizio
allenamento [allena'mento]
allenarsi [allen'arsi]
Devo allenarmi tutti i giorni.
palestra [pa'lɛstra]
Mi accompagni in palestra?
camminare [kammi'na:re]

unterscheiden
Man muss gesunde von unge-
  sunden Diäten unterscheiden.
fasten
Fasten ist gesund.
vorbeugen
Man kann fasten, um Krankheiten
  vorzubeugen.
biologisch; Bio-
Biokost; Bio-Lebensmittel
Vollkorn-
Vollwertkost
Kräutertee
Einen Pfefferminztee, bitte.
Vitamin
mit Vitamin C-Zusatz
Bewegung
Sie brauchen mehr Bewegung.
sich bewegen
Du bewegst dich nicht genug.
Übung
aus der Übung sein
Training
trainieren
Ich muss täglich trainieren.
Fitness-Center
Kommst du mit ins Fitness-Center?
spazieren gehen; wandern

5.1 Appartamenti e case
Wohnungen und Häuser

casa ['ka:za]
casa popolare
a casa [a 'ka:sa]

Haus; Wohnung
Sozialwohnung
zu Hause, zuhause; nach Hause, heim

Chi mi accompagna a casa?
facciata [fat'tʃa:ta]
Molto bella la facciata di questo palazzo!
rovina [ro'vi:na]
Ma quella casa è una rovina!
Io non la comprerei!
tenda ['tenda]
camper m ['kamper]
Quest'anno non andiamo in campeggio, prendiamo il camper.
roulotte f [ru'lɔt]
padrone(-a) di casa [pa'dro:ne di 'ka:sa]
I vostri padroni di casa sono gentili?
cambiare casa [kambi'a:re 'ka:sa]
trasferirsi [trasfe'rirsi]
Ho sentito che cambiate casa.
Dove vi trasferite?
andare ad abitare a / in
traslocare – trasloco [trazlo'ka:re – traz'lɔ:ko]
Come fate il trasloco? Con una spedizione?
appartamento [apparta'mento]
cercare – trovare [tʃer'ka:re – tro'va:re]
Cerchiamo appartamento. Abbiamo messo un annuncio sul giornale.
Hai poi trovato casa?

Wer bringt mich nach Hause?
Fassade
Sehr schön die Fassade dieses Altbaus!
Ruine
Das Haus ist ja eine Ruine!
Ich würde es nicht kaufen!
Zelt
Wohnmobil
Dieses Jahr campen wir nicht, wir nehmen das Wohnmobil.
Wohnwagen
Hausbesitzer(in) / Gastgeber(in)

Sind eure Hausbesitzer nett?

umziehen
(um)ziehen
Ich habe gehört, dass ihr umzieht.
Wo zieht ihr hin?
ziehen nach (*Stadt bzw. Land*)
umziehen – Umzug

Wie macht ihr den Umzug?
Mit einer Spedition?
(Etagen-)Wohnung
suchen – finden

Wir sind auf Wohnungssuche. Wir haben eine Anzeige geschaltet.
Hast du dann schließlich eine Wohnung gefunden?

ampio – angusto ['ampio – an'gusto]   groß, geräumig; breit; weit – eng

I monolocali sono angusti.	Einzimmerappartements sind eng.
superficie *f* [super'fiːtʃe]	**Oberfläche**
la superficie abitabile	die Wohnfläche
ristrutturare – far fare	**renovieren – machen,**
[ristruttu'raːre – far 'faːre]	**richten lassen**
Dobbiamo ristrutturare il bagno.	Wir müssen das Bad renovieren.
rifare [ri'faːre]	**erneuern**
Dobbiamo rifare il parquet:	Wir müssen das Parkett erneuern.
è rovinato.	Es ist kaputt.
piano [pi'aːno]	**Stock(werk); Etage**
Vivono al terzo piano.	Sie wohnen im dritten Stock.
una casa a sei piani	ein sechsgeschossiges Haus
pianoterra *minv* [pi'aːno'tɛrra]	**Erdgeschoss, Parterre**
Non è pericoloso vivere al	Ist es nicht gefährlich, im Erd-
pianoterra?	geschoss zu wohnen?
ascensore *m* [aʃen'soːre]	**Aufzug**
prendere l'ascensore	mit dem Aufzug fahren;
	den Aufzug nehmen
Saliamo con l'ascensore e	Wir fahren mit dem Aufzug hoch
scendiamo a piedi.	und gehen zu Fuß hinunter.
salire – scendere [sa'liːre –	**hinaufgehen, -fahren –**
'ʃendere]	**hinuntergehen, -fahren**
Abbiamo salito la scala di corsa.	Wir sind die Treppe hinauf-
	gerannt.
Sei sceso a piedi?	Bist du zu Fuß hinuntergegangen?

 Salire und *scendere* stehen im Perfekt **intransitiv** mit *essere*, **transitiv** (= mit direktem Objekt, z.B. *salire le scale*) mit *avere*.

scala ['skaːla]	**Leiter; Treppe**
Facciamo le scale? – No, sono	Nehmen wir die Treppe? –
stanco.	Nein, ich bin müde.

Le parti di una casa o di un appartamento (= Teile eines Hauses oder einer Wohnung)

camera / *stanza* / *locale* *m* ['kaːmera / 'stantsa / lo'kaːle] (= Zimmer / Raum) • *camera da letto* / *dei bambini* / *degli ospiti* ['kaːmera da 'lɛtto / 'deːi bam'biːni / 'deːʎi 'ospiti] (= Schlaf- / Kinder- / Gästezim- mer) • *salotto* / *soggiorno* [sa'lɔtto / sod'dʒorno] (= Wohnzimmer) • *sala da pranzo* ['saːla da 'prandzo] (= Esszimmer) • *studio* ['stuːdio] (= Arbeitszimmer) • *servizi* *mpl* [ser'viːtsi] (= Küche und Bad) • *bagno* ['baːɲo] (= Badezimmer) • *cucina* [ku'tʃiːna] (= Küche) •

ingresso [iɲ'gresso] (= Eingang) • *corridoio* [korri'do:io] (= Korridor /
Gang / Flur) • *mansarda* [man'sarda] (= Dachzimmer) • *cantina*
[kan'ti:na] (= Keller) • *sala hobby* ['sa:la 'ɔbbi] (= Hobbyraum) •
lavanderia [lavande'ri:a] (= Waschraum im Keller) • *balcone m*
[bal'ko:ne] (= Balkon) • *terrazza* [ter'rattsa] (= Terrasse) • *giardino*
[dʒar'di:no] (= Garten) • *prato* ['pra:to] (= Rasen; Wiese) • *ai(u)ola*
[aiu'ɔ:la] (= Beet) • *piscina* [piʃʃi:na] (= Pool) • *garage m / box m /
autorimessa* [ga'ra:ʒ / 'bɔks / autori'messa] (= Garage)

porta ['pɔrta]	**Tür**
C'è qualcuno alla porta.	Es ist jemand an der Tür.
bussare [bus'sa:re]	**klopfen**
Hanno bussato! Vai a vedere chi è?	Es hat geklopft! Schaust du mal, wer es ist?
suonare [suo'na:re]	**klingeln, läuten**
Hanno suonato! Vai ad aprire?	Es hat geklingelt. Machst du auf?
chiave *f* [ki'a:ve]	**Schlüssel**
Ho perso le chiavi di casa, che bidone!	Ich hab' die Hausschlüssel verloren, so ein Pech!
chiudere a chiave [ki'u:dere a ki'a:ve]	**abschließen, -sperren**
Hai chiuso a chiave?	Hast du abgeschlossen?
entrare – **entrata** [en'tra:re – en'tra:ta]	**hereinkommen; hineingehen; passen – Eingang**
Entri pure!	Kommen Sie herein!
Vediamo se il cartone entra in questo sacchetto.	Schauen wir mal, ob der Karton in diese Tüte passt.
uscire – **uscita** [uʃʃi:re – u'ʃi:ta]	**herauskommen; hinausgehen, ausgehen – Ausgang**
A che ora esci di casa?	Um wie viel Uhr gehst du aus dem Haus?
Usciamo stasera?	Gehen wir heute Abend aus?
finestra [fi'nɛstra]	**Fenster**
affacciarsi alla finestra	ans Fenster treten; am Fenster erscheinen
muro ['mu:ro]	**Mauer**
I muri della rocca sono spessi.	Die Mauern der Burg sind dick.

Nicht verwechseln: *i muri* sind der Regelfall, *le mura* die Mauern
einer Stadt!

parete *f* [pa're:te]	**Wand**

Dovremo imbiancare le pareti, tesoro!	Wir werden die Wände streichen müssen, Schatz!
pavimento [pavi'mento]	**(Fuß)boden**
Il pavimento in bagno è rivestito di mattonelle.	Der Fußboden im Bad ist mit Fliesen verkleidet.
riscaldamento [riskalda'mento]	**Heizung**
Accendo il riscaldamento? Fa freddo!	Soll ich die Heizung anmachen? Es ist kalt!

 Nicht verwechseln: *soffitto* [sof'fitto] ist die (Zimmer)Decke, *soffitta* [sof'fitta] ist das Dachgeschoss, der Boden!

tetto ['tetto]	**Dach**
Il merlo canta sul tetto.	Die Amsel singt auf dem Dach.
cortile *m* [kor'ti:le]	**Hof**
I bambini giocano nel cortile.	Die Kinder spielen im Hof.
abitazione *f* [abitatsi'o:ne]	**Wohnraum; Wohnung**
la scarsità di abitazioni	der Wohnungsmangel
alloggio [al'lɔddʒo]	**Wohnung**
il mercato degli alloggi	der Wohnungsmarkt
affittare – **affitto** [affit'ta:re – af'fitto]	**(ver)mieten – Miete**
Gli affitti nelle grandi città sono alle stelle.	Die Mieten in Großstädten sind extrem hoch.
Sei riuscito ad affittare quell'appartamento? – No, il proprietario non me l'ha affittato.	Hast du es geschafft, diese Wohnung zu mieten? – Nein, der Besitzer hat sie mir nicht vermietet.

 Vorsicht: *affittare* gilt für unbewegliche Sachen (z.B. Haus), *noleggiare* [noled'dʒa:re] hingegen für bewegliche Sachen (Auto, Fahrrad, Liegestuhl etc.)!

in affitto / in condominio [in af'fitto / in kondo'minio]	**Miet-/Eigentums-**
Il vostro appartamento è in affitto o in condominio?	Ist eure Wohnung eine Miet- oder eine Eigentumswohnung?
locatore *m* – **locatario** [loka'to:re / loka'ta:rio]	Vermieter – Mieter
contratto di locazione [kon'tratto di lokatsi'o:ne]	**Mietvertrag**
Avete già stipulato il contratto di locazione?	Habt ihr den Mietvertrag schon abgeschlossen?
rinnovare [rinno'va:re]	**erneuern**

5.2 Mobili, arredamento, ecc.
Möbel, Einrichtung usw.

mobile *m* ['mɔbile] — Möbel(stück)
ammobiliato [ammobili'a:to] — möbliert
Affittasi appartamento ammobiliato. — Möblierte Wohnung zu vermieten.

arredamento [arreda'mento] — **Einrichtung, Ausstattung**
arredare [arre'da:re] — **einrichten, möblieren**
Questo soggiorno è arredato con gusto. — Dieses Wohnzimmer ist geschmackvoll eingerichtet.

accogliente [akko'ʎɛnte] — **gemütlich, einladend**
La vostra casa è molto accogliente! — Eure Wohnung ist sehr gemütlich!

armadio [ar'ma:dio] — **Schrank**
È molto capiente il tuo armadio! — Dein Schrank ist sehr geräumig!

gruccia ['gruttʃa] — **Bügel**
Posso avere anche la gruccia? — Kann ich den Bügel auch haben?

appendere [ap'pɛndere] — **aufhängen**
Hai appeso l'abito sulla gruccia? — Hast du den Anzug auf den Bügel gehängt?

sofà *m* / **divano** [so'fa / di'va:no] — **Sofa**
comodo ['kɔ:modo] — **bequem**
Questo divano è elegante e comodo. — Dieses Sofa ist elegant und bequem.

poltrona [pol'tro:na] — **Sessel**
Si è seduti in una poltrona. — Man sitzt in einem Sessel.

sedia ['sɛ:dia] — **Stuhl**
Si è seduti su una sedia. — Man sitzt auf einem Stuhl.

libreria [libre'ri:a] — **Bücherregal, -schrank**
scaffale *m* [skaf'fa:le] — **Regal(-brett)**
Il libro che cerchi è sull'ultimo scaffale in alto. — Das Buch, das du suchst, ist im obersten Regal.

cassetto [kas'setto] — **Schublade**
La perforatrice è nell'ultimo cassetto in basso. — Der Locher ist in der untersten Schublade.

Tavolo ['ta:volo] ist der Tisch als Gegenstand, *tavola* ['ta:vola] ist der gedeckte (Ess)Tisch, *tavolino* [tavo'li:no] ein Beistelltisch und *scrivania* [skriva'ni:a] der Schreibtisch.

tende *fpl* ['tɛnda] — **Vorhänge**
tapparella [tappa'rɛlla] — **Rollo**

abbassare [abbas'sa:re]	senken, herunterlassen; leiser stellen
Abbassi la tapparella e chiudi le tende?	Lässt du das Rollo herab und machst die Vorhänge zu?
tappeto [tap'pe:to]	**Teppich**
moquette _f_ [mɔ'kɛt]	**Teppichboden**
far cadere ['fa:r ka'de:re]	**fallen lassen**
rovinare [rovi'na:re]	**ruinieren; kaputtmachen**
Attenzione a non far cadere il gelato! Altrimenti rovini la moquette!	Pass' auf, dass du das Eis nicht fallen lässt! Sonst ruinierst du den Teppichboden!
televisore _m_ [televi'zo:re]	**Fernseher**
accendere – **acceso** [at'tʃɛndere – at'tʃe:so]	**einschalten – an, eingeschaltet**
spegnere – **spento** ['spe:ɲere – 'spɛnto]	**ausschalten – aus(geschaltet)**
videoregistratore _m_ [videoredʒistra'to:re]	**Videorekorder**
Il videoregistratore lo tengo per i vecchi nastri VHS.	Den Videorekorder behalte ich für die alten VHS-Kassetten.
lettore _m_ **DVD** – **registratore** _m_ **DVD** [let'to:re divu'di – redʒistra'to:re divu'di]	**DVD-Player – DVD-Rekorder**
luce _f_ ['lu:tʃe]	**Licht**
Spegni la luce?	Machst du das Licht aus?
lampada ['lampada]	**Lampe**
candela [kan'de:la]	**Kerze**
decorare – **decorazione** _f_ [deko'ra:re – dekoratsi'o:ne]	**dekorieren, schmücken – Dekoration**
Che ne dici? Decoriamo la tavola con qualche candela?	Was meinst du? Schmücken wir den Tisch mit ein paar Kerzen?
letto ['lɛtto]	**Bett**
andare a letto [an'da:re a 'lɛtto]	**ins Bett / schlafen gehen**
lenzuolo [lentsu'ɔ:lo], _pl. le lenzuola!_	**Laken**
cuscino [kuʃ'ʃi:no]	**Kissen**
coperta [ko'pɛrta]	**Decke**

_**i**_ | In Italien deckt man sich traditionell mit _lenzuola e coperte_ zu.

bagno ['ba:ɲo]	**Bad**
gabinetto [gabi'netto]	**Toilette**

i In förmlicheren Situationen oder in Privatwohnungen fragen Sie: *Scusi, dov'è il bagno?* (= Verzeihung, wo ist die Toilette?). An einer Tankstelle oder im Kino fragen Sie: *Scusi, dove sono i gabinetti?* (= Verzeihung, wo ist die Toilette?).

vasca da bagno ['vaska da 'ba:ɲo]	**Badewanne**
doccia ['dottʃa]	**Dusche**
lavandino [lavan'di:no]	**Waschbecken**
rubinetto [rubi'netto]	**Wasserhahn**
Il rubinetto gocciola.	Der Hahn tropft.
cucina [ku'tʃi:na]	**Küche**
una bella cucina abitabile	eine schöne Wohnküche
panchina [paŋ'ki:na]	**(Sitz-)Bank**
In Baviera spesso c'è una panchina in cucina.	In Bayern steht oft eine Bank in der Küche.

Alcuni elettrodomestici (= Einige Elektrohaushaltsgeräte)

elettrodomestico [elettrodo'mɛstiko] (= Elektrohaushaltsgerät) • *frigorifero* [frigo'ri:fero] (= Kühlschrank) • *congelatore m* [kondʒela-'to:re] (= Gefrierschrank) • *fornello* [for'nɛllo] (= Herd) • *forno* ['forno] (= Backofen) • *microonde m* [mikro'onde] (= Mikrowelle) • *lavatrice f* [lava'tri:tʃe] (= Waschmaschine) • *lavastoviglie f* [lavasto'vi:ʎe] (= Spülmaschine) • *aspirapolvere m* [aspira'polvere] (= Staubsauger) • *ferro da stiro* ['fɛrro da 'sti:ro] (= Bügeleisen) • *aria condizionata* ['a:ria 'konditsio'na:ta] (= Klimaanlage)

---

orologio [oro'lɔ:dʒo]	**Uhr**
Hai caricato l'orologio in cucina?	Hast du die Küchenuhr aufgezogen?
sveglia ['zve:ʎa]	**Wecker**
mettere la sveglia alle sette	den Wecker auf sieben stellen
campanello [kampa'nɛllo]	**(Tür-)Klingel**
Si prega di suonare il campanello!	Bitte klingeln!

Altri oggetti in casa (= Weitere Gegenstände im Haus)

ago ['a:go] (= Nadel) • *spillo* ['spillo] (= (Steck-)Nadel) • *corda* ['kɔr-da] (= Schnur; Seil) • *gancio* ['gantʃo] (= Haken) • *catena* [ka'te:na] (= Kette) • *lampadina* [lampa'dina] (= Glühbirne) • *cassetta* [kas'setta] (= Kiste) • *cestino* [tʃes'ti:no] (= (kleiner) Korb) • *cesto* ['tʃesto] (= (großer) Korb) • *specchio* ['spɛkkio] (= Spiegel) • *bilancia* [bi'lantʃa] (= Personenwaage) • *pattumiera* [pattumi'ɛ:ra] (= Mülleimer)

5.3 Lavori domestici
Hausarbeit

lavori domestici *mpl* [la'vo:ri do'mɛstitʃi]	Hausarbeit(en)
fare i lavori di casa	die Hausarbeit erledigen
pulire [pu'li:re]	**sauber machen, putzen**
Oggi pulisco i vetri.	Heute putze ich die Fenster.
fare le pulizie ['fa:re le puli'tsi:e]	**sauber machen, putzen**
mettere a posto / in ordine *m* ['mettere a 'posto / in 'ordine]	**aufräumen, in Ordnung bringen**
Dovrò mettere in ordine la mia camera!	Ich werde mein Zimmer aufräumen müssen.
(ri)ordinare [(ri)ordi'na:re]	**aufräumen**
(dis-)ordinato [(dis)ordi'na:to]	**(un-)ordentlich, (un-)aufgeräumt**
disordine *m* [di'zordine]	**Unordnung, Durcheinander**
lavare [la'va:re]	**waschen**
lavare i piatti [la'va:re i pi'atti]	**Geschirr abwaschen**
detersivo [deter'si:vo]	**Reinigungs- / Wasch- / Spülmittel**
occorrere [ok'korrere]	**erforderlich sein; brauchen**
Per lavare i piatti occorre un detersivo.	Zum Abwaschen braucht man ein Spülmittel.
asciugare [aʃʃu'ga:re]	**(ab)trocknen**
dare una mano ['da:re una 'ma:no]	**helfen**
Mi dai una mano a asciugare le stoviglie?	Hilfst du mir, das Geschirr abzutrocknen?

Altre parole intorno ai lavori di casa (= Weitere Wörter rund um die Hausarbeit)

sistemare [siste'ma:re] (= ordnen) • *fare il bucato* ['fa:re il bu'ka:to] (= Wäsche waschen) • *polvere f* ['polvere] (= Staub) • *spolverare* [spolve'ra:re] (= abstauben) • *scopare – scopa* [sko'pa:re – 'sko:pa] (= fegen – Besen) • *smacchiare – macchia* [zmakki'a:re – 'makkia] (= Fleck entfernen – Fleck) • *apparecchiare* [apparekki'a:re] (*la tavola*) (= (den Tisch) decken) • *sparecchiare* [sparekki'a:re] (= ab-, wegräumen) • *piegare* [pie'ga:re] (= falten, zusammenlegen) • *stirare* [sti'ra:re] (= bügeln) • *raccogliere* [rak'kɔ:ʎere] (= (auf-)sammeln; (auf-)wischen)

---

pulito – **sporco** [pu'li:to – 'sporko]	**sauber – schmutzig**
sporcizia [spor'tʃi:tsia]	**Schmutz, Dreck**

Ordinamento sociale

6.1 Comunità
Gemeinschaften

comunità [komuni'ta]	**Gemeinschaft**
appartenere a una comunità	einer Gemeinschaft angehören
extracomunitario(-a) ['ɛkstrakomuni'ta:rio]	**nicht aus der EU stammende(r) Ausländer(in)**
straniero(-a) [strani'ɛ:ro]	**Ausländer(in) – ausländisch**
popolo ['popolo]	**Volk**
I popoli europei vivono in pace e libertà.	Die europäischen Völker leben in Frieden und Freiheit.
libertà [liber'ta]	**Freiheit**
unione f [uni'o:ne]	**Union; Vereinigung**
l'Unione Europea (UE)	die Europäische Union
Europa – europeo [eu'rɔ:pa – euro'pɛ:o]	**Europa – europäisch**
Sono cittadino europeo.	Ich bin EU-Bürger.
società [sotʃe'ta]	**Gesellschaft**
il ruolo della donna nella società	die Rolle der Frau in der Gesellschaft
Paese – **paese** m [pa'e:ze]	**Land – Dorf**
i Paesi dell'Europa orientale	die osteuropäischen Länder
paese di campagna	Dorf auf dem Lande
nazione f [natsi'o:ne]	**Volk; Nation**
nazionalità [natsionali'ta]	**Nationalität**
(Lei) di che nazionalità è?	Was für eine Nationalität haben Sie?
(inter)nazionale [internatsio'na:le]	**(inter)national**
Stato ['sta:to]	**Staat**
regione f – **regionale** [re'dʒo:ne – redʒo'na:le]	(*Italien*) **Region / Gebiet – regional**

i **L'Italia è costituita da** (= besteht aus) **20 regioni:**
il *Friuli-Venezia Giulia* (= Friaul-Julisch Venetien), il *Veneto* (= Venetien), il *Trentino-Alto Adige* (= Trentino-Oberes Etschtal), la *Lombardia* (= Lombardei), la *Val d'Aosta* (= Aosta-Tal), il *Piemonte* (= Piemont), la *Liguria* (= Ligurien), le *Marche* (= Marken), l'*Emilia-Romagna* (= Emilia-Romagna), l'*Umbria* (= Umbrien), la *Toscana* (= Toskana), l'*Abruzzo* (= Abruzzen), il *Lazio* (= Latium),

il Molise (= Molise), *la Campania* (= Kampanien), *la Puglia* (= Apulien), *la Basilicata o anche la Lucania* (= Basilikata), *la Calabria* (= Kalabrien), *la Sardegna* (= Sardinien), *la Sicilia* (= Sizilien).

provincia [pro'vintʃa]	(*Italien*) **Provinz** (*ungefähr*: Kreis)
la provincia di Milano	Provinz Mailand
area ['aːrea]	**Gegend; Gebiet**
una bella area residenziale	eine schöne Wohngegend
capitale *f* [kapi'taːle]	**Hauptstadt** (einer Nation)
capoluogo [kapo'luɔːgo]	**Hauptstadt** (einer Region / eines Bundeslandes)
comune *m* [ko'muːne]	(Stadt-)**Gemeinde; Gemeindeverwaltung**
Si sono sposati in comune.	Sie haben standesamtlich geheiratet.
città [tʃit'ta]	(Groß-)**Stadt**
il centro città	die Innenstadt; das Stadtzentrum
Vai in città domani?	Fährst du morgen in die Stadt?
quartiere *m* [kuarti'ɛːre]	**Stadtteil; Viertel**
un quartiere bene	ein besserer Stadtteil
popolazione *f* [popolatsi'oːne]	**Bevölkerung(szahl)**
La popolazione mondiale cresce di anno in anno.	Die Weltbevölkerungszahl steigt von Jahr zu Jahr.

i In italienischen Anschriften ist stets auch **die Provinz** anzuführen, selbst wenn die Post in die Provinzhauptstadt selbst geht; also z.B. 20123 Milano (MI), 63017 Porto San Giorgio (AP) [= Provinz Ascoli Piceno in den Südmarken].

6.2 Sistemi politici e politica
Politische Systeme und Politik

politica – politico [po'li:tika – po'li:tiko]	Politik – politisch
un uomo politico	ein Politiker
sistema *m* [sis'tɛ:ma]	System; Art, Weise
I sistemi politici occidentali sono democratici.	Die westlichen politischen Systeme sind demokratisch.
Hai per caso capito il sistema come montare questo passeggino?	Hast du vielleicht verstanden, wie dieser Buggy zusammengebaut wird?
democrazia [demokra'tsi:a]	Demokratie
una democrazia parlamentare	eine parlamentarische Demokratie
democratico [demo'kra:tiko]	demokratisch
repubblica [re'pubblika]	Republik
L'Italia è una repubblica parlamentare.	Italien ist eine parlamentarische Republik.
costituzione *f* [kostitutsi'o:ne]	Verfassung
fondamentale [fondamen'ta:le]	von grundlegender Bedeutung, Grund-
La costituzione garantisce i diritti fondamentali.	Die Verfassung gewährleistet die Grundrechte.
partito [par'ti:to]	Partei
membro di partito	(Partei-)Mitglied
iscriversi ad un partito	einer Partei beitreten
potere *m* [po'te:re]	Macht
il partito al potere	die Partei an der Macht
il centro [il 'tʃentro]	die Mitte; das Zentrum
essere di destra / di sinistra ['ɛssere di 'dɛstra / di si'nistra]	ein(e) Rechte(r) / ein(e) Linke(r) sein
elezione *f* [eletsi'o:ne]	Wahl
campagna elettorale	Wahlkampf
eleggere [e'lɛddʒere]	wählen
Il Presidente della Repubblica viene eletto per sette anni.	Der Präsident der Republik Italien wird auf sieben Jahre gewählt.
voto ['vo:to]	Wahl; Abstimmung; Stimme
votare [vo'ta:re]	wählen; (ab)stimmen
Per chi hai votato?	Für wen hast du gestimmt?
candidato(-a) [kandi'da:to]	Kandidat(in)
Non saprei per quale candidato votare!	Ich wüsste nicht, welchen Kandidaten ich wählen soll!

6.3 Il potere legislativo
Die gesetzgebende Gewalt

camera ['ka:mera] — Kammer
Camera dei Deputati — Abgeordnetenkammer
parlamento bicamerale — Parlament mit zwei Kammern

i Das italienische Modell sieht einen *bicameralismo perfetto* vor, d. h., dass beide Kammern des Parlaments (= Abgeordnetenkammer und Senat) verfassungsrechtlich mit der gleichen Macht ausgestattet sind. Die *camera* hat 630 Abgeordnete, der *senato* hat 315 Mitglieder, die allesamt auf fünf Jahre gewählt werden. Parlamente haben es in Italien allerdings recht schwer, seit 1945 haben sich weit über 50 Regierungskoalitionen abgelöst. Das aktive Wahlrecht für die *camera* beträgt 18 Jahre, für den *senato* 25 Jahre.

parlamento [parla'mento] — **Parlament**
Il parlamento italiano è formato dalla Camera dei Deputati e dal Senato. — Das italienische Parlament besteht aus der Abgeordnetenkammer und dem Senat.
deputato(-a) [depu'ta:to] — (Parlaments-)**Abgeordnete(r)**
senatore(-trice) [sena'to:re(-'tri:tʃe)] — **Senator(in)**
senatore a vita — Senator auf Lebenszeit
leader *m*/*f* ['li:der] — **Führer(in)**
il/la leader dell'opposizione — der/die Oppositionsführer(in)
maggioranza [maddʒo'rantsa] — **Mehrheit**
eleggere a maggioranza — mit Stimmenmehrheit wählen
minoranza [mino'rantsa] — **Minderheit**
essere in minoranza — in der Minderheit sein
verbale *m* [ver'ba:le] — das **Protokoll**
stendere il verbale — ein Protokoll abfassen
discorso [dis'korso] — **Rede**
tenere un discorso — eine Rede halten
legge *f* ['leddʒe] — **Gesetz**
La legge è uguale per tutti. — Vor dem Gesetz sind alle gleich.
emanare una legge — ein Gesetz erlassen
a norma di legge — laut Gesetz
bilancio [bi'lantʃo] — **Haushalt(splan); Etat**
pareggiare il bilancio — den Haushalt ausgleichen
sciogliere ['ʃɔ:ʎere] — **auflösen**
sciogliere il parlamento — das Parlament auflösen

6.4 Governo
Regierung

governo [go'vɛrno]	Regierung
il governo federale	die Bundesregierung
formare un governo	eine Regierung bilden
cambiamento di governo	**Regierungswechsel**
[kambia'mento di go'vɛrno]	
favorevole [favo're:vole]	zustimmend; günstig
Sono favorevole a un cambia-	Ich stehe einem Regierungswech-
mento di governo.	sel zustimmend gegenüber.
governare [gover'na:re]	**regieren**
Chi governa da voi?	Wer regiert bei euch?
opposizione f [oppozitsi'o:ne]	**Opposition; Widerstand**
formare [for'ma:re]	**bilden, entwickeln; formen**
Governo e opposizione formano	Regierung und Opposition bilden
il Parlamento.	das Parlament.
presidente m [prezi'dɛnte]	**Präsident; Vorsitzende**
il Presidente del Consiglio	Ministerpräsident
il presidente del consiglio direttivo	der Vorstandsvorsitzende
consiglio [kon'si:ʎo]	**Rat; Rat(schlag)**
il Consiglio dei Ministri	der Ministerrat
Ti do un consiglio: non insistere!	Ich geb' dir einen Rat: Lass' gut
	sein!
cancelliere m [kantʃelli'ɛ:re]	**Kanzler**
Capo dello Stato ['ka:po 'dello 'sta:to]	**Staatsoberhaupt**
indipendente [indipen'dɛnte]	**unabhängig**
Il Capo dello Stato deve essere	Das Staatsoberhaupt muss
indipendente.	unabhängig sein.
gabinetto [gabi'netto]	**Kabinett**
ministero [mini'stɛ:ro]	**Ministerium**
il Ministero per gli Affari Esteri	das Außenministerium
carica ['ka:rika]	**Amt**
È entrato in carica il 1° maggio.	Er trat am 1. Mai sein Amt an.
ministro [mi'nistro]	**Minister(in)**
ministro per gli / degli Esteri	Außenminister(in)
nomina – nominare ['nɔ:mina –	**Ernennung – ernennen**
nomi'na:re]	
È stato nominato ministro per	Er wurde zum Außenminister
gli Esteri.	ernannt.
dimettersi [di'mettersi]	**zurücktreten**
Si è dimesso.	Er ist zurückgetreten.

6.5 Sistema giuridico e polizia
Rechtswesen und Polizei

legge *f* ['lɛddʒe]
Gesetz; Recht

rispettare la legge
das Gesetz befolgen

(il)legale [(il)le'ga:le]
(il)legal, (un)gesetzlich

un comportamento (il)legale
ein (il)legales Verhalten

tribunale *m* [tribu'na:le]
Gericht

deporre in tribunale
vor Gericht aussagen

corte *f* ['kɔrte]
Gericht(shof)

giurare [dʒu'ra:re]
schwören

Giuri di dire la verità!
Schwören Sie, die Wahrheit
zu sagen!

processo [pro'tʃɛsso]
(Gerichts-)**Verfahren; Prozess**

azione *f* [atsi'o:ne]
Verfahren; Klage

intentare / promuovere un'azione
gegen jemanden Klage erheben

civile / penale [tʃi'vi:le / pe'na:le]
zivil, bürgerlich / strafrechtlich

È un'azione civile.
Es ist ein Zivilverfahren.

giudice *m* ['dʒu:ditʃe]
Richter

prova ['prɔ:va]
Beweis, Nachweis

evidente [evi'dɛnte]
offensichtlich

Le prove sono evidenti.
Die Beweise sind offensichtlich.

avvocato [avvo'ka:to]
Rechtsanwalt

rivolgersi a [ri'vɔldʒersi a]
sich wenden an

Penso che dovremo rivolgerci
a un avvocato.
Ich denke, wir werden uns an
einen Anwalt wenden müssen.

denuncia – **denunciare**
[de'nuntʃa – denun'tʃa:re]
Anzeige – anzeigen

Mi hanno denunciato per aver
fumato in un bar!
Ich bin angezeigt worden, weil
ich in einer Bar geraucht habe!

accusa – **accusare** [ak'ku:za –
akku'za:re]
Anklage – beschuldigen; anklagen

È stato accusato di furto.
Er wurde des Diebstahls
beschuldigt.

difesa – **difendere** [di'fe:sa –
di'fɛndere]
Verteidigung – verteidigen

testimone *m / f* [testi'mɔ:ne]
Zeuge / Zeugin

Sono testimone oculare
dell'incidente.
Ich bin Augenzeuge des Unfalls.

descrivere [des'kri:vere]
beschreiben

Posso descrivere come è successo.
Ich kann beschreiben, wie es
geschehen ist.

reato [re'a:to]	**Straftat; Delikt**
crimine *m* ['kri:mine]	**Verbrechen; Straftat**
commettere un crimine	ein Verbrechen begehen
omicidio [omi'tʃi:dio]	(*juristisch*) **Tötung; Mord; Totschlag**
squadra omicidi	Mordkommission

Der italienische Begriff *squadra* [sku'a:dra] hat im Deutschen zahl-reiche Bedeutungen: *squadra azzurra* [sku'a:dra ad'dzurra] (= italieni-sche Fussballnationalmannschaft); *squadra di soccorso* [sku'a:dra di sok'korso] (= Rettungsdienst); *squadra di polizia* [sku'a:dra di poli'tsi:a] (= Polizeistreife); *squadra di operai* [sku'a:dra di ope'ra:i] (= Team von Arbeitern); *lavoro di squadra* [la'vo:ro di sku'a:dra] (= Teamarbeit).

innocente – colpevole [inno'tʃɛnte – kol'pe:vole]	**unschuldig – schuldig**
sospetto(-a) – sospettare [sos'pɛtto – sospet'ta:re]	**Verdächtige(r) – verdächtigen**
È stato sospettato di scippo.	Er wurde des Handtaschen-diebstahls verdächtigt.
imputato(-a) [impu'ta:to]	**Angeklagte(r)**
dichiarare [dikia'ra:re]	**erklären / verzollen**
Ha qualcosa da dichiarare?	Haben Sie etwas zu verzollen?
dichiarazione *f* [dikiaratsi'o:ne]	**Erklärung**
secondo le sue dichiarazioni	seinen Erklärungen zufolge
assolvere [as'sɔlvere]	**freisprechen**
L'imputato ha dichiarato sempre la sua innocenza e alla fine è stato assolto.	Der Angeklagte hat stets seine Un-schuld beteuert und ist schließ-lich freigesprochen worden.
convincere [kon'vintʃere]	**überzeugen**
Ciò non mi convince.	Das überzeugt mich nicht.
ammettere [am'mettere]	**zugeben**
Il ladro ha ammesso di aver rubato.	Der Dieb hat zugegeben, dass er gestohlen hat.
confessare [konfes'sa:re]	**gestehen**
colpa / **innocenza** ['kolpa / inno'tʃɛntsa]	**(Un)Schuld**
Ha confessato la sua colpa.	Er hat seine Schuld gestanden.
dubbio – **dubitare** ['dubbio – dubi'ta:re]	**Zweifel – bezweifeln**
Nutro dubbi. Dubito della sua innocenza.	Ich hege Zweifel. Ich bezweifle ihre / seine Unschuld.
condannare [kondan'na:re]	**verurteilen**

pena ['pe:na]
È stato condannato a una pena detentiva.
punire [pu'ni:re]
L'eccesso di velocità è stato punito con una multa salata.

conclusione *f* [konkluzi'o:ne]
concludere – concludersi
[koɲ'klu:dere – koɲ'klu:dersi]
Il processo si è concluso con una sentenza d'assoluzione.
Ho concluso il progetto appena stanotte.
multa ['multa]
Mi hanno dato una multa di 20 euro.
prigione *f* [pri'dʒo:ne]
evadere [e'va:dere]
È evaso dalla prigione.

guardia [gu'ardia]
Polizia di Stato [poli'tsi:a di 'sta:to]
stazione *f* di polizia
poliziotto(-a) [politsi'ɔtto]
proteggere [pro'tɛddʒere]
La polizia protegge i cittadini.
arrestare – arresto [arres'ta:re – ar'rɛsto]
La polizia ha arrestato due sospetti.
Carabiniere *m* [karabini'ɛ:re]
controllare [kontrol'la:re]
Mi hanno controllato i Carabinieri.

obbligare – **costringere**
[obbli'ga:re – kos'trindʒere]
I Carabinieri mi hanno obbligato a seguirli.
modulo ['mɔ:dulo]
compilare un modulo
vigile(-essa) ['vi:dʒile, vidʒi'lessa]
regolare il traffico

Strafe
Er ist zu einer Haftstrafe verurteilt worden.
bestrafen
Die Geschwindigkeitsübertretung ist mit einem saftigen Bußgeld bestraft worden.
(Ab)schluss, Ende
beenden, abschließen – enden

Der Prozess endete mit einem Freispruch.
Ich habe das Projekt gerade erst heute nacht abgeschlossen.
Bußgeld; Strafzettel
Ich habe einen Strafzettel über 20 Euro bekommen.
Gefängnis
fliehen, ausbrechen
Er ist aus dem Gefängnis ausgebrochen.

Wache
(Staats)Polizei
(Polizei-)Revier, Wache
Polizist(in)
(be)schützen
Die Polizei schützt die Bürger.
festnehmen, verhaften – Festnahme, Haft
Die Polizei hat zwei Verdächtige festgenommen.
Polizist, Gendarm
kontrollieren, überprüfen
Ich bin von den Carabinieri kontrolliert worden.

zwingen

Die Carabinieri haben mich gezwungen, ihnen zu folgen.
Formular
ein Formular ausfüllen
Verkehrspolizist(in)
den Verkehr regeln

6.6 Tasse
Steuern

tassa – tasse ['tassa]
aumentare / abbassare
[aumen'ta:re / abbas'sa:re]
Purtroppo continuano a
  aumentare le tasse.
restituire [restitu'i:re]
Ai fortunati viene restituito
  qualcosa.
aumento / riduzione delle tasse
esente da tasse; esentasse
imposta [im'pɔsta]
imposte dirette / indirette
imposta sul valore aggiunto (= IVA)
  [im'pɔsta sul va'lo:re ad'dʒunto]
lordo / netto ['lordo / 'netto]
L'importo lordo è di 100 euro,
  al netto di IVA invece è di
  80 euro.
fisco / erario ['fisko / e'ra:rio]
fiscale [fis'ka:le]
consulente m / f fiscale /
  fiscalista m / f
evasione f fiscale
ricevuta fiscale [ritʃe'vu:ta]

scontrino fiscale [skon'tri:no]

evadere [e'va:dere]
Purtroppo molti evadono le
  imposte impuniti.
codice m **fiscale** ['kɔ:ditʃe fis'ka:le]
Hai già richiesto il tuo codice
  fiscale?
reddito ['rɛddito]
compilare la dichiarazione dei
  redditi
lavorare a / in nero [lavo'ra:re
  a / in 'ne:ro]

Steuer – Steuern
erhöhen / herabsetzen, senken

Leider werden die Steuern
  ständig erhöht.
zurückgeben, rückerstatten
Den Glücklichen wird etwas
  rückerstattet.
Steuererhöhung / Steuersenkung
steuerfrei
Steuer; Abgabe
direkte / indirekte Steuern
Mehrwertsteuer

brutto, Brutto- / netto, Netto-
Der Bruttobetrag beträgt 100 Euro,
  ohne MWSt. dagegen macht er
  80 Euro aus.
Fiskus / Steuerbehörde
steuerlich, Steuer-
Steuerberater(in)

Steuerhinterziehung
ein steuerlichen Vorschriften
  entsprechender **Beleg**
ein steuerlichen Vorschriften
  entsprechender **Kassenbon**
hinterziehen
Leider hinterziehen viele
  ungestraft Steuern.
Steuernummer
Hast du schon deine Steuernummer beantragt?
Einkommen
die Einkommensteuererklärung
  ausfüllen
schwarz arbeiten

6.7 Sicurezza sociale
Soziale Sicherheit

sicurezza sociale
[siku'rettsa so'tʃa:le]
La sicurezza sociale negli Stati occidentali diventa sempre meno.

soziale Sicherheit

Die soziale Sicherheit in den Staaten des Westens wird immer geringer.

assistenza sociale
[assi'stɛntsa so'tʃa:le]
approfittare di [approfit'ta:re di]
Alcune pecore nere approfittano delle prestazioni dello Stato sociale.

Sozialhilfe

(aus)nutzen
Einige schwarze Schafe nutzen die Leistungen des Sozialstaats aus.

previdenza sociale
[previ'dɛntsa so'tʃa:le]
contributi *mpl* per la previdenza sociale
pagare i contributi per la pensione

Sozialversicherung

Sozialversicherungsbeitrag

in eine Pensionskasse einzahlen

sussidio [sus'si:dio]
sussidio di malattia
indennità *f inv* [indenni'ta]
indennità di disoccupazione
indennità di gravidanza
prestazione *f* **sociale**
[prestatsi'o:ne so'tʃa:le]
tagli delle prestazioni sociali

Unterstützung
Krankengeld
...geld
Arbeitslosengeld
Mutterschaftsgeld
Sozialleistung

Streichungen von Sozialleistungen

aver bisogno di [a'ver bi'sɔ:ɲo]
Molti hanno bisogno delle prestazioni sociali.

brauchen, benötigen
Viele brauchen Sozialleistungen.

assegno familiare per i figli
[as'seɲo famili'a:re per i 'fi:ʎi]

Kindergeld

cassa mutua di malattia
['kassa 'mu:tua di malat'ti:a]
pensione *f* [pensi'o:ne]
cassa pensioni
emarginato(-a) sociale
[emardʒi'na:to so'tʃa:le]
associazione *f* **benefica**
[assotʃattsi'o:ne be'nɛ:fika]

Krankenversicherung; Kranken-kasse
Rente; Pension; Ruhegehalt
Pensionskasse
Angehörige(r) einer sozialen Randgruppe
Wohltätigkeitsverein

6.8 Relazioni internazionali
Internationale Beziehungen

mondo – **mondiale** ['mondo – mondi'a:le]	Welt – weltweit, Welt-
I rapporti internazionali sono importanti per la pace.	Internationale Beziehungen sind wichtig für den Frieden.
rapporto [rap'pɔːrto]	**Verhältnis, Beziehung**
stabilire rapporti con altri Paesi	Beziehungen zu anderen Staaten herstellen
diplomazia – **diplomatico** [diplomat'tsi:a – diplo'ma:tiko]	**Diplomatie** – **diplomatisch**
Questa battuta non è stata molto diplomatica.	Diese Bemerkung ist nicht sehr diplomatisch gewesen.
organizzazione *f* [organiddzatsi-'o:ne]	**Organisation**
congresso [koŋ'grɛsso]	**Kongress, Tagung**
riunirsi [riu'nirsi]	**zusammenkommen**
I membri dell'organizzazione internazionale si sono riuniti in un congresso.	Die Mitglieder der internationalen Organisation sind zu einem Kongress zusammengekommen.
crisi *finv* ['kri:zi]	**Krise**
conferenza [konfe'rɛntsa]	**Konferenz**
Alla conferenza è stata discussa la crisi del Medio Oriente.	Bei der Konferenz wurde die Krise des Mittleren Ostens erörtert.
negoziare – **negoziazioni** *fpl* [negottsi'a:re]	**verhandeln** – **Verhandlungen**
Dopo lunghe negoziazioni si è giunti a un accordo.	Nach langen Verhandlungen ist man zu einer Einigung gelangt.
accordo [ak'kɔrdo]	**Einigung; Abkommen**
pace *f* ['pa:tʃe]	**Friede**
firmare un accordo di pace	ein Friedensabkommen unterzeichnen
l'**Unione** *f* **Europea** (= **UE**) [uni'o:ne euro'pɛ:a]	die **Europäische Union** (= **EU**)
L'Unione Europea ormai è composta da 27 Stati membri.	Die Europäische Union besteht inzwischen aus 27 Mitgliedsstaaten.

 Die **Grenze** zwischen zwei Staaten kann sowohl *il confine* [kon'fi:ne] als auch *la frontiera* [fron'tie:ra] heißen.

6.9 Difesa, guerra, esercito
Verteidigung, Krieg, Militär

difendere – **difesa**
[di'fɛndere – di'fe:za]
verteidigen – Verteidigung

rifiutare [rifiu'ta:re]
ablehnen, zurückweisen

rifiutarsi [rifiu'tarsi]
sich weigern

Lui si è rifiutato di prestare servizio militare.
Er hat sich geweigert, Militärdienst zu leisten.

servizio militare [ser'vi:tsio mili'ta:re]
Wehrpflicht / Wehrdienst

Lui ha assolto il servizio militare.
Er leistete seinen Wehrdienst ab.

esercito [e'zɛrtʃito]
Armee; Heer

l'aeronautica [laero'nautika]
die Luftwaffe

la marina [la ma'ri:na]
die (Kriegs-)Marine

truppa ['truppa]
Truppe

sicurezza [siku'rettsa]
Sicherheit

Le truppe dell'esercito difendono la sicurezza del Paese.
Die Truppen des Heeres verteidigen die Sicherheit des Landes.

ufficiale *m* [uffi'tʃa:le]
Offizier

soldato [sol'da:to]
Soldat

promuovere [promu'ɔ:vere]
befördern

È stato promosso capitano.
Er wurde zum Hauptmann befördert.

generale *m* [dʒene'ra:le]
General

uniforme *f* [uni'forme]
Uniform; Dienstkleidung

I soldati indossano uniformi.
Soldaten tragen Uniformen.

Le uniformi di un noto corriere sono marroni.
Die Dienstkleidung eines bekannten Kurierdienstes ist braun.

spia *f* [sp'i:a]
Spion(in)

scoprire una spia
einen Spion enttarnen

guerra [gu'ɛrra]
Krieg

la seconda guerra mondiale
der Zweite Weltkrieg

vincere / perdere la guerra
den Krieg gewinnen / verlieren

situazione *f* [situatsi'o:ne]
Situation

La situazione precipita: sembra scoppiare una guerra.
Die Situation kippt: Es scheint ein Krieg auszubrechen.

scoppiare [skoppi'a:re]
ausbrechen; explodieren

pericolo [pe'ri:kolo]
Gefahr

C'è pericolo di guerra.
Es herrscht Kriegsgefahr.

attacco – **attaccare**
[at'takko – attak'ka:re]
Angriff – angreifen

occupare – occupazione f
[okku'pa:re – okkupatsi'o:ne]
l'occupazione della Polonia
battaglia [bat'taʎa]
campo di battaglia
combattimento [kombatti'mento]
combattere [kom'battere]
lotta ['lɔtta]
I soldati combattono in una lotta
tenace.
vittoria – sconfitta [vit'tɔ:ria –
skon'fitta]
avanzare [avan'tsa:re]
Le truppe avanzano.
La fila avanza solo lentamente.

fuga – fuggire ['fu:ga – fud'dʒi:re]
Dopo la sconfitta i superstiti
si danno alla fuga.
fronte m ['fronte]
allontanarsi [allonta'narsi]
Allontanarsi dal fronte è Alto
Tradimento.
avvicinarsi [avvitʃi'narsi]
Dopo una lunga marcia il plotone
si avvicina a un faggeto.
marcia ['martʃa]
liberare [libe'ra:re]
liberare gli ostaggi
resistenza [rezi'stɛntsa]
incontrare una forte resistenza
missile m ['missile]
arma (pl le armi!) ['arma]
bomba ['bomba]
esplodere – esplosione f
[es'plɔ:dere – esplozi'o:ne]
In centro sono esplosi due ordigni.

distruggere – distruzione f
[dist'ruddʒere – distrutsi'o:ne]
prigioniero(-a) [pridʒoni'ɛ:ro]
Furono fatti prigionieri.

besetzen – Besetzung

die Besetzung Polens
Schlacht
Schlachtfeld
Kampf; Gefecht
kämpfen
Kampf, Ringen
Die Soldaten kämpfen in einem
zähen Ringen.
Sieg – Niederlage

vorrücken; vorankommen
Die Truppen rücken vor.
Die Schlange kommt nur langsam
voran.

Flucht – fliehen, flüchten
Nach der Niederlage fliehen
die Überlebenden.
Front
sich entfernen
Sich von der Front zu entfernen,
ist Hochverrat.
sich nähern
Nach einem langen Marsch nähert
sich der Zug einem Buchenhain.
Marsch
befreien
die Geiseln befreien
Widerstand
auf starken Widerstand stoßen
Rakete
Waffe
Bombe
**explodieren; detonieren; platzen –
Explosion**
Im Zentrum sind zwei Spreng-
sätze detoniert.

zerstören – Zerstörung

Gefangene
Sie wurden gefangen genommen.

Kapitel 7

7.1 Disoccupazione
Arbeitslosigkeit

disoccupazione *f* [dizokku-
patsi'o:ne]
La disoccupazione è in aumento.

Arbeits- / Erwerbslosigkeit

Die Arbeitslosigkeit nimmt zu.

tasso ['tasso]
Il tasso di disoccupazione a
gennaio è stato dell'11%.

Rate; Satz
Die Arbeitslosenrate im Januar
betrug 11%.

disoccupato(-a) [dizokku'pa:to]
È disoccupato da tre mesi.

arbeitslos; Arbeitslose(r)
Er ist seit drei Monaten arbeitslos.

lavoro – **lavorare** [la'vo:ro –
lavo'ra:re]
Trovare un lavoro di questi tempi
è un colpo di fortuna.

Arbeit – arbeiten

Heutzutage Arbeit zu finden ist
ein Glücksfall.

dare lavoro – **assumere**
['da:re la'vo:ro – as'su:mere]
A un cinquantenne oggi non dà
più lavoro nessuno.

beschäftigen, einstellen

Einen Fünfzigjährigen stellt heute
niemand mehr ein.

posto di lavoro ['posto di la'vo:ro]

Arbeitsplatz

impiegare – **impiego**
[impie'ga:re – impi'ɛ:go]

beschäftigen – Beschäftigung

senza lavoro ['sɛntsa la'vo:ro]
Improvvisamente mi sono trovato
senza lavoro.

ohne Arbeit; arbeitslos
Plötzlich stand ich ohne Arbeit da.

licenziare – **licenziamento**
[litʃentsi'a:re – litʃentsia'mento]
La ditta licenzia altri 500 lavora-
tori.

kündigen – Kündigung

Die Firma entlässt weitere
500 Beschäftigte.

licenziarsi [litʃentsi'arsi]
Si è licenziato perché non
sopportava più la pressione.

(selbst) kündigen
Er hat gekündigt, weil er dem
Druck nicht mehr standhielt.

frequentare un corso di **riqua-
lificazione** *f* **professionale**
[rikualifikatsi'o:ne professio'na:le]

eine **Umschulung** machen

protesta [pro'tɛsta] – **protestare**

Protest – protestieren

sciopero – **scioperare**
['ʃɔ:pero – ʃope'ra:re]
Il sindacato ha incitato i membri
allo sciopero.

Streik – streiken

Die Gewerkschaft hat die Mitglieder zum Streik aufgerufen.

7.2 Droghe, alcol e fumo
Drogen, Alkohol und Rauch

abuso [a'bu:zo] — Missbrauch
L'abuso di droghe è molto diffuso nei Paesi occidentali. — Drogenmissbrauch ist in den westlichen Ländern weit verbreitet.
droga ['drɔ:ga] — **Droge; Rauschmittel; Rauschgift**
droghe pesanti / leggere — harte / weiche Drogen
tossicodipendente *m / f* — Drogenabhängige(r)
spaccio di droga ['spattʃo di 'drɔ:ga] — der **Drogen- / Rauschgifthandel**
spacciatore(-trice) di droga — Dealer(in)
la roba (*ugs.*) [la 'rɔ:ba] — **Stoff**
Prendi ancora la roba? — Fixt du immer noch?
spinello [spi'nɛllo] — **Joint**
farsi uno spinello — einen Joint rauchen
eroina [ero'i:na] – **cocaina** [koka'i:na] — **Heroin – Kokain**
iniettare / sniffare / fumare cocaina — Kokain spritzen / schnupfen / rauchen

hashish *m* ['aʃiʃ] — **Haschisch**
alcolista *m / f* / **alcolizzato(-a)** [alko'lista / alkolid'dza:to] — **Alkoholiker(in)**
ubriacarsi [ubria'karsi] — sich betrinken
ubriaco(-a) [ubri'a:ko] — betrunken; Betrunkene(r)
Eravamo tutti ubriachi fradici. — Wir waren alle sinnlos betrunken.
sbornia ['sbɔrnia] — **Rausch**
rischiare [riski'a:re] — **riskieren**
Chi si droga rischia la propria salute. — Wer Drogen nimmt, riskiert seine Gesundheit.
fumare [fu'ma:re] – **fumo** ['fumo] — **rauchen – Rauch**
vietato fumare — Rauchen verboten
Il fumo nuoce alla salute. — Rauch schadet der Gesundheit.
rinunciare [rinun'tʃa:re] — **verzichten**
È meglio rinunciare al fumo. — Es ist besser, aufs Rauchen zu verzichten.

sigaretta [siga'rɛtta] — **Zigarette**
sigaro ['si:garo] – **pipa** ['pi:pa] — **Zigarre – Pfeife**
tabacco [ta'bakko] — **Tabak**
accendersi una sigaretta [at'tʃɛndersi] — **sich** eine (Zigarette) **anzünden**
accendino [attʃen'di:no] — **Feuerzeug**
fiammifero [fiam'mifero] — **Zünd- / Streichholz**
portacenere *m* [porta'ʃenere] — **Aschenbecher**

7.3 Povertà
Armut

povertà [pover'ta]	**Armut**
cadere in povertà	in Armut geraten
povertà assoluta / relativa	absolute / relative Armut
povero(-a) ['pɔːvero]	**arm; (der / die) Arme**
Molti poveri non fanno vedere la loro miseria.	Viele Arme zeigen ihr Elend nicht.
benestante [benes'tante]	**wohlhabend; (der / die) Wohlhabende**
ricco(-a) ['rikko]	**reich; (der / die) Reiche**
I benestanti e i ricchi spesso non badano alla povertà altrui.	Wohlhabende und Reiche achten oft nicht auf die Armut anderer.
miseria [mi'zɛːria]	**Elend**
Vivono nella miseria più nera.	Sie leben in tiefstem Elend.
mendicante *m / f* [mendi'kante]	**Bettler(in)**
chiedere l'elemosina [ki'ɛːdere lele'mɔːzina]	**betteln**
svantaggiato [zvantad'dʒaːto]	**benachteiligt**
le persone economicamente svantaggiate	die wirtschaftlich Benachteiligten / sozial Schwachen
privo di mezzi ['priːvo di 'mɛddzi]	**mittellos**
aiutare i bisognosi [aiu'taːre i bizo'ɲoːsi]	**den Bedürftigen helfen**
fare la **carità** [kari'ta]	ein **Almosen** geben
i bisogni di base [i bi'zoːɲi di 'baːze]	**die Grundbedürfnisse**
fame *f* – **affamato** ['faːme – affa'maːto]	**Hunger – hungrig**
Da ragazzo ha spesso sofferto la fame.	Als Junge hat er oft gehungert.
morire di fame	verhungern
denutrizione *f* [denutritsi'oːne]	**(Mangel-)Ernährung**
mensa dei poveri ['mensa dei 'pɔːveri]	**Suppenküche**
lavoro minorile [la'voːro mino'riːle]	**Kinderarbeit**
sofferenza [soffe'rɛntsa]	**Leiden; Leid**
alleviare le sofferenze dei poveri	das Leid(en) der Armen lindern
disgrazia [diz'graːtsia]	**Unglück**
Ritrovarsi in povertà è una disgrazia.	Sich in Armut wiederzufinden ist ein Unglück.

Problemi sociali

7.4 Criminalità e violenza
Verbrechen und Gewalttätigkeit

criminalità [kriminali'ta]	**Verbrechen; Straftat**
la lotta contro la criminalità	der Kampf gegen das Verbrechen
criminale *m / f* [krimi'na:le]	**kriminell; Verbrecher(in); Straftäter(in)**
la malavita [la mala'vi:ta]	**die Unterwelt**
delitto [de'litto]	**Verbrechen**
reato [re'a:to]	**Straftat**
commettere [com'mettere]	**begehen**
Il picciotto ha commesso un reato.	Der kleine Mafioso hat eine Straftat begangen.
costringere [kos'trindʒere]	**zwingen**
Ha costretto il gelataio a pagare il pizzo.	Er hat den Eishändler gezwungen, Schutzgeld zu zahlen.
motivo [mo'ti:vo]	**Grund; Ursache**
Il motivo del reato è stato gelosia.	Der Grund für das Verbrechen war Eifersucht.
delinquente *m / f* [delin'kuɛnte]	**Verbrecher(in)**
colpire [kol'pi:re]	**treffen; schlagen**
Il delinquente ha colpito la vittima con un'ascia.	Der Verbrecher hat das Opfer mit einem Beil geschlagen.
vittima ['vittima]	**Opfer**

Reati frequenti (= häufig begangene Straftaten)

assassinio [assas'si:nio] (= Mord) • *assassinare* [assassi'na:re] (= ermorden) • *assassino(-a)* [assas'si:no] (= Mörder(in))

stupro ['stu:pro] (= Vergewaltigung) • *stuprare / violentare* [stu'pra:re / violen'ta:re] (= vergewaltigen) • *stupratore m* [stupra'to:re] (= Vergewaltiger)

rapina [ra'pi:na] (= Raub) • *rapinare* [rapi'na:re] (= (be-, aus-)rauben) • *rapinatore m* [rapina'to:re] (= Räuber)

sequestro [se'kuɛstro] (= Entführung) • *sequestrare* [sekues'tra:re] (= entführen) • *sequestratore m* [sekuestra'to:re] (= Entführer)

rapimento [rapi'mento] (= Entführung) • *rapire* [ra'pi:re] (= entführen) • *rapitore m* [rapi'to:re] (= Entführer)

furto / ladrocinio ['furto / ladro'tʃi:nio] (= Diebstahl) • *rubare* [ru'ba:re] (= stehlen) • *ladro(-a)* ['la:dro] (= Dieb(in))

ricatto / estorsione f [ri'katto / estorsi'o:ne] (= Erpressung) • *ricattare / estorcere* [rikat'ta:re / es'tɔrtʃere] (= erpressen) • *ricattatore m* [rikatta'to:re] (= Erpresser) *truffa – inganno* ['truffa – in'ganno] (= Betrug – Täuschung) • *truffare – ingannare* [truf'fa:re – ingan'na:re] (= betrügen – täuschen) • *truffatore m – imbroglione m* [truffa'to:re – imbroʎ'ʎone] (= Betrüger) *incendio doloso* [in't∫endio do'lo:so] (= Brandstiftung) • *incendiare* [int∫en'dia:re] (= in Brand setzen) • *incendiario(-a)* [int∫en'dia:rio] (= Brandstifter)

rapina in banca [ra'pi:na in 'banka]	**Bankraub**
Mani in alto! Questa è una rapina!	Hände hoch! Dies ist ein Überfall!
pistola [pi'stɔ:la]	(Hand-)**Feuerwaffe**

Ruberie e ladri (= **Stehlen und Diebe**)
furto (= Diebstahl) • *scippo* (= Taschendiebstahl) • *taccheggio* (= Ladendiebstahl) • ladro (= Dieb) • *scippatore m* (= Straßenräuber / Handtaschendieb) • *taccheggiatore m* (= Ladendieb)

Sparare a qualcuno (= auf jemanden schießen). Werden Pronomen benutzt, müssen diese dementsprechend im Dativ stehen: *Hanno sparato al proprietario. Gli hanno sparato.*

violenza – **violento** [vio'lɛntsa – vio'lɛnto]	**Gewalt(tätigkeit) – gewalttätig**
rissa ['rissa]	**Prügelei; Schlägerei**
azzuffarsi [attsuf'farsi]	**sich prügeln; raufen**
picchiare [pikki'a:re]	**schlagen; hauen**
Lo hanno picchiato a sangue.	Er wurde zusammengeschlagen.
pugnalare / accoltellare qualcuno [puɲa'la:re / akkoltel'la:re kual'ku:no]	**auf jemanden einstechen / jemanden niederstechen**
È stata pugnalata a morte.	Sie wurde erstochen.
strangolare / strozzare qualcuno [strango'la:re / strot'tsa:re kual'ku:no]	**jemanden erwürgen / erdrosseln**
legare [le'ga:re]	**fesseln**
mafia – mafioso ['ma:fia – mafi'o:so]	**Mafia – mafiös**
cosca mafiosa ['kɔska mafi'o:sa]	**Mafia-Clan / -Gruppe**
pericoloso [periko'lo:so]	**gefährlich**
minacciare ['minatt∫a:re]	**bedrohen, drohen**
carcere *m* ['kart∫ere]	**Gefängnis**
galera [ga'lɛ:ra]	**Knast**
Il malavitoso è andato a finire in galera.	Das Mitglied der Unterwelt ist im Knast gelandet.
detenuto(-a) [dete'nu:to]	**Gefangene(r), Häftling**

8.1 Storia
Geschichte

storia ['stɔːria]	**Geschichte**
storia antica / medievale / moderna	alte / mittlere / neuere Geschichte
storia contemporanea	(die) Zeitgeschichte
storico(-a) ['stɔːriko]	**historisch; Historiker(in)**
un personaggio storico	eine historische Persönlichkeit
era ['ɛːra]	**Ära; Zeitalter**
Durante l'era della pietra gli uomini vivevano in caverne.	Während der Steinzeit lebten die Menschen in Höhlen.
epoca ['ɛːpoka]	**Epoche; Zeitalter**
periodo [pe'riːodo]	**Epoche; Zeit**
I primi decenni del '900 furono un periodo sanguinoso.	Die ersten Jahrzehnte des 20. Jh. waren eine blutige Epoche.
In quel periodo non mi piaceva andare a scuola.	Zu jener Zeit ging ich nicht gerne zur Schule.
antico [an'tiːko]	**alt; antik**
l'antica Roma	das alte Rom
romano(-a) [ro'maːno]	**römisch; Römer(-in)**
schiavo(-a) [ski'aːvo]	**Sklave, Sklavin**
Gli antichi romani avevano schiavi.	Die alten Römer hielten Sklaven.
caduta [ka'duːta]	**Sturz; Zusammenbruch**
la caduta dell'impero romano	der Sturz des römischen Reichs
destino [des'tiːno]	**Schicksal**
il destino di un popolo	das Schicksal eines Volkes
imperatore, imperatrice [impera'toːre, -tri:tʃe]	**Kaiser(in)**
re, regina [re, re'dʒiːna]	**König, Königin**
rivoluzione ƒ [rivolutsi'oːne]	**Revolution**
La rivoluzione francese cambiò il volto dell'Europa.	Die französische Revolution änderte das Erscheinungsbild Europas.
civiltà [tʃivil'ta]	**Kultur**
una civiltà preistorica	eine prähistorische Kultur
tradizione ƒ – **tradizionale** [traditsi'oːne – traditsio'naːle]	**Tradition – traditionell**
È bello far rivivere le tradizioni.	Es ist schön, Traditionen wieder aufleben zu lassen.

8.2 Psicologia
Psychologie

psicologia [psikolo'dʒi:a]
Psychologie

psicologo(-a) [psi'kɔ:logo]
Psychologe / Psychologin

psicologico [psiko'lɔ:dʒiko]
psychologisch

comportamento [komporta'mento]
Verhalten

comportarsi [kompor'tarsi]
sich verhalten; sich benehmen

Ultimamente ti comporti in
maniera strana.
In letzter Zeit verhältst du dich
merkwürdig.

Bambini, volete comportarvi
bene?
Kinder, wollt ihr euch wohl
anständig benehmen?

personalità [personali'ta]
Persönlichkeit

una personalità equilibrata
eine ausgeglichene Persönlichkeit

creatività – creativo
Kreativität – kreativ
[kreativi'ta – krea'ti:vo]

Bisogna incentivare la creatività
degli alunni.
Man muss die Kreativität der
Schüler anregen.

motivare – motivarsi [moti'va:re –
moti'varsi]
motivieren – sich motivieren

motivazione *f* **– motivato**
Motivation – motiviert
[motivatsi'o:ne – moti'va:to]

Per ottenere buoni risultati
bisogna essere motivati.
Um gute Ergebnisse zu erzielen,
muss man motiviert sein.

emozione *f* [emotsi'o:ne]
Gefühl

emozioni come gioia e rabbia
Gefühle wie Freude und Zorn

subconscio [sub'kɔnʃo]
Unterbewusstsein – unterbewusst

sogno **– sognare** ['so:ɲo – so'ɲa:re]
Traum – träumen

incubo ['inkubo]
Alptraum

paura [pa'u:ra]
Angst

Stanotte ho avuto un incubo.
Che paura!
Heute Nacht habe ich einen
Albtraum gehabt. Hab' ich
eine Angst gehabt!

depresso(-a) [de'prɛsso]
deprimiert; depressiv;
Depressive(r)

Ti vedo depresso da quando tua
moglie ti ha lasciato.
Du wirkst deprimiert, seit deine
Frau dich verlassen hat.

depressione *f* [depressi'o:ne]
Depression

terapia [tera'pi:a]
Therapie

Ho deciso di fare una terapia.
Ich habe beschlossen, eine
Therapie zu machen.

terapista *m / f* [tera'pista]
Therapeut(in)

8.3 Religioni e confessioni
Religionen und Konfessionen

religione _f_ – **religioso** [reli'dʒone – reli'dʒoso]	Religion – religiös, Religions-
mistero [mis'tɛ:ro]	Geheimnis
fede _f_ ['fede]	Glaube
il mistero della fede	das Geheimnis des Glaubens
confessione _f_ [konfessi'one]	Konfession; Glaubensgemeinschaft
Di che confessione è Lei?	Welcher Glaubensgemeinschaft gehören Sie an?
cristiano(-a) [kristi'ano]	Christ(in) – christlich
cattolico(-a) [kat'tɔliko]	Katholik(in) – katholisch
protestante _m_ / _f_ [protes'tante]	Protestant(in) – protestantisch; evangelisch
Molti cristiani sono cattolici o protestanti.	Viele Christen sind katholisch oder protestantisch.
Dio – **divino** ['dio – di'vino]	Gott – göttlich
Dio ama le Sue creature.	Gott liebt seine Geschöpfe.

💡 _„Dio"_ mit großem „D" bezeichnet den Gott der Christenheit.
„Gott / Göttin" mit Plural „Götter / Göttinen" heißt: _dio / dea_ und
gli dei / le dee.

eterno [e'tɛrno]	ewig
Padre eterno, ...	Ewiger Vater, ...
credere ['kre:dere]	glauben
Credi in Dio? – No, sono ateo.	Glaubst du an Gott? – Nein, ich bin Atheist.
credo di sì / credo di no	ich glaube schon / ich glaube nicht
la Bibbia ['bibbia]	Bibel
paradiso [para'di:zo] – **inferno** [in'fɛrno]	Paradies; Himmel – Hölle
peccato – **peccare** [pek'ka:to – pek'ka:re]	Sünde – sündigen
Chi non pecca molto, dovrebbe andare in paradiso.	Wer nicht viel sündigt, sollte ins Paradies kommen.
angelo ['andʒelo]	Engel
Gli angeli custodi vegliano su di noi.	Die Schutzengel wachen über uns.
diavolo [di'avolo]	Teufel
Ma va' al diavolo!	Scher' dich doch zum Teufel!

santo, santa ['santo, 'santa] — Heilige(r); heilig
miracolo [mi'raːkolo] — Wunder
I santi devono avere operato un miracolo. — Heilige müssen ein Wunder vollbracht haben.
Chiesa – chiesa [ki'ɛza] — Kirche *(Institution)* – Kirche
Vado in chiesa la domenica. — Ich gehe sonntags zur Kirche.

> Verschiedene Arten von Kirchen: *basilica* [ba'ziːlika] (= Basilika, Kirche) • *cattedrale f* [katte'draːle] (= Kathedrale; Dom) • *duomo* [du'ɔmo] (= Dom; Münster) • *chiesetta* [kie'zetta] (= Kapelle) • *santuario* [santu'aːrio] (= Wallfahrtskirche) • *sinagoga* [sina'gɔga] (= Synagoge) • *moschea* [mos'kɛa] (= Moschee) • *tempio* ['tɛmpio] (= Tempel). Vorsicht beim Plural von „*tempio*": *i templi*.

campanile *m* [kampa'niːle] — Kirchturm, Glockenturm
I campanili una volta erano sempre la costruzione più alta di una città. — Glockentürme waren früher immer der höchste Bau einer Stadt.
campana [kam'paːna] — Glocke
Le campane suonano a messa. — Die Glocken läuten zur Messe.
messa ['messa] — Messe
andare a messa — zur Messe gehen
predicare [predi'kare] — predigen
predicare bene e razzolare male — Wasser predigen und Wein trinken
pregare – preghiera [pre'gare – pregi'ɛra] — beten; bitten – Gebet; Bitte
I fedeli pregano in chiesa. — Die Gläubigen beten in der Kirche.
Ti prego, resta! — Ich bitte dich, bleib'!
confessione *f* [konfessi'one] — Beichte; Konfession
confessarsi [konfes'sarsi] — beichten
Non è mica tanto facile confessarsi. — Es ist gar nicht so leicht zu beichten.
prete *m* ['prɛte] — Priester
Il prete celebra la santa messa. — Der Priester feiert die Heilige Messe.

parrocchia – parroco [par'rɔkkia – 'parroko] — Pfarrsprengel – Pfarrer(in)
Il parroco assiste una parrocchia. — Der Pfarrer betreut eine Pfarrgemeinde.

cardinale *m* [kardi'naːle] — Kardinal
il Papa ['papa] — Papst
suora [su'ɔːra] — Nonne; Schwester
frate *m* / **fra'** ['fraːte / 'fra] — Mönch; Bruder

9.1 Istituzioni scolastiche
Bildungseinrichtungen

istruzione _f_ [istrutsi'o:ne]	**Bildung; Ausbildung**
asilo (d'infanzia) [a'zi:lo]	**Kindergarten**
scuola [sku'ɔ:la]	**Schule**
andare a scuola	in die Schule gehen
scolastico [sko'lastiko]	**schulisch, Bildungs-**
scuola elementare / media /	**Grundschule / Mittelschule /**
secondaria superiore	**Oberstufe, weiterführende Schule**
[sku'ɔ:la elemen'ta:re / mɛ:dia /	
sekon'da:ria superi'o:re]	
liceo [li'tʃɛ:o]	**Gymnasium**
iscriversi [i'skri:versi]	**sich anmelden; sich einschreiben**
Ho deciso di iscrivermi a un corso	Ich habe beschlossen, mich bei
di pittura.	einem Malkurs anzumelden.
lezione _f_ [letsi'o:ne]	**(Unterrichts-)Stunde**
Hai frequentato le lezioni del	Hast du den Vormittagsunterricht
mattino?	besucht?
orario delle lezioni	Stundenplan
corso ['korso]	**Kurs; Lehrgang**
corso di lingua	Sprachkurs
frequentare [frekuen'ta:re]	**besuchen** (_Schule_); **machen** (_Kurs_)
Frequento la scuola serale.	Ich besuche die Abendschule.
compito ['kompito]	**Klausur; Schulaufgabe**
compito a casa	Hausaufgabe
maturità [maturi'ta]	**Abitur**
istituto professionale	**Berufsfachschule**
[isti'tu:to professio'na:le]	
università [universi'ta]	**Universität**
andare / studiare all'università	an der Universität studieren
universitario [universi'ta:rio]	**Universitäts-; Studenten-**
aula ['a:ula]	**Aula; Auditorium; Klassenzimmer**
Dov'è l'aula magna?	Wo ist das Audimax?
facoltà [fakol'ta]	**Fakultät**
facoltà di filosofia	philosophische Fakultät
istituto [isti'tu:to] di ricerca	Forschungs**institut**
esame _m_ [e'za:me]	**Prüfung; Examen**
sostenere / dare un esame	eine Prüfung ablegen
(non) superare l'esame	die Prüfung (nicht) bestehen

9.2 Materie di studio e abilità
Studienfächer und Fertigkeiten

materia [ma'tɛːria]	(Unterrichts-)**Fach**
la mia materia preferita	mein Lieblingsfach
materia facoltativa / obbligatoria	Wahl- / Pflichtfach
matematica [mate'maːtika]	**Mathematik; Mathe**
educazione ƒ **tecnica / fisica**	**Technik / Sport**
[edukatsi'oːne 'tɛknika / 'fiːzika]	
lingua straniera ['lingua strani'ɛːra]	**Fremdsprache**
latino [la'tiːno]	**Latein**
letteratura italiana	italienische Literatur
[lettera'tuːra itali'aːna]	
catechismo / religione ƒ	**Religion(s)lehre**
[kate'kizmo – reli'dʒoːne]	
educazione ƒ **civica**	**Sozialkunde; Sozialwissenschaften**
[edukatsi'oːne 'tʃiːvika]	
storia ['stɔːria]	**Geschichte**
geografia [dʒeogra'fiːa]	**Geographie**

> Das Fach *scienze* ['ʃɛntse] (= Naturwissenschaften) umfasst *biologia* [biolo'dʒiːa] (= Biologie), *chimica* ['kiːmika] (= Chemie), *fisica* ['fiːsika] (= Physik), *geografia* [dʒeogra'fiːa] (= Geographie), *astronomia* [astrono'miːa] (= Astronomie) und *geologia* [dʒeolo'dʒiːa] (= Geologie).

attività [attivi'ta]	**Tätigkeit; Aktivität; Übung(en)**
attività di scrittura / produzione scritta	schriftsprachliche Übungen
attività d'ascolto	Hörverstehen / -verständnis
attività di lettura	Leseverstehen / -verständnis
dettato [det'taːto]	**Diktat**
Oggi facciamo un dettato.	Heute schreiben wir ein Diktat.
tema *m* ['tɛːma]	(Schul-)**Aufsatz / Thema**
scrivere un tema	einen Aufsatz schreiben
argomento [argo'mento]	**Thema; Inhalt**
esporre l'argomento di un libro	den Inhalt eines Buches darlegen
vantaggio [van'taddʒo]	**Vorteil**
Lei ha il vantaggio di essere cresciuta bilingue.	Sie hat den Vorteil, zweisprachig aufgewachsen zu sein.

9.3 Esami e qualificazioni
Prüfungen und Qualifikationen

esame *m* – **esaminare** [e'za:me – ezami'na:re]	Prüfung, Examen – prüfen
test *m* – **testare** [tɛst – tɛ'sta:re]	Test – testen
L'insegnante testa gli allievi.	Der Lehrer unterzieht die Schüler einem Test.

> **Prüfungen** sind *esami: esame orale/scritto* (= mündliche/schriftliche Prüfung), *esame finale* (= Abschlussprüfung). *Gli studenti si preparano a* (= bereiten sich vor auf) *un esame/fanno un esame* (= machen eine Prüfung). *Lo passano o vengono bocciati.* (= Sie bestehen eine Prüfung oder fallen durch.)

facile – **difficile** ['fa:tʃile – dif'fi:tʃile]	leicht – schwer
L'ultimo esame è stato difficile.	Die letzte Prüfung war schwer.
complicato [kompli'ka:to]	kompliziert
Che complicato questo compito!	Ist diese Aufgabe vielleicht kompliziert!
errore *m* [er'ro:re]	Fehler
Accidenti! Ho fatto un errore e me ne sono accorto solo ora!	Mist! Ich habe einen Fehler gemacht und ihn erst jetzt bemerkt!
prepararsi [prepa'rarsi]	sich vorbereiten
Ti sei preparato bene all'esame?	Hast du dich gut auf die Prüfung vorbereitet?
far fatica [far fa'ti:ka]	Mühe haben
farcela ['fartʃela]	es schaffen
Ho fatto fatica a risolvere l'ultimo compito ma poi ce l'ho fatta.	Ich habe Mühe gehabt, die letzte Aufgabe zu lösen, aber dann habe ich's geschafft.
congratulazione *f* [kongratula-tsi'o:ne]	Glückwunsch
Congratulazioni! Ce l'hai fatta!	Glückwunsch! Du hast es geschafft!
congratularsi [koŋgratu'larsi]	gratulieren, beglückwünschen
Mi congratulo con te per gli ottimi risultati!	Ich gratuliere dir zu den ausgezeichneten Ergebnissen!
copiare (in un esame) [kopi'a:re]	(in einer Prüfung) abschreiben
passare [pas'sa:re]	(Prüfung) bestehen

Ha passato l'esame con lode.	Er / Sie bestand die Prüfung mit Auszeichnung.
esame di **laurea** ['laurea]	**Universitätsabschluss**
laurearsi [laure'arsi]	**das Studium abschließen**
Si è laureato in economia aziendale.	Er ist Diplomkaufmann / Betriebswirt.
tesi f ['tɛːzi]	**Diplom- / Examens- / Magisterarbeit**
importante – importanza [impor'tante – impor'tantsa]	**wichtig – Bedeutung; Wichtigkeit**
La tesi è una parte importante dell'esame di laurea.	Die Diplomarbeit ist ein wichtiger Teil der Diplomprüfung.
voto ['voːto]	**Note**

Noten, mit denen Leistungen bewertet werden, heißen *voti*: *dallo 0 al 10 nelle scuole superiori* (= die Noten von 6 bis 1), *dal 18 al 30 e lode all'università* (= die Noten von 4 bis 1). *Ha preso 10 in entrambi i compiti.* (= Er / Sie hat in beiden Arbeiten eine Eins bekommen.) *In scienze i suoi voti sono meno belli.* (= In den Naturwissenschaften sind seine / ihre Noten weniger gut.) *Ha passato l'esame di matematica per il rotto della cuffia.* (= Er / Sie hat die Mathematikprüfung gerade noch bestanden.)

ottimo ['ɔttimo]	**sehr gut, ausgezeichnet**
È un ottimo sciatore.	Er ist ein ausgezeichneter Skiläufer.
soddisfacente [soddisfa'tʃɛnte]	**zufriedenstellend, befriedigend**
La Sua prestazione è stata soddisfacente.	Ihre Leistung war zufriedenstellend.
sufficiente [suffi'tʃɛnte]	**ausreichend, genug**
È un buono stipendio, ma è appena sufficiente per mantenere una famiglia.	Das ist ein gutes Gehalt, aber es reicht gerade aus, um eine Familie durchzubringen.
pagella [pa'dʒɛlla]	**(Jahres-)Zeugnis**
certificato / attestato [tʃertifi'kaːto / attes'taːto]	**(Prüfungs- / Abschluss-)Zeugnis**
diploma m [dip'lɔːma]	**Abschlusszeugnis**

i Um zu **promovieren** (= *ottenere il diploma di dottorato di ricerca*) schreibt man auch in Italien u. a. eine Doktorarbeit oder Dissertation (= *tesi di dottorato*).

9.4 Insegnamento e studio
Lehren und Lernen

insegnare [inse'ɲaːre]	unterrichten; lehren
Chi te lo ha insegnato?	Wer hat dir das beigebracht?
insegnamento [inseɲa'mento]	**Unterricht**
insegnamento delle lingue straniere	Fremdsprachenunterricht
insegnante *m / f* [inseɲ'ɲante]	**Lehrer(in)**
scopo ['skɔːpo]	**Zweck; Ziel**
Lo scopo della scuola è l'educazione mentale.	Das Ziel der Schule ist die geistige Erziehung.
maestro(-a) [ma'estro]	**Grundschullehrer(in)**
maestro(-a) di tennis	Tennislehrer(in)
professore(-essa) [profes'soːre(-'essa)]	**Lehrer(in) ab der 6. Klasse; Professor(in)**
il / la prof (*ugs.*)	Lehrer(in) ab der 6. Klasse
istruttore(-trice) [istrut'toːre(-'triːtʃe)]	**Lehrer(in); Ausbilder(in)**
istruttore di guida	Fahrlehrer
scolaro(-a) [sko'laːro] / **alunno(-a)** [a'lunno]	**Schüler(in)**
spiegare – **spiegazione** *f* [spie'gaːre – spiegatsi'oːne]	erklären – Erklärung
Il nostro insegnante spiega in maniera molto chiara.	Unser Lehrer erklärt sehr klar.
chiaro [ki'aːro]	**klar; deutlich**
lezione *f* [letsi'oːne]	**(Unterrichts-)Stunde**
dare / prendere lezioni d'italiano	Italienischunterricht erteilen / nehmen
motivare [moti'vaːre]	**motivieren**
motivare gli studenti	die Schüler motivieren
imparare [impa'raːre]	**lernen**
imparare una poesia a memoria	ein Gedicht auswendig lernen
studiare [studi'aːre]	**studieren**
Studia medicina a Padova.	Er / Sie studiert in Padua Medizin.
Sto studiando per il compito.	Ich lerne gerade für die Arbeit.
leggere ['lɛddʒere]	**lesen**
leggere un testo ad alta voce	einen Text (laut) vorlesen
libro ['liːbro] – **testo** ['tɛsto]	**Buch – Text**
libro di testo	Lehrbuch
riassumere – **riassunto** [rias'suːmere – rias'sunto]	**zusammenfassen – Zusammenfassung**

E ora facciamo un breve riassunto.	Und nun machen wir eine kurze Zusammenfassung.
scrivere ['skri:vere]	**schreiben**
Oggi ho scritto due compiti.	Heute habe ich zwei Klausuren geschrieben.
penna a sfera / **biro** *f inv* ['penna a sfɛ:ra / bi:ro]	**Kugelschreiber**
penna stilografica ['penna stilo-'gra:fika]	**Füllfederhalter, Füller**
matita [ma'ti:ta]	**Bleistift; Buntstift**
gomma (per cancellare) ['gomma]	**Radiergummi**
quaderno [kua'dɛrno]	**Heft**
contare [kon'ta:re]	**zählen**
Contiamo da uno a venti!	Zählen wir von eins bis zwanzig!
calcolare [kalko'la:re]	**(er-, be)rechnen**
Devo solo calcolare questa linea, poi vengo.	Ich muss nur noch diese Linie berechnen, dann komme ich.
linea ['li:nea] – **tabella** [ta'bɛlla]	**Linie – Tabelle**
Questa tabella indica i vostri voti.	Diese Tabelle zeigt eure Noten.
in alto / **in basso** [in 'alto / in 'basso]	**oben** / **unten**
indicare [indi'ka:re]	**(auf)zeigen; empfehlen**
La soluzione è indicata in basso.	Die Lösung ist unten aufgezeigt.
risolvere [ri'sɔlvere]	**lösen**
Risolviamo questo compito insieme!	Lösen wir diese Aufgabe gemeinsam!
studente, -tessa [stu'dente, -'tessa]	**Schüler(in)** (*Oberstufe*); **Student(in)**
assente – **presente** [as'sɛnte – pre'zɛnte]	**abwesend** – **anwesend**
Oggi sono presenti tutti.	Heute sind alle anwesend.
compiti a casa ['kompiti a 'ka:za]	**Hausaufgabe(n); Hausarbeit(en)**
assegnare / dare i compiti a casa	Hausarbeiten aufgeben
ora ['o:ra]	**Stunde**
Quando comincia la terza ora?	Wann beginnt die dritte Stunde?
cominciare / **iniziare** [komin'tʃa:re / ini'tsia:re]	**beginnen; anfangen**
È già cominciata la lezione?	Hat der Unterricht schon begonnen?
finire [fi'ni:re]	**beenden; fertigmachen**
Lo finiamo domani, è tardi.	Das machen wir morgen fertig, es ist spät.
terminare [termi'na:re]	**beenden; fertig stellen**
Sergio ha terminato gli studi.	Sergio hat sein Studium abgeschlossen.

continuare [kontinu'a:re]
fortfahren, weitermachen, weiter-
Chi continua a leggere?
Wer liest weiter?
intervallo [inter'vallo]
Pause
A che ora c'è l'intervallo?
Um wie viel Uhr ist die Pause?
livello [li'vɛllo]
Höhe; Stand; Niveau
Il tuo italiano ha raggiunto
Dein Italienisch hat ein gutes
un buon livello!
Niveau erreicht!
progresso [pro'grɛsso]
Fortschritt
Hai fatto grandi progressi in
Du hast in kurzer Zeit große
poco tempo.
Fortschritte gemacht!
procedere [pro'tʃɛ:dere]
**vorankommen; fortsetzen;
fortfahren**

Procediamo speditamente, ragazzi.
Wir kommen zügig voran, Kinder.
sapere [sa'pe:re]
können; wissen
Sai già molte cose.
Du weißt schon viele Sachen.
Sai nuotare molto bene.
Du kannst sehr gut schwimmen.
cercare di / **provare a** [tʃer'ka:re
versuchen
di / pro'va:re a]
Ragazzi, cercate di concentrarvi!
Kinder, versucht euch zu kon-
zentrieren!

concentrazione *f* – **concentrarsi**
Konzentration – sich konzentrieren
[kontʃentratsi'o:ne – kontʃen'tra:rsi]
darsi da fare ['darsi da 'fa:re]
sich bemühen; sich ins Zeug legen
Bambini, datevi da fare!
Kinder, legt euch ins Zeug!
badare a [ba'da:re a]
aufpassen auf; sich kümmern um
fare attenzione ['fa:re attentsi'o:ne]
aufpassen
Fai attenzione a non inciampare
Pass' auf, dass du nicht über
in qualcosa!
irgendetwas stolperst!
toccare (a) [tok'ka:re]
dran sein
Tocca a te!
Du bist dran!
valere la pena [va'le:re la 'pe:na]
sich lohnen, der Mühe wert sein
Vale la pena fare quel corso?
Lohnt es sich, diesen Kurs zu
machen?

conoscere [ko'noʃʃere]
kennen; kennen lernen
significare – **significato**
bedeuten – Bedeutung
[siɲifi'ka:re – siɲifi'ka:to]
Conosci il significato della parola
Kennst du die Bedeutung des
"addormentarsi"?
Wortes einschlafen?
voler dire [vo'ler 'di:re]
bedeuten
sbaglio ['zba:ʎo]
Fehler
sbagliare [zba'ʎa:re]
einen Fehler machen
Vede? Ha sbagliato qui e qui.
Sehen Sie? Sie haben hier und
hier einen Fehler gemacht.

sbagliarsi [sba'ʎarsi]
Purtroppo mi sono sbagliato.
domanda [do'manda]
Scusi, avrei una domanda.

sich irren
Leider habe ich mich geirrt.
Frage
Entschuldigen Sie, ich hätte da
   eine Frage.

domandare / **chiedere**
[doman'da:re / ki'ɛ:dere]
prendere ['prɛndere]
Chi ha preso il mio evidenziatore?

fragen

nehmen
Wer hat meinen Textmarker
   genommen?

prendere appunti ['prɛndere ap'punti]
foglio ['fɔ:ʎo]
aprire – **chiudere** [a'pri:re –
ki'u:dere]
Bambini, aprite i libri a pagina
   diciotto!
argomento [argo'mento]
Oggi abbiamo trattato un nuovo
   argomento.
eccellente [ettʃel'lɛnte]
Le sue prestazioni sono eccellenti.

mitschreiben, sich Notizen machen
Blatt
öffnen, aufmachen – schließen

Kinder, macht die Bücher auf
   Seite 18 auf!
Thema
Heute haben wir ein neues Thema
   behandelt.
hervorragend
Seine / Ihre Leistungen sind
   hervorragend.

esempio [e'zempio]
Mi fai un esempio?
proposta [pro'posta]
Chi ha una proposta da fare?
pratica – **praticare** ['pra:tika –
prati'ka:re]
Bisogna praticare una lingua.
riguardare [riguar'da:re]
No, questa faccenda non mi
   riguarda!
silenzio [si'lɛntsio]
parlare più / meno forte
[par'la:re pi'u / 'meno 'fɔrte]
Bambini, parlate meno forte!
   Silenzio!
consegnare [konse'ɲa:re]
Se avete finito, consegnate!
bocciare [bot'tʃa:re]
Lo hanno bocciato! Deve ripetere
   l'anno.
ripetere [ri'pɛ:tere]

Beispiel
Machst du mir ein Beispiel?
Vorschlag
Wer macht einen Vorschlag?
Übung, Praxis – praktizieren, üben

Eine Sprache muss man üben.
betreffen, angehen
Nein, diese Sache geht mich
   nichts an!
Ruhe; Stille
lauter / leiser sprechen

Kinder, sprecht leiser! Ruhe!

übergeben; ab-, zurückgeben
Wenn ihr fertig seid, gebt ab!
nicht versetzen
Er ist nicht versetzt worden!
   Er muss das Jahr wiederholen.
wiederholen

Arte e letteratura

10.1 Pittura e scultura
Malerei und Bildhauerei

arte *f* ['arte]	Kunst
In Italia si possono ammirare molte opere d'arte.	In Italien kann man viele Kunstwerke bestaunen.
artista *m/f* [ar'tista]	**Künstler(in)**
dipingere [di'pindʒere]	**malen**
dipingere un ritratto	ein Porträt malen
dipinto [di'pinto]	**bemalt; Bild; Gemälde**
un dipinto del Beato Angelico	ein Gemälde des Beato Angelico
pittore(-trice) [pit'to:re(-'tri:tʃe)]	**Maler(in)**
pittura [pit'tu:ra]	(die) **Malerei; Bild; Gemälde**
Si tratta di una pittura antica.	Es handelt sich um ein altes Bild.
quadro [ku'a:dro]	**Bild**
appendere un quadro	ein Bild aufhängen
disegno [di'seɲo]	**Zeichnung**
disegnare [dise'ɲa:re]	**zeichnen**
Ma sai disegnare molto bene!	Du kannst aber gut zeichnen!
fumetto [fu'metto]	**Comic**
Sturmtruppen è un noto fumetto italiano.	Sturmtruppen ist ein bekannter italienischer Comic.
tela ['te:la]	**Leinwand**
pennello [pen'nɛllo]	**Pinsel**
In uno studio non possono mancare tela e pennello.	In einem Atelier dürfen Leinwand und Pinsel nicht fehlen.
soggetto [sod'dʒetto]	**Gegenstand**
paesaggio [pae'zaddʒo]	**Landschaft**
Mi piace il soggetto di questo dipinto: il paesaggio è proprio ameno!	Mir gefällt der Gegenstand dieses Bildes: Die Landschaft ist wirklich lieblich!
ritratto – ritrattare [rit'ratto – ritrat'tare]	**Porträt – porträtieren**
Chi ti ha fatto quel ritratto?	Wer hat das Porträt von dir gemacht?
affresco [af'fresko]	**Fresko**
Guarda: tutte le pareti sono coperte di affreschi!	Schau: Alle Wände sind mit Fresken bedeckt!
nudo ['nu:do]	**Akt**
nudo seduto / in piedi / sdraiato	sitzender / stehender / liegender Akt

composizione *f* [kompositsi'o:ne] | Komposition; (Bild)Aufbau
La composizione di questo quadro mi sembra perfetta. | Der Aufbau dieses Bildes scheint mir vollendet zu sein.
falso ['falso] | Fälschung; gefälscht, falsch
Secondo me quel dipinto è falso! | Meiner Ansicht nach ist dieses Bild falsch.

originale *m* [oridʒi'na:le] | Original(-); ursprünglich; originell
È l'originale! L'ho fatto esaminare. | Es ist das Original. Ich hab's überprüfen lassen.

esposizione *f* [espozitsi'o:ne] | Ausstellung
esporre [es'porre] | ausstellen
Espongono solo pochi quadri. | Sie stellen nur wenige Bilder aus.
mostra – mostrare ['mostra – mos'tra:re] | Ausstellung – zeigen
Adesso ti mostro il mio quadro preferito. | Jetzt zeige ich dir mein Lieblingsbild.
galleria (d'arte) [galler'i:a (d'arte)] | (Kunst-)Galerie
museo [mu'zɛ:o] | Museum
i Musei Vaticani | das Vatikanmuseum
scultura [skul'tu:ra] | Skulptur; Plastik; Bildwerk; Bildhauerkunst; Bildhauerei
una scultura di marmo | eine Marmorskulptur / -plastik
scultore – scultrice [skul'to:re, -'tri:tʃe] | Bildhauer(in)
Michelangelo fu un celebre scultore. | Michelangelo war ein berühmter Bildhauer.
scolpire [skol'pi:re] | (*Holz*) **schnitzen**; (*Stein*) **meißeln**
scolpire un blocco di porfido | einen Porphyrblock behauen
una **statua** di marmo ['sta:tua] | eine Marmor**statue**
un **busto** di bronzo ['busto] | eine Bronze**büste**
una **figura** in gesso [fi'gu:ra] | eine Gips**figur**
mosaico [mo'za:iko] | Mosaik
i mosaici di Pompei | die Mosaike von Pompei
ammirazione *f* [ammiratsi'o:ne] | Bewunderung
ammirare [ammi'ra:re] | bewundern
Ammiro i bravi artisti. | Ich bewundere tüchtige Künstler.

Die wichtigsten Farben: *arancione* [aran'tʃo:ne] (= orange) • *azzurro* [ad'dzurro] (= himmel-, azurblau) • *bianco* [bi'aŋko] (= weiß) • *blu* [blu] (= blau) • *celeste* [tʃe'lɛste] (= hell-, himmelblau) • *giallo* ['dʒallo] (= gelb) • *grigio* ['gri:dʒo] (= grau) • *marrone* [mar'ro:ne] (= braun) • *nero* ['ne:ro] (= schwarz) • *rosso* ['rosso] (= rot) • *verde* ['verde] (= grün) • *colorato* [kolo'ra:to] (= farbig).

10.2 Fotografia
Fotografie

fotografia [fotogra'fi:a]
(die) **Fotografie** (= *Kunst + Verfahren*); **Foto(grafie)**; **Aufnahme**

fotografie in bianco e nero /
a colori
Schwarzweiß- / Farbabzüge

Ci farebbe una foto?
Würden Sie uns fotografieren?

fotografare [fotogra'fa:re]
fotografieren

Ho fotografato un tramonto
stupendo.
Ich habe einen prächtigen Sonnenuntergang aufgenommen.

fotografo [fo'tɔ:grafo]
Fotograf

fotografico [fotog'ra:fiko]
fotografisch; Foto-

la mia attrezzatura fotografica
meine Fotoausrüstung

scattare alcune foto
[skat'ta:re al'ku:ne 'fɔ:to]
ein paar **Schnappschüsse machen**

flash *m* ['flɛʃ]
Blitz(licht)

Non mi piace usare il flash.
Ich blitze nicht gern.

macchina fotografica
['makkina fotog'ra:fika]
Kamera; (Foto-)**Apparat**

una fotocamera digitale [didʒi'ta:le]
Digitalkamera

obiettivo [obiet'ti:vo]
Objektiv

cambiare l'obiettivo
das Objektiv auswechseln

montare / smontare l'obiettivo
das Objektiv einsetzen / abnehmen

teleobiettivo
Teleobjektiv

grandangolo
Weitwinkelobjektiv

caricare la pellicola
[kari'ka:re la pel'li:kola]
den Film einlegen

soggetto – motivo [sod'dʒetto –
mo'ti:vo]
(Aufnahme-)**Objekt – Motiv**

mirino [mi'ri:no]
Sucher

mettere a fuoco ['mettere a fu'ɔ:ko]
die Entfernung einstellen

Il soggetto deve essere messo
a fuoco.
Der Aufnahmegegenstand muss
scharf sein.

apertura [aper'tu:ra]
Blende(nöffnung)

regolare l'apertura a 8
die Blende auf 8 stellen

Sorridere, prego! [sor'ri:dere 'prɛ:go]
Bitte recht freundlich!

riavvolgere la pellicola [riav'vɔl-
dʒere]
den Film **zurückspulen**

sviluppare la pellicola [zvilup'pa:re]
den Film **entwickeln**

negativo [nega'ti:vo]
Negativ

10.3 Musica e ballo
Musik und Tanz

musica ['mu:zika]	**Musik**
Metto un po' di musica?	Soll ich ein bisschen Musik auflegen?
un brano musicale	ein Musikstück
classico ['klassiko]	**klassisch**
Preferisci la musica classica o quella leggera?	Magst du lieber klassische oder leichte Musik?
musicale [muzi'ka:le]	**musikalisch; Musik-**
strumento musicale	Musikinstrument
musicista *m/f* [muzi'tʃista]	**Musiker(in)**
I futuri musicisti studiano al conservatorio.	Künftige Musiker studieren am Konservatorium.
cantare [kan'ta:re]	**singen**
Mi dispiace ma non canto bene.	Leider kann ich nicht gut singen.
cantante *m/f* [kan'tante]	**Sänger(in)**
Le arie di quella cantante tolgono proprio il fiato!	Die Arien dieser Sängerin verschlagen einem wirklich den Atem!
canto ['kanto]	**Singen; Gesang**
Luca prende lezioni di canto.	Lukas nimmt Gesangstunden.
canzone *f* [kan'tso:ne]	**Lied; Song; Chanson**
coro ['kɔ:ro]	(*Oper, Oratorium*) **Chor; Refrain**
Il coro del Nabucco è famoso.	Der Chor aus dem Nabucco ist berühmt.
melodia [melo'di:a]	**Melodie**
Questa melodia è orecchiabile.	Diese Melodie geht ins Ohr.
suonare [suɔ'na:re]	(ein Musikinstrument) **spielen**
Sai suonare il pianoforte?	Kannst du Klavier spielen?
accompagnare [akkompa'ɲa:re]	(instrumental) **begleiten**
Lui la accompagnava al piano.	Er begleitete sie auf dem Klavier.

Einige Musikinstrumente:
strumento (musicale) [stru'mento] (= (Musik-)Instrument) • *chitarra* [ki'tarra] (= Gitarre) • *organo* ['ɔrgano] (= Orgel) • *pianoforte m* [piano'fɔrte] (= Klavier) • *violino* [vio'li:no] (= Geige, Violine).

compositore(-trice) [komposi'to:re(-'tri:tʃe)]	**Komponist(in)**
opera (lirica) ['ɔ:pera]	**Oper**

Verdi è tra i maggiori compositori di opere liriche italiani.
Verdi gehört zu den größten italienischen Opernkomponisten.

prima ['pri:ma]
Premiere; Ur- / Erstaufführung

La prima è stata un successo clamoroso.
Die Premiere war ein riesiger Erfolg.

direttore(-trice) [diret'to:re(-'tri:tʃe)]
Dirigent(in)

Mio padre è stato un bravo direttore d'orchestra.
Mein Vater ist ein tüchtiger Dirigent gewesen.

dirigere [di'ri:dʒere]
dirigieren

Il direttore dirige l'orchestra.
Der Dirigent dirigiert das Orchester.

orchestra [or'kɛstra]
Orchester

orchestra da camera
Kammerorchester

banda ['banda]
Kapelle; Band

concerto [kon'tʃɛrto]
Konzert (= *Veranstaltung + Komposition*)

Siamo andati ad un concerto.
Wir waren in einem Konzert.

nota ['nɔta]
Note

Sai leggere le note musicali?
Kannst du Noten lesen?

tono ['tɔ:no]
Tonhöhe / -lage; Stimmlage

scala ['ska:la]
Tonleiter

la scala di do maggiore
die C-Dur-Tonleiter

maggiore – minore
Dur – Moll
  [mad'dʒo:re – mi'no:re]

tempo ['tɛmpo]
Takt

Perché non puoi stare a tempo?
Warum kannst du nicht im Takt bleiben?

ritmo ['ritmo]
Rhythmus

Che ritmo! Balliamo?
Was für ein Rhythmus! Tanzen wir?

impianto stereo [impi'anto 'stɛ:reo]
Stereoanlage

L'impianto stereo non sostituisce uno strumento musicale.
Die Stereoanlage ersetzt kein Musikinstrument.

ballo / danza ['ballo / 'dantsa]
Tanz; Ball

Ultimamente frequento una scuola di ballo.
In letzter Zeit gehe ich in eine Tanzschule.

ballare [bal'la:re]
tanzen

Come sarebbe a dire che non sai ballare? Vieni!
Was soll das heißen, dass du nicht tanzen kannst? Komm!

ballerino(-a) [balle'ri:no]
Tänzer(in)

È la prima ballerina della Scala.
Sie ist Primaballerina an der Scala.

balletto [bal'letto]
(das) Ballett

10.4 **Teatro e cinema**
Theater und Film

teatro [te'a:tro]	**Theater**
Dai, andiamo a teatro!	Gehen wir doch ins Theater!
cinema *m* ['tʃi:nema]	**Kino**
Siamo andati al cinema.	Wir sind ins Kino gegangen.
sala ['sa:la]	**Saal; Raum**
Dov'è la nostra sala?	Wo ist unser Vorführraum?
film *m* ['film]	(Kino-)**Film**
Scusa, dove danno quel film?	Entschuldige, wo läuft der Film?
fenomenale [fenome'na:le]	**phänomenal; großartig**
Fenomenale questo film!	Großartig dieser Film!
girare [dʒi'ra:re]	**drehen; wenden; umblättern**
Questo film lo hanno girato in Sicilia.	Diesen Film haben sie auf Sizilien gedreht.
Potresti girare la pagina?	Könntest du umblättern?
schermo ['skermo]	**Leinwand; Kino; Bildschirm**
adattare per lo schermo	für die Leinwand bearbeiten
cassa ['kassa]	(Theater-/Kino-)**Kasse**
A che ora apre la cassa?	Um wie viel Uhr öffnet die Kasse?
biglietto d'ingresso [biʎʎetto diŋ'grɛsso]	**Eintrittskarte**
Hai prenotato i biglietti?	Hast du die Karten reserviert?
abbonamento – abbonato [abbona'mento – abbo'na:to]	**Abonnement – abonniert**
abbonarsi [abbo'narsi]	**abonnieren**
Ti sei poi abbonato a quel ciclo di concerti?	Hast du diesen Konzertzyklus abonniert?
spettatore, spettatrice [spetta'to:re, -'tri:tʃe]	**Zuschauer(in)**
il pubblico ['pubbliko]	das **Publikum;** die **Zuschauer**
Il pubblico era entusiasta.	Das Publikum war begeistert.
applauso – applaudire [app'la:uzo – applau'di:re]	**Applaus – applaudieren; klatschen**
Perché non applaudisci?	Warum klatschst du nicht?
rappresentazione *f* [rapprezenta-tsi'o:ne]	**Vorstellung, Aufführung**
una rappresentazione noiosa	eine langweilige Aufführung
spettacolo [spet'ta:kolo]	**Vorstellung**
Andiamo allo spettacolo della mezzanotte?	Gehen wir in die Mitternachts-vorstellung?

10

Arte e letteratura

posto (a sedere) ['pɔsto]	(Sitz-)**Platz**
Non ci sono più posti a sedere.	Die Sitzplätze sind leider aus.
fila ['fi:la]	**Reihe**
In quale fila siamo?	In welcher Reihe sitzen wir?
programma m [prog'ramma]	**Programm**
essere in programma	auf dem Programm stehen
regista m/f – **regia** [re'dʒista – re'dʒi:a]	(Film-/Theater-)**Regisseur(in)** – **Regie**
famoso [fa'mo:so]	**berühmt**
Benigni è un attore e regista famoso.	Benigni ist ein berühmter Schauspieler und Regisseur.
palco(scenico) ['palko('ʃɛniko)]	**Bühne**
recitare sul palco	auf der Bühne spielen
costume m [ko'stu:me]	**Kostüm**
recitare [retʃi'ta:re]	**spielen**
Che ruolo reciti?	Was für eine Rolle spielst du?
ruolo [ru'ɔ:lo]	**Rolle**
pezzo – **brano** ['pɛttso – 'brano]	**Stück**
Di che cosa parla il pezzo?	Wovon handelt das Stück?
commedia – **tragedia** [kom'mɛdia – tra'dʒɛdia]	**Komödie** – **Tragödie**
le commedie di Dario Fo	die Komödien von Dario Fo
giallo ['dʒallo]	**Krimi**
1° atto, 3ª scena ['pri:mo 'atto, 'tɛrtsa 'ʃe:na]	**1. Akt, 3. Szene**
trama ['tra:ma]	**Handlung**
La trama è la seguente: ...	Die Handlung ist folgende: ...
azione f [atsi'o:ne]	**Handlung; Action**
In quel pezzo c'è molta azione.	In dem Stück passiert viel.
eroe/eroina [e'rɔ:e/ero'i:na]	**Held(in)**
L'eroe della commedia è ...	Der Held des Stücks ist ...
attore(-trice) [at'to:re(-'tri:tʃe)]	**Schauspieler(in)**
popolare [popo'la:re]	**beliebt**
un attore popolare	ein beliebter Schauspieler
critico ['kri:tiko]	**Kritiker(in); kritisch**
critica – **criticare** ['kri:tika – kriti'ka:re]	**Kritik** – **kritisieren**
un'aspra critica	eine harsche Kritik
successo – **fiasco** [sut'tʃesso – fi'asko]	**Erfolg** – **Reinfall**
un successo strepitoso – un fiasco clamoroso	ein Riesenerfolg – ein totaler Reinfall

10.5 Architettura e edilizia
Architektur und Bauwesen

architettura [arkitet'tu:ra]   (die) **Architektur**
architetto(-a) [arki'tetto]   **Architekt(in)**
architettonico [arkitet'tɔniko]   **architektonisch**
Il Bauhaus è uno stile archi-   Bauhaus ist ein Baustil.
tettonico.

progetto [pro'dʒɛtto]   **Entwurf; Gestaltung**
il progetto di un nuovo edificio   die Entwürfe für ein neues
   Gebäude

progettare [prodʒet'ta:re]   **entwerfen**
Gli architetti progettano edifici.   Architekten entwerfen Gebäude.
progettazione *f* [prodʒettatsi'o:ne]   (die) **Planung**
studio di progettazione   Planungsbüro
licenza di costruzione [li'tʃɛntsa]   (die) (Bau)**genehmigung**
concedere [kon'tʃɛ:dere]   **erteilen; gewähren**
Non sempre il comune concede   Nicht immer erteilt die Gemeinde
una licenza.   eine Genehmigung.

costruire [kostru'i:re]   **bauen**
Costruite una casa? Complimenti!   Ihr baut? Glückwunsch!
costruzione *f* [kostrutsi'o:ne]   **Bauwerk;** (das) **Bauen**
terreno da costruzione   Baugrundstück; Bauland
edilizia [edi'li:tsia]   **Bauwesen**
cantiere edile *m* [kanti'ɛ:re 'ɛdile]   **Baustelle**
Nel Mezzogiorno ci sono molti   In Süditalien gibt es viele
cantieri abusivi.   ungenehmigte Baustellen.
edificio [edi'fi:tʃo]   **Gebäude**
Questo edificio è il Municipio.   Dieses Gebäude ist das Rathaus.
fontana [fon'ta:na]   **(Spring)Brunnen**
la fontana di Trevi   der Trevi-Brunnen

Chi lavora in un cantiere edile (= Wer arbeitet auf der Baustelle)?
L'ingegnere edile [indʒe'ɲe:re e'di:le] (= Bauingenieur) • *il geometra*
[dʒe'ɔ:metra] (= Geometer; Statiker) • *il muratore* [mura'to:re] (= Maurer) • *il piastrellista* [piastrel'lista] (= Fliesenleger) • *l'elettricista*
[elettri'tʃista] (= Elektriker) • *l'idraulico* [i'drauliko] (= Installateur)

---

mattone *m* [mat'to:ne]   **Ziegelstein; Backstein**
pietra – **stucco** – **vetro**   **Stein** – **Stuck** – **Glas**
[pi'ɛ:tra – 'stukko – 've:tro]

Arte e letteratura

10.6 Letteratura
Literatur

letteratura [lettera'tu:ra]	(die) **Literatur**
storia della letteratura	Literaturgeschichte
opera ['ɔ:pera]	**Werk**
Le opere di Alberto Moravia in 20 tomi.	Alberto Moravias Werke in 20 Bänden.

Generi di narrativa (= Arten von Erzählliteratur)
romanzo (= Roman) • *giallo* (= Krimi) • *novella* (= Novelle) •
romanzo rosa (= Liebesroman) • *fantascienza* (= Science Fiction) •
romanzetto (= Groschenheft) • *fotoromanzo* (= Fotoroman)

---

favola ['fa:vola] / **fiaba** [fi'a:ba]	**Märchen**
le favole della nonna	aus Omas Märchenstube
leggenda [led'dʒɛnda]	**Legende; Sage**
le leggende nordiche	nordische Sagen
biografia [biogra'fi:a]	**Biografie; Lebensbeschreibung**
Hai letto quella biografia di Dante?	Hast du diese Biographie über Dante gelesen?
diario [di'a:rio]	**Tagebuch**
Tengo un diario da molti anni.	Ich führe seit vielen Jahren Tagebuch.

I tre generi letterari e alcuni tipi di letteratura (= Die drei Dichtungs-
gattungen und einige Arten von Literatur): *dramma m* ['dramma]
(= Drama) • *prosa* ['prɔ:za] (= Prosa) • *lirica* ['li:rika] (= Lyrik) •
commedia – comico [kom'mɛ:dia – 'kɔ:miko] (= Komödie – komisch) •
tragedia – tragico [tra'dʒɛ:dia – tra:dʒiko] (= Tragödie – tragisch) •
satira – satirico ['sa:tira – sa'ti:riko] (= Satire – satirisch).

---

poesia – poetico [poe'zi:a – po'ɛ:tico]	(die) **Lyrik; Gedicht – poetisch**
poeta, poetessa [po'ɛ:ta, poe'tessa]	**Dichter(-in)**
rima ['ri:ma]	**Reim**
"Cuore" fa rima con "dolore".	„Herz" reimt sich auf „Schmerz".
scrittore(-trice) [skrit'to:re(-'tri:tʃe)]	**Schriftsteller(in)**
Mi piacciono gli scrittori contem- poranei.	Mir gefallen zeitgenössische Schriftseller.
autore(-trice) [au'to:re(-'tri:tʃe)]	**Autor(in); Verfasser(in)**
atmosfera [atmos'fɛ:ra]	**Atmosphäre**

11.1   Giorni e occasioni di festa, vacanze
Feiertage, festliche Anlässe, Urlaub

vacanza [va'kantsa]	Urlaub; Ferien
essere in vacanza	im Urlaub sein
ferie *fpl* ['fɛːrie]	**Ferien**
Chiuso per ferie.	Wegen Urlaub geschlossen.
trascorrere [tras'korrere]	**verbringen**
Quest'anno dove trascorri le vacanze?	Wo verbringst du dieses Jahr deinen Urlaub?
essere fortunato ['ɛssere fortu'naːto]	**Glück haben**
Sei fortunato! Quattro settimane di vacanze sono lunghe!	Du hast Glück! Vier Wochen Urlaub sind lang!
rimandare [riman'daːre]	**verschieben**
Dovrò rimandare le mie vacanze.	Ich werde meinen Urlaub verschieben müssen.
fine-settimana *m* / **week-end** *m* ['fiːne-setti'maːna / 'uiːkend]	**Wochenende**
Durante il fine-settimana siamo via.	Wir sind übers Wochenende weg / verreist.

---

i | **Festività civili in Italia** (= Bürgerliche Feiertage)
Anniversario della Liberazione (25 aprile) (= Befreiungstag)
Festa del Lavoro (Primo maggio) (= 1. Mai / „Tag der Arbeit")
Festa della Repubblica (2 giugno) (= Tag der Republik)
Giorno dell'unità nazionale (4 novembre) (= Tag der Nationalen Einheit)

Carnevale (= Fasching) *con giovedì grasso* (= Altweiberfastnacht), *lunedì grasso e martedì grasso* (= Rosenmontag / Faschingsdienstag)

Festa della mamma (seconda domenica di maggio) (= Muttertag)
Festa del papà / San Giuseppe (19 marzo) (= Vatertag)
Festa della donna (8 marzo) (= Frauentag)
Festa degli innamorati / San Valentino (14 febbraio) (= Valentinstag)

---

i | **Festività religiose in Italia** (= Kirchliche Feiertage)
Capodanno (= Silvester)
Epifania (= Heilige Drei Könige)
Pasqua (= Ostern), *Lunedì dell'Angelo* (= Ostermontag)

Ferragosto / Assunzione di Maria Vergine (15 agosto)
   (= Mariä Himmelfahrt)
Ognissanti (1° novembre) (= Allerheiligen)
Festa dell' Immacolata (8 dicembre) (= Unbefleckte Empfängnis)
Natale (25 dicembre) (= Weihnachten)
Santo Stefano (26 dicembre) (= 2. Weihnachtsfeiertag)

celebrare [tʃeleb'raːre]	**feiern; (feierlich) begehen**
celebrare un battesimo	eine Taufe feiern
festa ['fɛsta]	**Feier; Feiertag**
festività [festivi'ta]	**Feier(lichkeit); Fest**
la festività del Santo Natale	das Heilige Weihnachtsfest
carnevale *m* [karne'vaːle]	**Fasching; Karneval**
Vai al corteo di carnevale?	Gehst du zum Karnevalsumzug?
la maschera ['maskera]	**Maske**
vestirsi in maschera	sich verkleiden

i | *Alcune delle maschere di Carnevale più famose:*
   Arlecchino, Colombina, Pantalone, Pulcinella, Balanzone, Meneghino.

compleanno [komple'anno]	**Geburtstag**
Quand'è il tuo compleanno?	Wann hast du Geburtstag?
augurio [au'guːrio]	**Glückwunsch**
Tanti auguri di buon compleanno!	Herzlichen Glückwunsch zum Geburtstag!
da parte di [da 'parte di]	**von**
Auguri anche da parte di Remo!	Alles Gute auch von Remo!
compiere gli anni ['kompiere ʎi 'anni]	**Geburtstag haben**
Rolando quando compie gli anni?	Wann hat Rolando Geburtstag?
augurare [augu'raːre]	**wünschen**
Ti auguro ogni bene!	Ich wünsche dir alles Gute!
regalo [re'gaːlo]	**Geschenk**
Ti hanno fatto molti regali per il tuo compleanno?	Hast du viele Geschenke zum Geburtstag bekommen?
regalare [rega'laːre]	**schenken**
Cosa gli regaliamo?	Was schenken wir ihm?
ricordo [ri'kɔrdo]	**Erinnerung; Andenken**
Ti regalo questo ciondolo come ricordo.	Ich schenke dir diesen Anhänger als Andenken.
anniversario [anniver'saːrio]	**Jahrestag; Jubiläum**
Celebriamo il 50° anniversario della ditta.	Wir feiern unser fünfzigjähriges Jubiläum / Bestehen.

11.2 I rapporti sociali
Gesellschaftlicher Umgang

compagnia [kompa'ɲi:a]
Gesellschaft; Umgang

Mi fai compagnia?
Leistet du mir Gesellschaft?

accompagnare [akkompa'ɲa:re]
begleiten

Nonno, ti accompagno io!
Opa, ich begleite dich!

visita ['vi:zita]
Besuch; Untersuchung (*Arzt*)

Pensavamo di farti una visita.
Wir hatten vor, dich zu besuchen.

andare a trovare [an'da:re a tro'va:re]
besuchen

visitare [vizi'ta:re]
besichtigen; untersuchen (*Arzt*);
besuchen

Domani vengo a visitarti.
Morgen besuche ich dich.

trovarsi [tro'varsi]
sich treffen

incontrarsi [iŋkon'trarsi]
sich treffen

A che ora ci incontriamo?
Um wie viel Uhr treffen wir uns?

incontro [iŋ'kontro]
Treffen; Begegnung

incontrare [iŋkon'tra:re]
treffen; begegnen

Sai chi ho incontrato in centro?
Weißt du, wem ich im Zentrum
begegnet bin?

accogliere [ak'kɔ:ʎere]
empfangen; begrüßen

Come ti hanno accolto?
Wie haben sie dich empfangen?

dare il **benvenuto** [benve'nu:to]
willkommen heißen

salutare [salu'ta:re]
(be)grüßen; (sich) verabschieden

Piero non saluta mai nessuno.
Piero grüßt niemanden.

saluto [sa'lu:to]
Gruß

Tanti saluti dai nonni!
Viele Grüße von den Großeltern!

farsi vivo ['farsi 'vi:vo]
sich melden; sich sehen lassen

Ti fai vivo domani?
Meldest du dich morgen?

uscire [u'ʃi:re]
ausgehen

Usciamo stasera?
Gehen wir heute abend aus?

appuntamento [appunta'mento]
Verabredung, Treffen

Ho fissato l'appuntamento per
giovedì.
Ich habe das Treffen für Donnerstag vereinbart.

festa ['fɛsta]
Party

dare / fare una festa
eine Party geben / feiern

festeggiare [fested'dʒa:re]
feiern

Festeggi il tuo compleanno?
Feierst du deinen Geburtstag?

preparativo [prepara'ti:vo]
Vorbereitung

A che punto sono i preparativi?
Wie weit sind die Vorbereitungen?

riunione *f* [riuni'o:ne]
Treffen; Zusammenkunft, Meeting

Il capo è in riunione.
Der Chef ist in einem Meeting.

Tempo libero e ricreazione

ospite *m / f* ['ɔspite]
Marco è un ospite gentile.
Abbiamo ospiti a cena.
invito [in'vi:to]
Grazie per l'invito.
invitare [invi'ta:re]
Siamo invitati al party?
ringraziare [riŋgratsi'a:re]
Ti ringrazio del gentile invito!

Gastgeber(in); Gast
Mario ist ein netter Gastgeber.
Wir haben Gäste zum Abendessen.
Einladung
Danke für die Einladung.
einladen
Sind wir zur Party eingeladen?
(sich be)danken
Ich dank' dir für die nette
    Einladung!

Vorsicht! *Ringraziare* wird anders als im Deutschen **nicht rück-
bezüglich** gebildet! „*Mi ringrazio*" hieße also: ich danke mir selbst!

aderire [ade'ri:re]
Aderisco volentieri al Suo invito.

accomodarsi [akkomo'darsi]
Prego, si accomodi!
presentare [prezen'ta:re]
Ora ti presento ai miei amici.

dare del tu / Lei ['da:re del tu / lɛi]
Propongo di darci del tu.
addio [ad'di:o]
la festa d'addio
rifiuto [rifi'u:to]
rifiutare [rifiu'ta:re]
rifiutare un invito
rifiutarsi [rifiu'tarsi]
Mi rifiuto di venire in maschera.

brindisi *m* ['brindizi]
brindare [brin'da:re]
Brindiamo alla nostra amicizia!

sollevare [solle'va:re]
Solleviamo i bicchieri!

annehmen; beitreten (Partei)
Ich nehme Ihre Einladung
    gerne an.

Platz nehmen; sich setzen
Bitte nehmen Sie Platz!
vorstellen
Jetzt stelle ich dich meinen
    Freunden vor.

duzen / siezen
Ich schlage vor, wir duzen uns.
Abschied; leb'wohl
das Abschiedsfest
Ablehnung; Weigerung
ablehnen; zurückweisen
eine Einladung ablehnen
sich weigern
Ich weigere mich, verkleidet
    zu kommen.

Toast; Trinkspruch
anstoßen; trinken
Trinken wir auf unsere Freund-
    schaft!

(er-, auf-)heben
Erheben wir die Gläser!

i *Tipici brindisi* (= Gebräuchliche Trinksprüche)
    Alla Vostra / tua salute! (= Auf Ihr / dein Wohl!)
    Cin, cin! (= Prost! / Prosit! / Zum Wohl!)

11.3 Divertimenti e hobby
Vergnügungen und Hobbys

circo ['tʃirko]
Andiamo al circo?
Zirkus
Gehen wir in den Zirkus?

discoteca [disko'tɛːka]
Andiamo spesso in discoteca.
Diskothek
Wir gehen oft in die Disko.

gara ['gaːra]
(Wett-)Kampf; Wettbewerb

scommettere [skom'mettere]
Scommettiamo che vince la gara
il numero 4?
wetten
Wetten wir, dass die Nummer 4
den Wettbewerb gewinnt?

zoo ['dzɔo]
Bambini, andiamo allo zoo?
Tiergarten; Zoo
Kinder, gehen wir in den Zoo?

voglia ['vɔːʎa]
Hai voglia di andare al cinema?
Lust
Hast du Lust, ins Kino zu gehen?

divertimento [diverti'mento]
Buon divertimento!
Vergnügen; Unterhaltung
Viel Vergnügen!

divertirsi [diver'tirsi]
Ciao bambini, e divertitevi!
Spaß haben, sich amüsieren
Tschüss Kinder, amüsiert euch!

scherzo ['skertso]
L'ho detto per scherzo!
Scherz; Spaß
Das habe ich zum Spaß gesagt!

scherzare [sker'tsaːre]
Scherzi?
scherzen
Machst du Witze?

barzelletta [bardzel'letta]
Mi piacciono le barzellette.
Witz
Ich mag Witze.

risata [ri'zaːta]
Ci siamo fatti molte risate.
Lachen; Gelächter
Wir haben oft gelacht.

godersi [go'dersi]
Godiamoci il sole!
genießen
Genießen wir die Sonne!

passeggiata [passed'dʒaːta]
Spaziergang

passeggiare [passed'dʒaːre]
È bello passeggiare lungo un viale
ombroso.
spazieren (gehen)
Es ist schön, eine schattige Allee
entlang zu spazieren.

andare a spasso [an'daːre a 'spasso]
Chi va a spasso dopo pranzo?
spazieren gehen
Wer geht nach dem Mittagessen
spazieren?

riposare [ripo'saːre]
Mi piace riposare dopo mangiato.
(sich) ausruhen
Ich ruhe mich gerne nach dem
Essen aus.

riposarsi [ripo'sarsi]
sich ausruhen

indovinare [indovi'naːre]
Chi indovina di chi parlo?
(er)raten
Wer errät, von wem ich spreche?

gioco ['dʒɔːko]	**Spiel**
giocare a carte [dʒo'kaːre a 'karte]	**Karten spielen**
hobby *m* ['ɔbbi]	**Hobby**
I miei hobby sono ...	Zu meinen Hobbys gehören ...
passatempo [passa'tempo]	**Zeitvertreib; Hobby**
Qual è il tuo passatempo preferito?	Was ist deine Lieblings-beschäftigung?
interesse *m* [inte'rɛsse]	**Interesse(ngebiet)**
Quali interessi ha Lei?	Was für Interessen haben Sie?
interessarsi [interes'sarsi]	**sich interessieren**
Lui si interessa di francobolli.	Er interessiert sich für Brief-marken.
attività [attivi'ta]	**Betätigung; Tätigkeit; Beschäftigung**
le attività del tempo libero	Freizeitbeschäftigungen

Manualità (= Handarbeit, Kunsthandwerk, Basteln)
cucire (= nähen) • *lavorare a maglia* (= stricken) • *lavorare all'uncinetto* (= häkeln) • *ricamare* (= sticken) • *fare bricolage* (= basteln) • *lavorare con la ceramica* (= töpfern)

---

rilassarsi [rilas'sarsi]	**sich entspannen**
Mi rilasso andando al cinema.	Ich entspanne mich durch Kinobesuche.
tempo libero ['tempo 'liːbero]	**Freizeit**
Cosa fai nel tuo tempo libero?	Was machst du in deiner Freizeit?
dedicarsi a un hobby [dedi'karsi]	sich einem Hobby **widmen**
collezione *f* [kollettsi'oːne]	**Sammlung**
collezionare [kollettsio'naːre]	**sammeln**
I bambini collezionano figurine.	Kinder sammeln Abziehbildchen.

Cosa colleziona la gente (= Was die Leute so sammeln)
francobolli (= Briefmarken) • *cartoline* (= Postkarten) • *schede telefoniche* (= Telefonkarten) • *monete* (= Münzen) • *autografi* (= Autogramme) • *antichità* (= Antiquitäten)

---

pesca ['peska] – **pescare** [pes'kaːre]	**Angeln; Fischen – angeln, fischen**
Va a pesca per rilassarsi.	Zur Entspannung geht er angeln.
fotografia [fotogra'fiːa]	**Fotografie**
fotografare [fotogra'faːre]	**fotografieren**
Ci potrebbe fotografare?	Könnten Sie mal fotografieren?
mi piace fare qualcosa [mi pi'aːtʃe]	**ich tue** etwas **gern**
Mi piace ascoltare la musica.	Ich höre gern Musik.

11.4 Viaggi e turismo, alloggio
Reisen und Tourismus, Unterkunft

agenzia viaggi [adʒen'tsia vi'addʒi]	**Reisebüro**
viaggio [vi'addʒo]	**Reise**
essere in viaggio d'affari	auf Geschäftsreise sein
Buon viaggio! Fai buon viaggio!	Gute Reise! Gute Fahrt!
viaggiare [viad'dʒaːre]	**reisen**
Preferisco viaggiare in treno.	Ich reise lieber mit dem Zug.
viaggiatore, viaggiatrice	**Reisende** *m*/*f*
[viaddʒaˈtoːre, -triːtʃe]	
I viaggiatori sono pregati di	Die Reisenden werden gebeten,
non fumare.	nicht zu rauchen.
andare [anˈdaːre]	**gehen; fahren**
Dove andate?	Wo fahrt ihr hin?
Come va?	Wie geht's?

💡 *Andare* / *venire a prendere* [anˈdaːre / veˈniːre a ˈprɛndere] (**abholen**).
Der Gebrauch von *andare* oder *venire* hängt von der Sprechabsicht
ab: Sprechen Sie von Dritten, benutzen Sie *andare*, wenden Sie sich
an jemand anderen, benutzen sie *venire*. *Chi va a prendere il nonno*
(Wer holt den Opa ab)? *Ti vengo a prendere* (Ich hole dich ab).

(ri)tornare [(ri)torˈnaːre]	**zurückkehren, -kommen**
Quando tornate?	Wann kehrt ihr zurück?
turismo [tuˈrizmo]	**Tourismus**
L'isola vive di turismo.	Die Insel lebt vom Tourismus.
turista *m*/*f* [tuˈrista]	**Tourist(in)**
turistico [tuˈristiko]	**touristisch**
Quella località è molto turistica.	Jener Ort ist sehr touristisch.
all'estero [allˈɛstero]	**ins Ausland / im Ausland**
Quest'anno andiamo all'estero.	Dieses Jahr fahren wir ins Ausland.
giro [ˈdʒiːro]	**Tour; (Rund-)Fahrt; (Rund-)Reise**
fare il giro della città	eine Stadttour machen
non veder l'ora [non veˈder lˈora]	**es nicht abwarten können**
Non vedo l'ora di partire.	Ich kann es gar nicht abwarten, abzufahren.
visitare [viziˈtaːre]	**besuchen; besichtigen**
Abbiamo visitato il duomo.	Wir haben den Dom besichtigt.
soggiorno [sodˈdʒorno]	**Aufenthalt**
azienda autonoma di soggiorno	Fremdenverkehrsamt

guida [gu'i:da]

La nostra guida parla anche tedesco.

Fremdenführer; Reiseleiter(in) / Reiseführer (Buch)

Unser(e) Reiseleiter(in) spricht auch Deutsch.

orario di apertura [o'ra:rio di aper'tu:ra]

Öffnungszeiten

A che ora apre?

Wann wird hier geöffnet?

arrivare [arri'va:re]

ankommen

A che ora arriviamo?

Um wie viel Uhr kommen wir an?

arrivo [ar'ri:vo]

Ankunft

il tabellone degli arrivi

die Ankunftstafel / -anzeige

partire [par'ti:re]

abfahren, -reisen

Quando partite? – Domani.

Wann fahrt ihr los? – Morgen.

partenza [par'tɛntsa]

Abreise; Abfahrt; Abflug

il tabellone delle partenze

die Abfahrtstafel / -anzeige

ritardo [ri'tardo]

Verspätung; Verzögerung

Il treno arriva in ritardo.

Der Zug kommt verspätet an.

autostop *m* [auto'stɔp]

Autostopp; Trampen

fare l'autostop

Autostopp machen; trampen

dogana [do'ga:na]

Zoll

Abbiamo passato la dogana senza problemi.

Wir sind problemlos durch den Zoll gekommen.

visto ['visto]

Visum

richiedere un visto [riki'ɛ:dere]

ein Visum **beantragen**

richiesta di un visto [riki'ɛsta]

Antrag auf ein Visum

passaporto [passa'pɔrto]

(Reise-)**Pass**

Passaporti, prego!

Passkontrolle, bitte!

valido ['va:lido]

gültig

Questo visto è valido 90 giorni.

Dieses Visum ist 90 Tage gültig.

carta d'identità ['karta didenti'ta]

Personalausweis

assicurazione *f* [assikuratsi'o:ne]

Versicherung

assicurazione contro la perdita di ...

Versicherung gegen den Verlust von ...

cambio ['kambio]

Umtausch (*Geld*)

cambiare [kambi'a:re]

wechseln; umtauschen

cambiare dollari in euro

Dollar in Euro umtauschen

bagagli *mpl* [ba'ga:ʎi]

Gepäck

deposito bagagli

Gepäckaufbewahrung

valigia [va'li:dʒa]

Koffer

fare / disfare le valigie

die Koffer packen / auspacken

zaino ['dza:ino]

Rucksack

noleggiare [noled'dʒa:re]

(ver)mieten

Noleggia ombrelloni?

Vermieten Sie Sonnenschirme?

Freizeit und Erholung

tariffa [ta'riffa]	**Tarif**
Qual è la tariffa giornaliera?	Wie hoch ist der Tagestarif?
alloggio [al'lɔddʒo]	**Unterkunft; (Nacht-)Quartier**
un alloggio accogliente	eine gemütliche Unterkunft
hotel *m* [o'tɛl] / **albergo** [al'bɛrgo]	**Hotel**
pensione *f* [pensi'o:ne]	**(Fremden-)Pension**
Alcune pensioni offrono solo pernottamento e colazione.	Manche Pensionen bieten nur Übernachtung und Frühstück.
ostello della gioventù [o'stɛllo 'della dʒoven'tu]	**Jugendherberge**
campeggio [kam'peddʒo]	**Campingplatz, Camping**
Il campeggio si trova in una pineta.	Der Campingplatz liegt in einem Pinienhain.
prenotazione *f* [prenotatsi'o:ne]	**(Zimmer-)Reservierung**
prenotare [preno'ta:re]	**buchen; reservieren**
Abbiamo prenotato una camera al Prince Hotel.	Wir haben ein Zimmer im Prince Hotel gebucht.
supplemento [supple'mento]	**Aufschlag; Aufpreis**
pernottamento [pernotta'mento]	**Übernachtung**
Sono stati cinque pernottamenti.	Es waren fünf Übernachtungen.
camera ['ka:mera]	**Zimmer**
supplemento camera singola	Einzelzimmeraufschlag
singolo ['singolo] / **doppio** ['doppio]	**Einzel- / Zweibett-**
camera singola con bagno	ein Einzelzimmer mit Bad
camera matrimoniale / doppia	Zimmer mit Doppelbett / Zweibettzimmer
disporre [dis'porre]	**verfügen; (an)ordnen**
La camera dispone di tv satellitare.	Das Zimmer verfügt über Satelliten-TV.
colazione *f* [kolatsi'o:ne]	**Frühstück**
La colazione viene servita dalle 7.00 alle 9.00.	Frühstück gibt es von 7.00 bis 9.00 Uhr.
disturbare [distur'ba:re]	**stören**
Non disturbare.	Bitte nicht stören.
portiere(-a) [porti'ɛ:re]	**(Hotel-)Portier / Empfangsdame**
Lasci le chiavi al portiere.	Hinterlassen Sie Ihre Schlüssel beim Portier.
cassiere(-a) [kassi'ɛ:re]	**Kassierer(in)**
C'è un cassiere o si paga all'automatico?	Gibt es einen Kassierer oder wird am Automaten gezahlt?

Tempo libero e ricreazione

11.5 Acquisti
Einkaufen

Frasi utili	Nützliche Redensarten
Cerco ... ['tʃerko]	Ich suche ...
Avete / Ha ...? [a'veːte / a]	Haben / Führen Sie ...?
Dove trovo ...? ['doːve 'trɔːvo]	Wo finde ich ...?
Quanto costa ...? ['kuanto 'kosta]	Was kostet ...?
Quant'è? ['kuant ɜ]	Was macht das?
Qual è ...? ['kual ɜ]	Welche(r) ist ...?

spesa ['speːsa]
Einkauf

carrello (per la spesa) [kar'rɛllo]
Einkaufswagen

fare la spesa ['fare la 'speːsa]
einkaufen

Di solito faccio la spesa sabato mattina.
Für gewöhnlich kaufe ich samstags vormittags ein.

fare spese ['fare 'speːse]
Shopping machen; shoppen

comprare [kom'praːre]
kaufen

Compriamo un po' di frutta?
Kaufen wir ein wenig Obst?

acquisto [akku'isto]
Kauf; Erwerb

Oggi ho fatto buoni acquisti.
Heute habe ich schöne Sachen gekauft.

acquistare [akku'istaːre]
kaufen; erwerben

Avete poi acquistato il villino?
Habt ihr das Häuschen dann schließlich gekauft?

negozio [ne'gɔːtsio]
Laden

andare per negozi
einen Einkaufsbummel machen

aperto [a'pɛrto]
offen; geöffnet

Vedi un po' se il negozio è aperto?
Schaust du mal, ob das Geschäft geöffnet ist?

chiuso [ki'uːso]
zu; geschlossen

chiuso per ferie
wegen Urlaub geschlossen

generi *mpl* **alimentari** ['dʒeneri alimen'taːri]
Lebensmittel

Dove trovo i generi alimentari?
Wo finde ich die Lebensmittel?

scelta ['ʃelta]
(Aus)wahl

In quel negozio hanno una vasta scelta.
In dem Geschäft haben sie eine große Auswahl.

negoziante *m / f* / **commerciante** *m / f* [negottsi'ante / 'kommer'tʃante]
Händler(-in)

commerciale [kommer'tʃale]
wirtschaftlich; geschäftlich; Geschäfts-

Il centro commerciale è a due chilometri.	Das Geschäftszentrum ist zwei Kilometer weit weg.

Alcune parti del negozio (Einige Teile des Ladens)
insegna (= Ladenschild) • *serranda* (= Rolladen) • *vetrina* (= Schaufenster) • *banco* (= Theke) • *bancone m* (= Ladentisch) • *scaffale m* (= Regal) • *espositore m* (= Display) • *il retrobottega* (= Hinterraum des Ladens)

---

cliente *m / f* [kli'ɛnte]	**Kunde / Kundin**
Per l'assistenza clienti chiamate ...	Unsere Kundenbetreuung erreichen Sie unter der Nummer ...
clientela [klien'tɛla]	**Kundschaft**
commesso(-a) [kom'messo]	**Verkäufer(in)** (*in Laden, Kaufhaus etc.*)
offerta speciale [of'fɛrta spe'tʃa:le]	**günstiges Angebot; Sonderangebot**
Hai visto le offerte speciali?	Hast du die Sonderangebote gesehen?
risparmiare [risparmi'a:re]	**sparen**
Potete risparmiare fino al 40 per cento.	Sie können bis zu 40 Prozent sparen.
a buon prezzo / a buon mercato [a bu'ɔn 'prɛttso / a bu'ɔn mer'ka:to]	**günstig; billig**
L'ho comprato a buon prezzo.	Das habe ich günstig gekauft.
economico [eko'nɔ:miko]	**(spott)billig**
Ma quel prezzo è davvero economico.	Der Preis ist aber wirklich billig.
confronto [kon'fronto]	**Vergleich**
Fammi fare un confronto dei prezzi.	Lass' mich die Preise vergleichen.
confrontare [konfron'ta:re]	**vergleichen**
A confrontare si può risparmiare.	Wenn man vergleicht, kann man sparen.
includere [iŋ'klu:dere]	**beinhalten; umfassen**
Il prezzo include l'assistenza tecnica?	Beinhaltet der Preis den technischen Kundendienst?
incluso / compreso [in'klu:zo / kom'pre:so]	**inklusive**
Il servizio è compreso.	Der Service ist inklusive.
sconto ['skonto]	**Preisnachlass; Rabatt**
Mi fa uno sconto?	Geben Sie mir Rabatt?
No, non effettuiamo sconti.	Nein, wir geben keinen Rabatt.

ricevuta [ritʃeˈvuːta]	**Quittung**
scontrino [skonˈtriːno]	**Kassenbon; Beleg**
Mi dà lo scontrino, per favore?	Geben Sie mir bitte den Bon?
cassa [ˈkassa]	**Kasse**
C'è molto da aspettare alla cassa?	Muss man lange an der Kasse anstehen?
spingere [ˈspindʒere]	**schieben; drängeln**
Non spinga, per favore!	Drängeln Sie bitte nicht!
Aspettiamo tutti.	Wir warten alle.
Bimbi, chi spinge il carrello?	Kinder, wer schiebt den Einkaufs-wagen?
resto [ˈrɛsto]	**Rest(geld)**
EccoLe il resto!	Da ist Ihr Restgeld!
svendita [ˈsvendita]	**(Aus-/Schluss-)Verkauf**
L'ho comprato in svendita.	Das habe ich im Ausverkauf erstanden.
marca [ˈmarka]	**Marke**
Sara compra solo vestiti di marca.	Sara kauft nur Markenkleidung.

Tipi di negozi e negozianti

cartoleria (= Schreibwarengeschäft) – *cartolaio* (= Schreibwaren-händler)

merceria (= Kurzwarengeschäft) – *merciaio* (= Kurzwarenhändler)

tabaccheria (= Tabakwarengeschäft) – *tabaccaio* (= Tabakwaren-händler)

panetteria (= Bäckerei) – *panettiere* (= Bäcker)

drogheria (= Drogerie) – *droghiere* (= Drogist)

macelleria (= Metzgerei) – *macellaio* (= Metzger)

salumeria (= Wurstwarengeschäft) – *salumiere* (= Wurstwarenhändler)

pescheria (= Fischgeschäft) – *pescivendolo* (= Fischhändler)

edicola (= Zeitungsgeschäft) – *giornalaio* (= Zeitungshändler)

farmacia (= Apotheke) – *farmacista* (= Apotheker/-in)

oreficeria (= Goldschmiede) – *orefice* (= Goldschmied)

gioielleria (= Juweliergeschäft) – *gioielliere* (= Juwelier)

pasticceria (= Konditorei) – *pasticcere* (= Konditor)

negozio ortofrutticolo (Obst- und Gemüseladen) – *fruttivendolo* (Obst- und Gemüsehändler)

supermercato / *ipermercato* (= Supermarkt)

grande magazzino (= Kaufhaus)

centro commerciale (= Einkaufszentrum)

11.6 Sport
Sportarten

sport *m* ['spɔrt]	**Sport; Sportart**
sportivo(-a) [spor'tiːvo]	**Sportler(in); sportlich**
Che sport pratichi?	Welche Sportart betreibst du?
partita [par'tiːta]	(Wett-)**Spiel; Partie; Match**
Facciamo una partita a scacchi?	Wollen wir eine Partie Schach spielen?
partita di tennis / di calcio	ein Tennismatch / ein Fußballspiel
gara ['gaːra]	**Wettbewerb**
allenamento [allena'mento]	**Training**
allenarsi [alle'narsi]	**trainieren**
Sergio allena ogni mattina i suoi addominali.	Sergio trainiert jeden Morgen seine Bauchmuskeln.
allenatore(-trice) [allena'toːre, -'triːtʃe]	**Trainer(in)**
muovere – **mouversi** [muɔ:vere – muɔ:versi]	(sich) bewegen
Muoversi fa bene.	Sich zu bewegen tut gut.
Non riesco a muovere il piede.	Ich kann den Fuß nicht bewegen.
sfidare [sfi'daːre]	**herausfordern**
Non bisogna sfidare il destino.	Man darf das Schicksal nicht herausfordern.
vincere (– vinsi – vinto) ['vintʃere]	**gewinnen**
perdere (– persi – perso) ['pɛrdere]	**verlieren**
Avete vinto o perso?	Habt ihr gewonnen oder verloren?
ultimo ['ultimo]	**letzte; Letzte(r)**
Poveretto, è arrivato ultimo!	Der Ärmste ist Letzter geworden!
atleta *m/f* [a'tlɛːta]	**Athlet(in); Sportler(in)**
Tutti gli atleti sognano medaglie.	Alle Athleten träumen von Medaillen.
medaglia [me'daːʎa]	**Medaille**
Le è stata consegnata la medaglia di bronzo.	Ihr ist die Bronzemedaille verliehen worden.
campione(-ssa) (mondiale) [kampi'oːne(-'nessa)]	(Welt-)**Meister(in)**
record (mondiale) *m* ['rɛkɔrd]	(Welt-)**Rekord**
stabilire / battere / detenere un record	einen Rekord aufstellen / brechen / halten
dilettante *m/f* – **professionista** *m/f* [dilet'tante – professio'nista]	**Amateur(-) – Profi(-)**

corsa ['korsa] — Rennen; (Wett-)Lauf; Rennsport
correre ['korrere] — rennen; laufen
Ho corso tutto il giorno. — Ich bin den ganzen Tag herum-gerannt.

pista / percorso ['pista / per'korso] — (Renn-)Bahn; Rennstrecke; Piste
Il percorso è molto difficile. — Die Strecke ist sehr schwer.
sciare [ʃi'a:re] — Ski laufen; Ski fahren
Purtroppo non so sciare bene. — Leider kann ich nicht gut Ski laufen.

fare vela ['fa:re 've:la] — segeln
I laghi bavaresi sono ideali per fare vela. — Die bayrischen Seen sind ideal zum Segeln.
nuoto [nu'ɔ:to] — Schwimmen
nuotare [nuo'ta:re] — schwimmen
Dai, andiamo a nuotare! — Na los, gehen wir schwimmen!
calcio ['kaltʃo] — Fußball(spiel)
Gli italiani amano il calcio. — Italiener lieben Fußball.
squadra [sku'a:dra] — Mannschaft
La squadra azzurra è la nazionale italiana. — Die Blauen sind die italienische Nationalmannschaft.
giocatore(-trice) [dʒoka'to:re, -'tri:tʃe] — Spieler(in)
pallone [pal'lo:ne] — Fußball
A molti piace giocare a pallone. — Viele spielen gerne Fußball.
arbitro ['arbitro] — Schiedsrichter
Quell'arbitro è una schiappa! — Der Schiedsrichter ist eine Flasche!
fischiare [fiski'a:re] — pfeifen
Chi fischia la partita? — Wer pfeift das Spiel?
stadio ['sta:dio] — Stadion
Sabato prossimo andiamo allo stadio? — Gehen wir nächsten Samstag ins Stadion?
campo (da gioco) ['kampo] — Spielfeld
I giocatori scendono in campo. — Die Spieler laufen auf.
go(a)l *m* [gol] — Tor, Treffer
segnare [se'ɲa:re] — erzielen
Chi ha segnato il primo goal? — Wer hat das erste Tor erzielt?
sconfiggere [skon'fiddʒere] — besiegen
Accidenti, ci hanno sconfitti! — Mist, sie haben uns besiegt!
campionato [kampio'na:to] — Meisterschaft
Quante squadre disputano il campionato? — Wie viele Mannschaften spielen um die Meisterschaft?
spettatore(-trice) [spetta'to:re, -tri:tʃe] — Zuschauer(-in)
tifoso(-a) [ti'fo:so] — Fan

12.1 Cielo, clima e tempo
Himmel, Klima und Wetter

astronomia [astrono'mi:a]	**Astronomie**
universo [uni'vɛrso]	**Universum**
spazio ['spattsio]	**Weltraum, Weltall**

Die Raumfahrt: *astronauta m / f* [astro'na:uta] (= Astronaut / -in) • *astronave f* [astro'na:ve] (= Raumschiff) • *lancio* ['lantʃo] (= Abschuss, Start) • *navicella* [navi'tʃɛlla] (= Raumfähre) • *satellite m* [sa'tɛllite] (= Satellit) • *spaziale* [spattsi'a:le] (= Weltraum-, Raum-).

pianeta *m* [pia'ne:ta]	**Planet**
luna ['lu:na]	**Mond**
stella ['stella]	**Stern**
brillare [bril'la:re]	**glänzen; leuchten**
Le stelle brillano nel cielo.	Die Sterne leuchten am Himmel.
sole *m* ['sole]	**Sonne**
soleggiato [soled'dʒa:to]	**sonnig**
splendere ['splɛndere]	**scheinen**
È tornato a splendere il sole!	Die Sonne scheint wieder!
raggio ['raddʒo]	**Strahl**
I raggi del sole riscaldano già.	Die Sonnenstrahlen wärmen schon.
ombra ['ombra]	**Schatten**
atmosfera [atmos'fɛ:ra]	**Atmosphäre**
clima *m* ['kli:ma]	**Klima**
Un cambiamento di clima Le farà bene.	Ein Klimawechsel wird Ihnen gut tun.
mite – rigido ['mi:te – 'ri:dʒido]	**mild – rau; streng**
Il clima qui è mite / rigido.	Das Klima hier ist mild / rau.
aria ['a:ria]	**Luft**
L'aria di campagna è pura.	Landluft ist rein.
tempo ['tɛmpo]	**Wetter**
Com'è il tempo? / Che tempo fa?	Wie ist denn das Wetter?
Fa / C'è bel / brutto tempo.	Es ist schön / schlecht.
Il tempo è bello / brutto.	Das Wetter ist schön / schlecht.
splendido ['splɛndido]	**herrlich; großartig; toll**
giornata [dʒor'na:ta]	**Tag** (*fig.* aufs Wetter bezogen)
Che splendida giornata!	Was für ein herrlicher Tag!

Beachten Sie bitte den Unterschied zwischen 1) *mattina / giorno / sera / notte* und 2) *mattinata / giornata / serata / nottata*. 1) bezieht sich auf den Zeitpunkt, 2) bezieht sich auf die Dauer und die Wetterbedingungen: *in mattinata* (= im Laufe des Vormittags).

temperatura [tempera'tu:ra]	**Temperatur**
termometro [ter'mɔ:metro]	**Thermometer**
Il termometro segna la temperatura.	Das Thermometer zeigt die Temperatur an.
`caldo` – `freddo` ['kaldo – 'freddo]	**warm; heiß; Wärme; Hitze – kalt; Kälte**
fa caldo / freddo	es ist warm / kalt
tiepido [ti'ɛ:pido]	**(lau)warm**
fare la doccia con l'acqua tiepida	mit lauwarmem Wasser duschen
fresco ['fresko]	**kühl; frisch**
È diventato più fresco.	Es ist kühler geworden.
Questo pesce è freschissimo.	Dieser Fisch ist ganz frisch.
`cielo` ['tʃɛlo]	**Himmel**
Il cielo è terso.	Der Himmel ist stahlend blau.
sereno [se're:no]	**heiter**
Oggi il tempo rimarrà sereno.	Heute wird es heiter bleiben.
coperto [ko'pɛrto]	**bedeckt; bewölkt**
`nuvoloso` [nuvo'lo:so]	**bewölkt; wolkig; bedeckt**
Rimarrà in prevalenza nuvoloso.	Es bleibt überwiegend bewölkt.
`nuvola` ['nu:vola]	**Wolke**
Vedi quelle nuvole grigie?	Siehst du die grauen Wolken?
Arriva un temporale.	Es zieht ein Gewitter auf.
`temporale` *m* [tempo'ra:le]	**Gewitter**
lampo / fulmine *m* ['lampo / 'fulmine]	**Blitz**
Ho visto il primo lampo!	Ich hab' den ersten Blitz gesehen!
tuono [tu'ɔ:no]	**Donner**
In lontananza si ode il rombo del tuono.	In der Ferne hört man Donnergrollen.
fuoco – incendio [fu'ɔ:ko – in'tʃɛndio]	**Feuer – Brand**
Non si gioca col fuoco.	Mit dem Feuer spielt man nicht.
bruciare [bru'tʃa:re]	**brennen**
L'incendio ha bruciato tutta la pineta.	Bei dem Brand ist der gesamte Pinienhain abgebrannt.
fiamma [fi'amma]	**Flamme**
estinguere le fiamme	die Flammen löschen
`pioggia` – `piovere` [pi'ɔddʒa – pi'ɔ:vere]	**Regen – regnen**

Nelle giornate di pioggia non serve annaffiare.	An regnerischen Tagen braucht man nicht zu gießen.
Tra poco si metterà a piovere.	Bald wird es regnen.
piovoso [pio'vo:so]	**regnerisch, Regen-**
L'inverno è piovoso.	Der Winter ist regnerisch.
goccia – gocciolare ['gottʃa – gottʃo'la:re]	**Tropfen – tropfen**
Il rubinetto in bagno gocciola.	Der Wasserhahn im Bad tropft.
grandine f – **grandinare** ['grandine – grandi'na:re]	**Hagel – hageln**
La grandine ha danneggiato il raccolto.	Der Hagel hat die Ernte beschädigt.
colpire [kol'pi:re]	**treffen; schlagen**
Un fulmine ha colpito l'albero.	Ein Blitz hat den Baum getroffen.
neve f – **nevicare** ['neve – nevi'ka:re]	**Schnee – schneien**
Stanotte è caduta la neve.	Heute Nacht ist Schnee gefallen.
gelo – gelare ['dʒɛlo – dʒe'la:re]	**Frost – frieren**
Con le prime notti fredde gelano i laghi.	In den ersten kalten Nächten frieren die Seen zu.
Che mani gelate!	Was für eisige Hände!
ghiaccio – **ghiacciare** [gi'attʃo – giat'tʃa:re]	**Eis – vereisen**
La serratura è ghiacciata!	Das Schloss ist eingefroren!
sciogliersi ['ʃɔ:ʎersi]	**schmelzen**
A marzo la neve si scioglie.	Im März schmilzt der Schnee.
asciutto – bagnato [aʃʃutto – baɲato]	**trocken – nass**
umido ['u:mido]	**feucht**
un clima umido	ein feuchtes Klima
nebbia – **nebbioso** ['nebbia – nebbi'o:so]	**Nebel – neb(e)lig**
Che nebbia! Va piano!	Was für ein Nebel! Fahr' langsam!
afa – **afoso** ['afa – a'fo:so]	**Schwüle – schwül**
Agosto a Milano è molto afoso.	Der August ist in Mailand sehr schwül.
vento – **ventoso** ['vɛnto – ven'to:so]	**Wind – windig**
S'è alzato un gelido vento di tramontana.	Es ist ein eisiger Nordwind aufgekommen.
tempesta [tem'pɛsta]	**Sturm; Unwetter**
Per i laghi c'è un avviso di tempesta.	Für die Seen gilt eine Unwetterwarnung.

12.2 La Terra
Die Erde

Terra / terra ['tɛrra] – **terrestre**
[ter'rɛstre]
La Terra ruota intorno al sole.

Erde (*Planet*); Erde (*Erdreich*) –
irdisch
Die Erde dreht sich um die Sonne.

(all') **Equatore** m [ekua'toːre]

(am) Äquator

continente m [konti'nɛnte]

Kontinent; Erdteil

polo ['pɔlo]

Pol

I pinguini vivono al polo sud.

Pinguine leben am Südpol.

orizzonte m [orid'dzonte]

Horizont

Il sole si alza sull'orizzonte.

Die Sonne geht am Horizont auf.

Europa – europeo(-a)
[eu'rɔːpa – euro'pɛːo]
L'Europa è detta il Vecchio
Continente.

Europa – europäisch; Europäer(in)

Europa wird der alte Kontinent
genannt.

America – americano(-a)
[a'mɛːrika – ameri'kaːno]
l'America settentrionale /
meridionale

Amerika – amerikanisch;
Amerikaner(in)
Nord- / Südamerika

Australia – australiano(-a)
[aust'raːlia – australi'aːno]

Australien – australisch;
Australier(in)

Africa – africano(-a)
['aːfrika – afri'kaːno]

Afrika – afrikanisch; Afrikaner(in)

Asia – asiatico(-a)
['aːzia – azi'aːtiko]

Asien – asiatisch; Asiate, Asiatin

Austria – austriaco(-a)
['aːustria – aus'triːako]

Österreich – österreichisch;
Österreicher(in)

Gran Bretagna – britannico(-a)
[gran bre'taːɲa – bri'tanniko]

Großbritannien – britisch;
Brite, Britin

Francia – francese
[fran'tʃa – fran'tʃeːze]

Frankreich – französisch;
Franzose, Französin

Germania – tedesco(-a)
[dʒer'maːnia – te'desko]

Deutschland – deutsch;
Deutsche(r)

Grecia – greco(-a) ['grɛːtʃa – 'grɛːko]

Griechenland – griechisch;
Grieche, Griechin

Inghilterra – inglese
[iŋgil'tɛrra – iŋ'gleːze]

England – englisch; Engländer(in)

Olanda – olandese [o'landa –
olan'deːze]

Holland – holländisch;
Holländer(in)

Portogallo – portoghese
[porto'gallo – porto'geːze]

Portugal – portugiesisch;
Portugiese, Portugiesin

Russia – russo(-a) ['russia – 'russo]	Russland – russisch; Russe, Russin
Spagna – spagnolo(-a) ['spaɲa – spa'ɲɔ:lo]	Spanien – spanisch; Spanier(in)
Svizzera – svizzero(-a) ['zvittsera – 'zvittsero]	Schweiz – schweizerisch; Schweizer(in)
Stato del Vaticano ['sta:to del vati'ka:no]	Vatikanstaat
Turchia – turco(-a) [tur'ki:a – 'turko]	Türkei – türkisch; Türke, Türkin
occidente *m* / ▢ **ovest** ▢ *m* / **occidentale** [ottʃi'dɛnte – 'ɔvest / -den'tale]	Westen; West- – westlich / West-
Milano è a ovest di Bergamo.	Mailand ist westlich von Bergamo.
oriente / ▢ **est** ▢ *m* – **orientale** [ori'ɛnte / 'ɛst – orien'ta:le]	Osten / Ost- – östlich / Ost-
il Vicino Oriente / il Medio Oriente / l'Estremo Oriente	der Nahe / Mittlere / Ferne Osten
settentrione *m* / ▢ **nord** ▢ *m* [settentri'o:ne / 'nɔrd]	Norden; Nord-
(Loro) si sono trasferiti nel nord.	Sie sind nach Norden gezogen.
▢ **settentrionale** ▢ / **del nord** [settentrio'na:le / del 'nɔrd]	nördlich; Nord-
L'Italia del nord è benestante.	Norditalien ist wohlhabend.
meridione *m* / ▢ **sud** ▢ *m* [meridi'o:ne / 'sud]	Süden; Süd-
a sud del fiume	südlich des Flusses
▢ **meridionale** ▢ / **del sud** [meridio'na:le / del 'sud]	südlich; Süd-
l'Italia settentrionale / centrale / meridionale	Nord- / Mittel- / Süditalien

i Mit *Mezzogiorno* (= wörtlich: Mittag) bezeichnet man das südliche – wirtschaftlich, sozial und politisch – unterentwickelte Italien. Zum *Mezzogiorno* gehören die Regionen Abruzzen, Molise, Kampanien, Apulien, Basilikata, Kalabrien, Sizilien und Sardinien.

▢ **regione** ▢ *f* [re'dʒo:ne]	Gebiet; Gegend; Fläche; Region
L'Italia ha 20 regioni.	Italien besteht aus 20 Regionen.
territorio [terri'tɔ:rio]	Gebiet; Territorium
Il territorio del parco occupa una superficie di 100 ettari.	Der Park umfasst eine Fläche von 100 Hektar.
terreno [ter're:no]	Gelände; Terrain
Su terreni accidentati ci vuole una jeep.	Auf unebenem Gelände ist ein Jeep erforderlich.

12.3 Mari, laghi, fiumi
Meere, Seen, Flüsse

mare *m* ['maːre]	(die) **See**; (das) **Meer**
(Mar) **Mediterraneo** [mediter'raːneo]	**Mittelmeer**
Oggi il mare è calmo / mosso.	Heute ist das Meer ruhig / bewegt.
oceano [o'tʃɛːano]	**Ozean; Meer**
Le acque degli oceani sono profonde.	Die Gewässer der Ozeane sind tief.
profondo [pro'fondo]	**tief**
costa ['kɔsta]	**Küste**
Molti tratti di costa italiani sono rocciosi.	Viele italienische Küstenabschnitte sind felsig.
(in / sulla) **spiaggia** [spi'addʒa]	(am) **Strand**
Andiamo in spiaggia?	Gehen wir an den Strand?
lago ['laːgo]	(der) **See**
Il Lago di Garda è sempre molto affollato.	Der Gardasee ist immer sehr voll.
fiume *m* [fi'uːme]	**Fluss; Strom**
Il Po sfocia nell'Adriatico.	Der Po mündet in die Adria.
scorrere ['skorrere]	**fließen**
Il fiume scorre attraverso una pianura.	Der Fluss fließt durch eine Ebene.
la riva [la 'riːva]	**das Ufer**
Sostiamo in riva al fiume.	Wir rasten am Fluss.
sulle rive del Reno	an den Ufern des Rheins
canale *m* [ka'naːle]	**Fahrrinne; (Fluss-)Bett; Kanal**
I Navigli sono canali navigabili.	Die Navigli sind schiffbare Kanäle.
torrente *m* [tor'rɛnte]	**Wildbach**
I torrenti in piena sono molto irruenti.	Wildbäche sind bei Hochwasser sehr reißend.
sorgente *f* (termale) [sor'dʒɛnte]	(Thermal-)**Quelle**
una famosa sorgente termale	eine berühmte Thermalquelle
corrente *f* [kor'rɛnte]	**Strömung**
Fa attenzione alle correnti!	Pass' auf die Strömungen auf!
bassa / alta marea [ma'rɛa]	**Ebbe / Flut**
isola ['iːzola]	**Insel**
L'isola di Capri è molto bella.	Die Insel Capri ist sehr schön.
penisola [pe'niːzola]	**Halbinsel**
L'Italia è una penisola.	Italien ist eine Halbinsel.
porto ['pɔrto]	**Hafen**
La nave entra nel porto.	Das Schiff läuft in den Hafen ein.

12.4 Il paesaggio e l'agricoltura
Die Landschaft und die Landwirtschaft

campagna [kam'paːɲa]	**Land(schaft)**
Vivo in campagna.	Ich lebe auf dem Land.
paesaggio [pae'zaddʒo]	**Landschaft**
(Lei) adora il paesaggio toscano.	Sie liebt die Landschaft der Toskana.
suolo [su'ɔːlo]	**Boden, Erde**
In Lombardia il suolo è fertile.	In der Lombardei ist der Boden fruchtbar.
monte *m* ['monte]	**(hoher) Berg**
Il Monte Cervino è alto 4478 metri.	Das Matterhorn ist 4478 m hoch.
montagna [mon'taɲa]	**Berg; Gebirge**
In montagna è già nevicato.	Im Gebirge hat es schon geschneit.
vetta / **cima** ['vetta / 'tʃiːma]	**(Berg-)Gipfel**
Le cime più alte restano innevate.	Die höchsten Gipfel bleiben schneebedeckt.
scoglio – scogliera rocciosa ['skɔːʎo – sko'ʎɛːra]	**(Steil-)Klippe**
Andiamo a pescare sugli scogli o andiamo a cercare conchiglie?	Gehen wir auf den Klippen fischen oder Muscheln suchen?
le **Alpi** [le 'alpi]	die **Alpen**
Le Dolomiti fanno parte delle Alpi.	Die Dolomiten sind ein Teil der Alpen.
alpino [al'piːno]	**alpin**
Il clima alpino è molto salutare.	Das Alpenklima ist sehr gesund.
ghiacciaio [giat'tʃaːio]	**Gletscher**
Ai piedi del ghiacciaio c'è un rifugio.	Am Fuße des Gletschers ist eine Hütte.
ripido ['riːpido]	**steil**
Gli alpinisti scalano una ripida parete.	Die Bergsteiger klettern eine steile Wand hinauf.
vulcano [vul'kaːno]	**Vulkan**
L'Etna è un vulcano attivo.	Der Ätna ist ein aktiver Vulkan.
collina – **colle** *m* [kol'liːna – 'kɔlle]	**Hügel**
I sette colli di Roma sono storici.	Die sieben Hügel Roms sind historisch.
roccia ['rɔttʃa]	**Fels(en)**
La via ferrata è scolpita nella roccia.	Der Klettersteig ist in den Fels gehauen.

valle *f* ['valle]	**Tal**
Andiamo a valle o restiamo ancora?	Steigen wir zu Tal oder bleiben wir noch?
sentiero [senti'ɛːro]	**Weg, Pfad**
Dov'è il sentiero? Ci siamo smarriti!	Wo ist der Weg? Wir haben uns verlaufen!
funivia [funi'viːa]	**Seilbahn**
seggiovia [seddʒo'viːa]	**Sessellift**
Prendiamo la seggiovia o camminiamo?	Nehmen wir den Sessellift oder laufen wir?
grotta ['grɔtta]	**Höhle; Grotte**
Nelle grotte di Toirano si possono ammirare impronte umane.	In den Höhlen von Toirano kann man menschliche Fußabdrücke bestaunen.
pianura [pia'nuːra]	**Ebene; Flachland**
Il Po attraversa la pianura padana.	Der Po fließt durch die Poebene.
prateria [prate'riːa]	**Prärie**
deserto [de'zɛrto]	**Wüste**
I deserti avanzano.	Die Wüsten breiten sich aus.
sabbia ['sabbia]	**Sand**
Aspetta che ho sabbia nella scarpa!	Warte, ich habe Sand im Schuh!
palude *f* [pa'luːde]	**Sumpf**
macchia ['makkia]	**Gebüsch; Gesträuch, Macchia**
Lasciamo la macchia o piantiamo alberi?	Lassen wir das Gesträuch stehen oder pflanzen wir Bäume?
foresta / selva [fo'rɛsta / 'selva]	**(größerer) Wald, Forst**
Molti fanno trecking nella Selva Bavarese.	Viele gehen im Bayerischen Wald wandern.
bosco ['bɔsko]	**(kleinerer) Wald**
Facciamo una passeggiata nel bosco?	Gehen wir im Wald spazieren?

☀ „Hain, Wäldchen" wird auch durch die Endung *-eto / -eta* ausgedrückt: *un uliveto* (= ein Olivenhain), *la pineta* (= der Pinienhain).

radura [ra'duːra]	**Lichtung**
una radura ai margini del bosco	eine Lichtung am Waldesrand
parco ['parko]	**Park**
parco nazionale	(geschützter) Nationalpark
campo ['kampo]	**Feld; Acker**
I contadini lavorano nei campi.	Die Bauern arbeiten auf den Feldern.

pascolo ['paskolo]
I pastori portano il loro gregge
di pecore al pascolo.

Weide
Die Hirten führen ihre Schafherde
auf die Weide.

giardino [dʒar'di:no]
orto / orticello ['ɔrto / orti'tʃɛllo]
frutteto [frut'te:to]
vigneto [vi'ɲe:to]
La Sicilia è ricca di orti, frutteti
e vigneti.

Garten
Gemüsegarten
Obstgarten
Weinberg; Weingarten
Sizilien besitzt viele Gemüse-,
Obst- und Weingärten.

agricoltura [agrikol'tu:ra]
Sempre meno persone lavorano
nell'agricoltura.

Landwirtschaft
Immer weniger Menschen arbeiten in der Landwirtschaft.

agricolo [a'gri:kolo]
fattoria [fatto'ri:a]
allevamento – allevare
[alleva'mento – alle'va:re]
In quella fattoria allevano maiali.

landwirtschaftlich, Land-
Bauernhaus
Zucht – züchten

Auf diesem Bauernhof werden
Schweine gezüchtet.

contadino(-a) [konta'di:no]
irrigare – irrigazione f [irri'ga:re –
irrigatsi'o:ne]
In estate bisogna irrigare i campi
spesso.

Landwirt(in); Bauer / Bäuerin
bewässern – Bewässerung

Im Sommer muss man oft die
Felder bewässern.

coltivare [kolti'va:re]
Qui si coltiva molto l'asparago.
crescere ['kre:ʃere]
Qui il riso non cresce.
seme m **– seminare**
['se:me – semi'na:re]
seminare il grano

bestellen; anbauen
Hier wird viel Spargel angebaut.
wachsen; anbauen; anpflanzen
Reis gedeiht hier nicht.
Samen – säen

Getreide anbauen / säen

raccolto [rak'kɔlto]
Con questa calura il raccolto
sarà magro.

Ernte
Bei dieser Hitze wird die Ernte
mager ausfallen.

raccolta – raccogliere
[rak'kɔlta – rak'koʎʎere]
La raccolta delle olive avviene
a novembre.

Ernte (*Vorgang*) **– ernten**

Die Olivenernte findet im
November statt.

bestiame m [besti'a:me]
Il bestiame pascola sui prati.
stalla ['stalla]
In inverno gli animali restano
in stalla.
fieno [fi'ɛno]

Vieh; Viehbestand
Auf den Wiesen weidet das Vieh.
Stall
Im Winter bleiben die Tiere
im Stall.
Heu

12.5 La città
Die Stadt

città [tʃit'ta]	(größere) **Stadt**
Abitiamo in città.	Wir wohnen in der Stadt.
fuori città	außerhalb
centro ['tʃentro]	**(Stadt)Zentrum**
Domani andiamo in centro?	Fahren wir morgen ins Zentrum?
luogo ['luɔːgo]	**Ort; Platz**
È un luogo malfamato!	Das ist ein verrufener Ort!
località [lokali'ta]	**Ort**
Porto San Giorgio è una bella località balneare.	Porto San Giorgio ist ein schöner Badeort.
municipio [muni'tʃiːpio]	**Rathaus**
sindaco ['sindako]	**Bürgermeister**
Chi è il vostro sindaco?	Wer ist euer Bürgermeister?
abitante m/f [abi'tante]	**Stadtbewohner(in)**
Milano ha più di un milione di abitanti.	Mailand hat mehr als eine Million Einwohner.
pianta [pi'anta]	**Karte / Plan**
una pianta del centro di Roma	ein Plan der Innenstadt Roms
periferia [perife'riːa]	**Stadtrand**
stabilirsi in periferia	sich am Stadtrand niederlassen
dintorni mpl [din'torni]	**Umgebung**
nei dintorni di Monaco	in der Umgebung Münchens
quartiere m [kuarti'ɛːre]	**Stadtviertel**
Questo è un quartiere bene.	Das ist ein elegantes Viertel.
zona ['dzɔːna]	**Gebiet; Gegend**
La zona industriale si trova fuori città.	Das Industriegebiet liegt außerhalb der Stadt.
piazza [pi'aːttsa]	**Platz**
strada ['straːda]	**Straße**
Quella strada porta in centro.	Diese Straße führt ins Zentrum.
via ['viːa]	**Straße (in der Stadt)**
Abito in via Cristoforo Colombo, 1.	Ich wohne in der Cristoforo Colombo-Straße 1.
viale m [vi'aːle]	**Allee**
passeggiare lungo i viali	die Alleen entlangspazieren

💡 Unterschied zwischen *strada* und *via*

Strada ist ein allgemeiner Begriff für einen Verkehrsweg, im Unterschied zu *via*, der bei bewohnten Gegenden benutzt wird.

12.6 La tutela dell'ambiente
Der Umweltschutz

ambiente *m* [ambi'ɛnte]	**Umwelt**
tutela – tutelare [tu'tɛːla – tute'laːre]	**Schutz – schützen**
la tutela dell'ambiente	Umweltschutz
ambientale [ambien'taːle]	**Umwelt-**
problemi ambientali	Umweltprobleme
natura – naturale [na'tuːra – natu'raːle]	**Natur – natürlich**
La colza è una fonte d'energia naturale e rigenerativa.	Raps ist eine natürliche, nachwachsende Energiequelle.
alternativo [alterna'tiːvo]	**alternativ**
fonti d'energia alternative	alternative Energiequellen
inquinamento – inquinare [inkuina'mento – inkui'naːre]	**(Umwelt)Verschmutzung – verschmutzen**
I gas di scarico inquinano.	Abgase verschmutzen.
ecologia [ekolo'dʒiːa] – **ecologico** [eko'lɔdʒiko]	**Ökologie – ökologisch**
detersivo ecologico	Ökowaschmittel
rifiuti *mpl* / **immondizie** *fpl* [rifi'uːti / immon'diːtsie]	**Abfall / Abfälle; Müll**
vietato depositare immondizie	Müllabladen verboten
discarica [dis'kaːrika]	**Müllkippe**
Esistono molto discariche abusive.	Es gibt viele wilde Müllkippen.
buttare via [but'taːre 'viːa]	**wegwerfen, -schmeißen**
Meglio usare le cose più volte che buttarle via.	Besser die Dinge mehrmals verwenden als sie wegzuschmeißen.
gettare [dʒet'taːre]	**werfen; schmeißen**
Getta quella lattina nel cestino!	Wirf' die Dose in den Korb.
nucleare [nukle'aːre]	**nuklear; Atom-; Kern-**
energia nucleare	Kernenergie
solare [so'laːre]	**Sonnen-**
lo sfruttamento dell'energia solare	die Nutzung der Sonnenenergie
riciclare – riciclaggio [ritʃik'laːre – ritʃik'laddʒo]	**wieder verwerten / wieder verarbeiten / recyceln – Recycling**
Molte cose si possono riciclare.	Vieles kann recycelt werden.
raccolta [rak'kɔlta]	**Sammlung**
fare la raccolta differenziata	Abfalltrennung betreiben
rendere ['rɛndere]	**zurückgeben; abwerfen** (*Ertrag*)
bottiglia a rendere / a perdere	Einweg- / Mehrwegflasche
Questo BOT rende … .	Dieser Schatzbrief wirft … ab.

13.1 Animali
Tiere

creatura [krea'tu:ra]	**Wesen; Geschöpf**
Sotto il solleone non c'era creatura vivente.	Unter der sengenden Sonne war kein lebendes Wesen.
animale m [ani'ma:le]	**Tier**
animali mansueti / selvatici	zahme / wilde Tiere
bestia ['bɛstia]	**Tier; Bestie**
A cuccia! ... Brava bestia!	Platz! ... Gutes Tier!
domestico [do'mɛstiko]	**Haus-**
animali domestici	Haustiere
docile – mansueto ['dɔ:tʃile – mansu'ɛ:to]	**zahm**
Non avere paura! Nerone non fa niente, è mansueto!	Keine Angst! Nerone tut nichts, er ist zahm!
feroce [fe'ro:tʃe]	**wild** (= aggressiv)
Gli squali sono animali feroci.	Haie sind wilde Tiere.
selvaggio [sel'vaddʒo]	**wild** (= wild lebend)
Nei parchi nazionali vivono animali selvaggi.	In den Nationalparks leben wilde Tiere.
pelle f ['pɛlle]	**Fell** (= i. S. v. Haut)
Molti animali vengono cacciati per la loro pelle.	Viele Tiere werden wegen ihres Fells gejagt.
pelo ['pe:lo]	**Fell** (= Pelz)
Il gatto si liscia il pelo.	Die Katze putzt sich das Fell.
mammifero [mam'mi:fero]	**Säugetier**
I mammiferi allattano i loro cuccioli.	Säugetiere säugen ihre Kleinen.
razza ['rattsa]	**Rasse**
coda ['ko:da]	**Schwanz**
Il gatto agita la coda quando è nervoso.	Die Katze zuckt mit dem Schwanz, wenn sie nervös ist.
saltare [sal'ta:re]	**springen; hüpfen**
Il gatto è saltato sulla sedia.	Die Katze ist auf den Stuhl gesprungen.
mordere ['mɔrdere]	**beißen**
Alcuni cani mordono.	Einige Hunde beißen.
nutrirsi di [nu'trirsi di]	**sich ernähren von; fressen**
Le mucche si nutrono di erba.	Kühe fressen Gras.

nutrire [nu'tri:re]
füttern
Il contadino nutre i suoi animali con foraggio.
Der Bauer füttert seine Tiere mit Viehfutter.

allevare [alle'va:re]
aufziehen; züchten
Alcuni contadini allevano bestiame.
Einige Bauern züchten Vieh.

traccia ['trattʃa]
Spur, Fährte
Nel sottobosco ci sono tracce di cinghiali.
Im Unterholz sind Wildschweinspuren.

Alcuni mammiferi (= Einige Säugetiere)

cane *m* – *cagna* ['ka:ne – 'ka:ɲa] (= Hund – Hündin) • gatto(-a) ['gatto] (= Katze; Kater – Katze) • *criceto* [kri'tʃeto] (= Hamster) • cavallo [ka'vallo] (= Pferd) • *toro* ['tɔ:ro] (= Stier) • *mucca/vacca* ['mukka/'vakka] (= Kuh) • *vitello* [vi'tɛllo] (= Kalb) • maiale *m* [mai'a:le] (= Schwein) • *pecora* ['pɛ:kora] (= Schaf) • *agnello* [a'ɲɛllo] (= Lamm) • *asino/somaro* ['a:zino/so'ma:ro] (= Esel) • *capra* ['ka:pra] (= Ziege) • *coniglio* [ko'ni:ʎo] (= Kaninchen) • *topo* ['tɔ:po] (= Maus) • *ratto* ['ratto] (= Ratte) • *cervo* ['tʃervo] (= Hirsch) • *capriolo* [kapri'ɔ:lo] (= Reh) • *cinghiale m* [tʃingi'a:le] (= Wildschwein) • *lepre f* ['lɛpre] (= Hase) • *scoiattolo* [skoi'attolo] (= Eichhörnchen) • *volpe f* ['volpe] (= Fuchs) • *lupo* ['lu:po] (= Wolf) • *orso* ['orso] (= Bär) • *leone, leonessa* [le'o:ne, leo'nessa] (= Löwe, Löwin) • *tigre f* ['tigre] (= Tiger) • *scimmia* ['ʃimmia] (= Affe) • *foca* ['fɔ:ka] (= Seehund) • *balena* [ba'le:na] (= Wal) • *delfino* [del'fi:no] (= Delphin)

---

uccello [ut'tʃɛllo]
Vogel
uccello migratore/canoro
Zug-/Singvogel
uccello rapace/predatore
Raub-/Greifvogel

penna ['penna]
Feder
I gufi hanno zampe forti, artigli aguzzi e penne morbide.
Eulen haben kräftige Läufe, scharfe Krallen und weiche Federn.

ala ['a:la], *pl: le ali*
Flügel
L'uccellino si è spezzato un'ala.
Das Vögelchen hat sich einen Flügel gebrochen.

nido ['ni:do]
Nest
Nel nostro giardino hanno fatto il nido due merli.
In unserem Garten haben zwei Amseln genistet.

volare [vo'la:re]
fliegen
In autunno gli uccelli migratori volano verso Sud.
Im Herbst fliegen die Zugvögel Richtung Süden.

cantare [kan'ta:re]
singen

gabbia ['gabbia]
Käfig

Il canarino canta nella sua gabbia.

Der Kanarienvogel singt in seinem Käfig.

Alcuni uccelli (= Einige Vögel)
pollo ['pollo] (= Huhn) • *gallina – gallo* [gal'li:na – 'gallo] (= Henne – Hahn) • *anatra* ['a:natra] (= Ente) • *oca* ['ɔ:ka] (= Gans) • *cigno* ['tʃiɲo] (= Schwan) • *colombo / piccione* m [ko'lombo / pit'tʃo:ne] (= Taube) • *passero* ['passero] (= Sperling; Spatz) • *rondine* f ['rondine] (= Schwalbe) • *gabbiano* [gabbi'a:no] (= Möwe) • *pappagallo* [pappa'gallo] (= Papagei) • *canarino* [kana'ri:no] (= Kanarienvogel)

pesce m ['peʃe]	Fisch
nuotare [nuo'ta:re]	schwimmen
I pesci rossi nuotano nello stagno.	Die Goldfische schwimmen im Teich.
pesce m **rosso** ['peʃʃe 'rosso]	Goldfisch
squalo / pescecane m [sku'a:lo / peʃʃe'ka:ne]	Hai(fisch)
spina ['spi:na]	Gräte
Fate attenzione alle spine!	Passt auf die Gräten auf!
rettile m ['rɛttile]	Reptil; Kriechtier
insetto [in'sɛtto]	Insekt
strisciare [striʃ'ʃa:re]	kriechen; krabbeln
Il serpente striscia sull'erba.	Die Schlange kriecht durchs Gras.
pungere ['pundʒere]	stechen
Mi ha punto una zanzara.	Mich hat eine Mücke gestochen.
ronzare [ron'dza:re]	summen; brummen
Le api ronzano attorno al cespuglio.	Die Bienen summen um den Busch herum.

Alcuni rettili e insetti (= Einige Reptilien und Insekten)
serpente m [ser'pɛnte] (= Schlange) • *rana* ['ra:na] (= Frosch) • *rospo* ['rɔspo] (= Kröte) • *lumaca* [lu'ma:ka] (= Schnecke) • *coccodrillo* [kokko'drillo] (= Krokodil) • *ragno* ['ra:ɲo] (= Spinne) • *farfalla* [far'falla] (= Schmetterling) • *ape* f ['a:pe] (= Biene) • *vespa* ['vɛspa] (= Wespe) • *mosca* ['moska] (= Fliege) • *zanzara* [dzan'dza:ra] (= Mücke) • *formica* [for'mi:ka] (= Ameise) • *verme* m ['vɛrme] (= Wurm)

veterinario(-a) [veteri'na:rio]	Tierarzt / Tierärztin
Il nostro cagnolino sta male. Ci sa dire dov'è il prossimo veterinario?	Unserem Hündchen geht es schlecht. Können Sie uns sagen, wo der nächste Tierarzt ist?

13.2 Piante
Pflanzen

vegetazione *f* [vedʒetatsi'o:ne]
La collina è coperta da una fitta
  vegetazione.

Vegetation, Pflanzen
Der Hügel ist mit dichter
  Vegetation bedeckt.

vegetale [vedʒe'ta:le]
il regno vegetale

pflanzlich, Pflanzen-
das Pflanzenreich

pianta – **piantare** [pi'anta –
pian'ta:re]
Il giardiniere ha trapiantato
  le piantine nell'aiuola.

Pflanze – (an)pflanzen

Der Gärtner hat die Pflänzchen
  ins Beet umgepflanzt.

giardino [dʒar'di:no]
Che bel giardino che avete!

Garten
Was für einen schönen Garten
  ihr habt!

fiore *m* – **fiorire** [fi'o:re – fio'ri:re]
Che belle quelle rose in fiore!

Blume / Blüte – blühen
Wie schön diese blühenden Rosen
  sind!

fiori recisi
I fiordalisi fioriscono a giugno.

Schnittblumen
Kornblumen blühen im Juni.

mazzo ['mattso]
cogliere ['kɔ:ʎere]
Cogliamo un mazzo di fiori?

Strauß
pflücken
Pflücken wir einen Blumenstrauß?

annaffiare [annaffi'a:re]
Non piove da giorni. Bisogna
  annaffiare i fiori!

gießen
Es regnet seit Tagen nicht.
  Die Blumen müssen gegossen
  werden!

radice *f* [ra'di:tʃe]
Che bello, l'alberello ha messo
  radici!

Wurzel
Wie schön, das Bäumchen hat
  Wurzeln geschlagen!

foglia ['fɔʎʎa]
In autunno gli alberi perdono
  le foglie.

Blatt
Im Herbst werfen die Bäume
  ihre Blätter ab.

Alcuni tipi di fiori (= Einige Blumenarten)
margherita [marge'ri:ta] (= Margerite) • *garofano* [ga'rɔ:fano]
(= Nelke) • *tulipano* [tuli'pa:no] (= Tulpe) • *rosa* ['rɔza] (= Rose) •
giglio ['dʒiʎʎo] (= Lilie) • *girasole m* [dʒira'so:le] (= Sonnenblume) •
papavero [pa'pa:vero] (= Klatschmohn)

---

erba – **erbe** ['ɛrba – 'ɛrbe]
Chi taglia l'erba sabato?

Gras – Gräser / Kraut / Kräuter
Wer mäht am Samstag den Rasen?

albero ['albero]
In primavera gli alberi mettono le foglie ed in autunno le perdono.

Baum
Im Frühjahr treiben die Bäume Blätter und im Herbst werfen sie sie ab.

bosco – **foresta** ['bɔsko – fo'rɛsta]
Quest'anno passiamo le ferie nella Foresta Nera.

Wald – Forst
Dieses Jahr verbringen wir die Ferien im Schwarzwald.

tronco ['tronco]
Questa quercia ha un tronco enorme.

Stamm
Diese Eiche hat einen riesigen Stamm.

ramo ['ramo]
Durante il temporale è caduto un ramo.

Ast
Während des Gewitters ist ein Ast herabgefallen.

abbattere [ab'battere]
Quest'albero è malato. Dobbiamo abbatterlo.

fällen
Dieser Baum ist krank. Wir müssen ihn fällen.

Alcuni tipi di alberi (= Einige Baumarten)

abete m *bianco/rosso* [a'beːte bi'aŋko/'rosso] (= Tanne/Fichte) • *betulla* [be'tulla] (= Birke) • *faggio* ['faddʒo] (= Buche) • *gelso* ['dʒelso] (= Maulbeerbaum) • *pino* ['piːno] (= Pinie) • *quercia* ['ku'ɛrtʃa] (= Eiche) • *salice* m ['saːlitʃe] (= Weide) • *tiglio* ['tiʎʎo] (= Linde)

---

tagliare [ta'ʎaːre]
vite f – **viticcio** ['viːte – vi'tittʃo]
I muri della casa sono coperti di viti.

schneiden / mähen / fällen (*Baum*)
Wein(rebe) – Ranke
Die Mauern des Hauses sind mit Reben bedeckt.

fungo ['fungo]
andare a raccogliere i funghi

Pilz
Pilze sammeln gehen

tartufo [tar'tuːfo]
Esistono tartufi neri e bianchi.

Trüffel
Es gibt schwarze und weiße Trüffel.

mangereccio – **velenoso**
[mandʒe'rettʃo – vele'noːso]
Il porcino è un fungo mangereccio, l'amanita è molto velenosa.

essbar – giftig, Gift-

Der Steinpilz ist ein essbarer Pilz, der Knollenblätterpilz ist sehr giftig.

cereale m [tʃere'aːle]
I cereali fanno bene alla salute.

Getreide
Getreide ist gut für die Gesundheit.

grano ['graːno]
Il campo di grano si estendeva fino all'orizzonte.

Korn; Weizen
Das Kornfeld reichte bis zum Horizont.

Kapitel 14

14.1 Fisica
Physik

scienza – **scientifico**
['ʃɛntsa – ʃen'ti:fiko]

Wissenschaft – wissenschaftlich

scienziato(-a) [ʃentsi'a:to]

Wissenschaftler(in)

Gli scienziati studiano le cause dei fenomeni naturali.

Wissenschaftler studieren die Ursachen von Naturphänomenen.

fisica ['fi:zika]

(die) **Physik**

La fisica studia la materia e l'energia.

Die Physik setzt sich mit Materie und Energie auseinander.

teoria [teo'ri:a]

Theorie

la teoria della relatività di Einstein

Einsteins Relativitätstheorie

teorico(-a) [te'ɔ:riko]

Theoretiker(in) – **theoretisch**

esperimento [esperi'mento]

Experiment; Versuch

condurre / effettuare un esperimento

einen Versuch ausführen / machen

atomo – **atomico** ['a:tomo – a'tɔ:miko]

Atom – **Atom-**

nucleare [nukle'a:re]

Atom(kraft)-, Kern(kraft)-

In Italia non si costruiscono centrali nucleari.

In Italien werden keine Atomkraftwerke gebaut.

trasformare [trasfor'ma:re]

verändern; verwandeln

trasformare energia in elettricità

Energie in Elektrizität verwandeln

magnetico [ma'ɲɛ:tiko]

Magnet- / magnetisch

un campo magnetico

ein Magnetfeld

calore *m* [ka'lo:re]

Wärme

velocità [velot'ʃi'ta]

Geschwindigkeit

forza ['fɔrtsa]

Kraft

solido ['sɔ:lido]

fest; Festkörper; fester Körper

liquido ['li:kuido]

flüssig; Flüssigkeit

una sostanza solida / liquida

ein fester / flüssiger Stoff

gas *m* ['gas] – **vapore** *m* [va'po:re]

Gas – **Dampf**

onda ['onda]

Welle

microonde

Mikrowellen

misura – **misurare** [mi'zu:ra – mizu'ra:re]

Maß – **messen**

misurare una corrente

einen Strom messen

peso ['pe:zo]

Gewicht

equilibrio [ekui'li:brio]

Gleichgewicht

14.2 Chimica
Chemie

chimica – chimico ['ki:miko – 'ki:mika]	(die) **Chemie – chemisch**
l'industria chimica	die chemische Industrie
farmacia – farmaceutico [farma'tʃi:a – farma'tʃɛ:utiko]	**Pharmazie – pharmazeutisch / Pharma-**
industria farmaceutica	Pharmaindustrie
laboratorio [labora'tɔ:rio]	**Laboratorium; Labor**
assistente *m* / *f* di laboratorio	Laborant(in)
osservazione *f* [osservatsi'o:ne] – **osservare** [osser'va:re]	**Beobachtung – beobachten**
Hanno unito e osservato le due sostanze in laboratorio.	Sie haben die beiden Substanzen im Laboratorium miteinander verbunden und beobachtet.
unire [u'ni:re]	**vereinigen; verbinden**
analisi *f* – **analizzare** [a'na:lizi – analid'dza:re]	**Analyse / Untersuchung – untersuchen**
analizzare un campione	eine Probe untersuchen
sostanza [so'stantsa]	**Substanz; Stoff**
sostanze cancerogene	krebserzeugende Stoffe
miscela [mi'ʃe:la]	**Gemenge; Gemisch**
una miscela esplosiva	ein explosives Gemisch
esplosivo [esplo'zi:vo]	**explosiv; Sprengstoff**
esplosione [esplozi'o:ne]	**Explosion**
esplodere [es'plɔ:dere]	**explodieren; platzen**
Non urtare quella sostanza, altrimenti esplode!	Stoß' nicht gegen diese Substanz, sonst explodiert sie!
scoppiare [skoppi'a:re]	**ausbrechen** *(Krieg)*; **explodieren**
Accidenti! È scoppiata.	Mist! Sie ist explodiert.
simbolo ['simbolo]	**Symbol**
O è il simbolo dell'ossigeno.	O ist das Symbol für Sauerstoff.
alcol *m* ['alkol]	**Alkohol**
sintesi *f* ['sintezi]	**Synthese**

 Substantive griechischer Herkunft, die auf *-i* enden, sind weiblich und unveränderlich: *l'analisi* (= die Analyse), *la crisi* (= die Krise).

sintetizzare – sintetico [sintetid'dza:re – sin'tɛ:tiko]	**synthetisch herstellen – synthetisch, Chemie-**
fibra ['fi:bra] sintetica	Chemie**faser**

14.3 **Matematica**
Mathematik

matematica [mate'ma:tika] (die) **Mathematik**
se la matematica non è un'opi- nach Adam Riese ...
nione ...
calcolo ['kalkolo] (Be-)**Rechnung**
fare dei calcoli (Be-)Rechnungen anstellen
(Lui) (non) sa fare bene i calcoli. Er kann (nicht) gut rechnen.
calcolare [kalko'la:re] (aus)rechnen
contare [kon'ta:re] zählen
Il bambino ora sa contare fino a 8. Das Kind kann jetzt bis 8 zählen.
addizionare – sottrarre addieren – subtrahieren
[additsio'na:re – sot'trarre]
addizionare dei numeri Zahlen zusammenrechnen
somma ['somma] **Summe**
sommare [som'ma:re] zusammenzählen, addieren
moltiplicare – dividere multiplizieren – dividieren
[moltipli'ka:re – di'vi:dere]

---

55 + 44 = 99: *55 più 44 fa / è uguale a 99; 55 e 44 fa 99;*
addizionando 55 e 44 si ha 99.
99 – 44 = 55: *99 meno 44 fa 55; 44 da 99 è 55;*
sottraendo 44 da 99 si ha 55.
11 x 6 = 66: *11 per 6 fa 66; moltiplicando 11 per 6 si ha 66.*
66 / 11 = 6: *66 diviso 11 fa 6; dividendo 66 per 11 si ha 6.*

---

percento – per cento [per'tʃɛnto] **Prozent**
Il prezzo delle sigarette è salito Der Zigarettenpreis ist um
del venti per cento. zwanzig Prozent gestiegen.
quadrato [kua'dra:to] **Quadrat; quadratisch; Quadrat-**
due metri quadrati zwei Quadratmeter
12^2 (= 12 al quadrato) fa 144 12 hoch 2 ist 144
uguale [ugu'a:le] **gleich**
cerchio ['tʃerkio] **Kreis**
rettangolo – rettangolare **Rechteck – rechteckig**
[ret'tangolo – rettango'la:re]
triangolo – triangolare **Dreieck – dreieckig**
[tri'angolo – triango'la:re]
angolo ['angolo] **Winkel**
un angolo di 90 gradi ein Winkel von 90 Grad

14.4 I numeri
Zahlen

numero ['nuːmero]
pari – dispari ['paːri / 'dispari]
zero ['dzɛːro]
Il termometro segna dieci gradi
  sotto zero.

Zahl; Nummer
gerade – ungerade
Null
Das Thermometer zeigt minus
  10 Grad an.

Numeri cardinali (= Grundzahlen)

0 = *zero*, 1 = *uno*, 2 = *due*, 3 = *tre*, 4 = *quattro*, 5 = *cinque*, 6 = *sei*,
    7 = *sette*, 8 = *otto*, 9 = *nove*, 10 = *dieci*, 11 = *undici*, 12 = *dodici*,
    13 = *tredici*, 14 = *quattordici*, 15 = *quindici*, 16 = *sedici*, 17 = *di-
    ciassette*, 18 = *diciotto*, 19 = *diciannove*,
20 = *venti*, 21 = *ventuno*, 22 *ventidue*, 23 = *ventitre*, ...
30 = *trenta*, 31 = *trentuno*, 32 = *trentadue*, ...
40 = *quaranta*, 41 = *quarantuno*, 42 = *quarantadue*, ...
50 = *cinquanta*, 51 = *cinquantuno*, 52 = *cinquantadue*, ...
60 = *sessanta*, 61 = *sessantuno*, 62 = *sessantadue*, ...
70 = *settanta*, 71 = *settantuno*, 72 = *settantadue*, ...
80 = *ottanta*, 81 = *ottantuno*, 82 = *ottantadue*, ...
90 = *novanta*, 91 = *novantuno*, 92 = *novantadue*, ...
100 = *cento*, 101 = *cento e uno / centouno*, 102 = *centodue*,
    108 = *centootto*, 111 = *centoundici*, ...
200 = *duecento*, 288 = *duecentoottantotto*, ...
300 = *trecento*, 400 = *quattrocento*, 500 = *cinquecento*, 600 = *sei-
    cento*, 700 = *settecento*, 800 = *ottocento*, 900 = *novecento*,
1 000 = *mille*, 1 001 = *mille e uno / milleuno*, 1 050 = *millecinquanta*,
    1 100 = *millecento*, ...
2 000 = *duemila*, ...
10 000 = *diecimila*, ...
100 000 = *centomila*, ...
1 000 000 = *un milione*, 1 200 000 = *un milione e duecentomila*, ...
5 000 000 = *cinque milioni*, ...
1 000 000 000 = *un miliardo*

Aussprachehinweise
Bei den Zahlen <u>u</u>ndici bis <u>se</u>dici muss die erste Silbe deutlich betont
gesprochen werden (Ausnahme: *quatt<u>o</u>rdici*). Von *diciass<u>e</u>tte* bis
diciann<u>o</u>ve muss die zweite Silbe betont werden.
Bei den Ordnungzahlen wird (von 11° bis 100°) die auf das Zahlwort
folgende Silbe betont: *undic<u>e</u>simo*.

Numeri ordinali (= Ordnungszahlen)

1° *primo*, 2° *secondo*, 3° *terzo*, 4° *quarto*, 5° *quinto*, 6° *sesto*, 7° *settimo*, 8° *ottavo*, 9° *nono*, 10° *decimo*, 11° *undicesimo*, 12° *dodicesimo*, 13° *tredicesimo*, 14° *quattordicesimo*, 15° *quindicesimo*, 16° *sedicesimo*, 17° *diciassettesimo*, 18° *diciottesimo*, 19° *diciannovesimo*, 20° *ventesimo*, 21° *ventunesimo*, 22° *ventiduesimo*, ...
100° *centesimo*, 101° *centesimoprimo/centunesimo*, 102° *centesimosecondo*, ...
1 000° *millesimo*, 1 001° *millesimoprimo*, 1 002° *millesimosecondo*, ...
10 000° *d(i)ecimillesimo*, ...
100 000° *centomillesimo*, ...
1 000 000° *milionesimo*

Paolo VI (sesto)	Paul VI.
Questa è l'ottava volta.	Dies ist das achte Mal.
essere al nono mese	im neunten Monat sein
una decina di ['uːna de'tʃiːna di]	**etwa zehn**
un centinaio di ['un tʃenti'naːio di]	**etwa hundert**
un migliaio di ['un mi'ʎaːio di]	**etwa tausend**
In quanti eravate? – Boh, una decina forse.	Wie viele wart ihr? – Hm, vielleicht zehn.

 Unregelmäßig sind die Pluralformen von *mille* (= ...*mila*, also z.B. *duemila*), *centinaio* (= *centinaia*) und *migliaio* (= *migliaia*), die obendrein weiblich werden!

Numeri frazionari, le frazioni (= Brüche)

$\frac{1}{2}$ = *un mezzo / una metà* • $\frac{3}{2}$ = *tre mezzi* • $1\frac{1}{2}$ = *uno e mezzo*
$\frac{1}{3}$ = *un terzo* • $\frac{2}{3}$ = *due terzi* • $2\frac{1}{3}$ = *due e un terzo*
$\frac{1}{4}$ = *un quarto* • $\frac{3}{4}$ = *tre quarti*
$\frac{4}{5}$ = *quattro quinti* • $3\frac{3}{5}$ = *tre e tre quinti* • $\frac{145}{360}$ *centoquarantacinquetrecentosessantesimi*

Numeri decimali (= Dezimalzahlen)

2,684 = *due virgola seicentoottantaquattro*
0,259 = *zero virgola duecentocinquantanove*

Jahreszahlen

1900 = *millenovecento*
1991 = *millenovecentonovantuno*
2005 = *duemila e cinque*

Scienza e tecnica

14.5 Materiali, attrezzi, macchine
Werkstoffe, Werkzeuge, Maschinen

tecnica ['tɛknika]
tecnologia [teknolo'dʒi:a]
Disponiamo di un'attrezzatura ad alta tecnologia.
tecnologico [tekno'lɔ:dʒiko]
il progresso tecnologico
ingegneria [indʒeɲe'ri:a]

Technik
(die) **Technik / Technologie**
Wir haben eine High-Tech-Ausstattung.
technologisch, technisch
der technische Fortschritt
(angewandte) **Technik; Ingenieur-wesen**

materiale m [materi'a:le]
lavorare un materiale
essere di ['ɛssere di]
Questo tavolo è di vetro.
essere composto di ['ɛssere kom'posto di]
Questo distributore è composto di molte componenti.

Material; Werkstoff
ein Material bearbeiten
sein aus
Dieser Tisch ist aus Glas.
bestehen aus

Dieser Automat besteht aus vielen Bauteilen.

Come può essere un materiale? (= Wie kann ein Material beschaffen sein?)
artificiale [artifi'tʃa:le] (= künstlich, Kunst-) • *leggero* [led'dʒɛ:ro] (= leicht) • *pesante* [pe'sante] (= schwer) • *liscio* ['liʃʃo] (= glatt) • *morbido* ['mɔrbido] (= weich) • *tenero* ['tɛ:nero] (= weich, zart) • *ruvido* ['ru:vido] (= rauh, hart) • *rigido* ['ri:dʒido] (= hart; steif) • *sottile* [sot'ti:le] (= dünn) • *spesso* ['spesso] (= dick) • *fragile* ['fra:-dʒile] (= zerbrechlich)

Alcuni materiali (= Einige Materialien)
carbone m [kar'bo:ne] (= Kohle) • *cemento* [tʃe'mento] (= Zement) • *marmo* ['marmo] (= Marmor) • *metallo* [me'tallo] (= Metall) • *acciaio* [at'tʃa:io] (= Stahl) • *legno* / *legname* m ['leɲo / le'ɲa:me] (= Holz) • *legna* ['leɲa] (= Brennholz) • *vetro* ['ve:tro] (= Glas) • *ceramica* [tʃe'ra:mika] (= Keramik) • *plastica* ['plastika] (= Plastik, Kunst-stoff) • *gomma* ['gomma] (= Gummi) • *stoffa* ['stɔffa] (= Stoff) • *seta* ['se:ta] (= Seide) • *cotone* m [ko'to:ne] (= Baumwolle) • *lana* ['la:na] (= Wolle)

attrezzo [att'rettso]
i miei attrezzi

Werkzeug
meine Werkzeuge

martello e scalpello [mar'tɛllo e skal'pɛllo]	**Hammer und Meißel**
chiodo [ki'ɔ:do]	**Nagel**
piantare un chiodo nel muro	einen Nagel in die Wand schlagen
vite *f* [vi:te]	**Schraube**
avvitare / svitare	(fest-, an)schrauben / abschrauben
cacciavite *m* [kattʃa'vi:te]	**Schraubenzieher**
trapano – trapanare ['tra:pano – trapa'na:re]	**Bohrmaschine – bohren**
le **forbici** ['fɔrbitʃi]	**Schere**
Dove sono le mie forbici?	Wo ist meine Schere?
tenaglia (*meist* le tenaglie) [te'na:ʎa]	**Kneif- / Beißzange**
Hai preso tu le mie tenaglie?	Hast du meine Kneifzange?
sega – segare ['se:ga – se'ga:re]	**Säge – sägen**
apparecchio [appa'rekkio]	**Gerät**
Questo apparecchio è complicato.	Dieses Gerät ist kompliziert.
automatico [auto'ma:tiko]	**automatisch**
maneggiare [maned'dʒa:re]	**handhaben, umgehen mit**
macchinario [makki'na:rio]	**(große) Maschine**
potenza [po'tɛntsa]	**Kraft, Energie**
potente [po'tɛnte]	**(leistungs)stark, kräftig**
I macchinari per il movimento di terra sono molto potenti.	Erdbewegungsmaschinen sind sehr leistungsstark.
macchina ['makkina]	**Maschine**
elemento / pezzo di macchina	Maschinenteil
funzionare [funtsio'na:re]	**funktionieren**
funzione *f* [funtsi'o:ne]	**Funktion; Betrieb**
Adesso ti spiego le varie funzioni di questa macchina.	Jetzt erkläre ich dir die verschienen Funktionen dieser Maschine.
L'ascensore non è in funzione.	Der Aufzug ist außer Betrieb.
uso ['u:zo]	**Gebrauch**
istruzioni per l'uso	Gebrauchsanweisung
utile ['u:tile]	**nützlich**
utilizzare [utilid'dza:re]	**benutzen, verwenden**
Molte imprese utilizzano macchine utensili.	Viele Unternehmen setzen Werkzeugmaschinen ein.
regolare [rego'la:re]	**einstellen**
Come si regola il calore?	Wie stellt man die Wärme ein?
motore *m* [mo'to:re]	**Motor**
aggiustare [addʒus'ta:re]	**reparieren**
pompa ['pompa] – **tubo** ['tu:bo]	**Pumpe – Rohr, Röhre**
pressione *f* [pressi'o:ne]	**Druck**

14.6 Elettricità ed elettronica
Elektrizität und Elektronik

elettricità [elettritʃi'ta]	**Elektrizität;** (elektrischer) **Strom**
elettrico [e'lettriko]	**elektrisch**
lo schema elettrico	Schaltplan
una scossa elettrica	ein Stromschlag
centrale *f* **elettrica** [tʃen'tra:le e'lettrika]	**Elektrizitätswerk, Kraftwerk**
Molte centrali elettriche si trovano vicino a un fiume.	Viele Kraftwerke befinden sich in der Nähe eines Flusses.
elettronica [elett'rɔ:nika]	**Elektronik**
elettronico [elet'trɔ:niko]	**elektronisch**
ingegnere elettronico	Elektronikingenieur(in)
contatore *m* [konta'to:re]	**(Strom-)Zähler**
generare [dʒene'ra:re]	**erzeugen**
generare elettricità	Elektrizität/Strom erzeugen
batteria [batte'ri:a]	**Batterie**
carico – **scarico** [(s)ka:riko]	**voll** – **leer** (*Batterie*)
caricare [kari'ka:re]	**aufladen**
(ri)caricare una batteria	eine Batterie (wieder)aufladen
scaricarsi [skari'karsi]	**sich entladen**
corrente *f* [kor'rɛnte]	**Strom**
presa (di corrente) ['pre:sa]	**Steckdose**
spina ['spi:na]	**Stecker**
introdurre la spina nella presa	den Stecker in die Steckdose stecken
rete elettrica *f* ['re:te e'lettrika]	**Stromnetz**
interruttore *m* [interrut'to:re]	**Schalter**
staccare l'interruttore centrale	den Strom am Hauptschalter abschalten
cavo ['ka:vo]	**Kabel; Leitung**
circuito [tʃir'ku:ito]	**Stromkreis; Schaltkreis**
corto circuito	Kurzschluss
allacciare [allat'tʃa:re]	**anschließen**
Non può funzionare, non è allacciato.	Es kann nicht funktionieren, es ist ja gar nicht angeschlossen.
staccare [stak'ka:re]	**abschalten; abklemmen**
staccare la corrente	den Strom abschalten
accendere – **spegnere** [at'tʃendere – 'speɲere]	**ein-/ausschalten – einen Schalter an-/ausknipsen**
acceso – spento	(*an elektrischen Geräten*) an – aus

14.7 Contenitori
Behälter

contenitore *m* [konteni'to:re]	**Behälter; Gefäß**
cartone *m* [kar'to:ne]	**Pappkarton**
Mettilo in un cartone!	Pack's in einen Pappkarton!
scatola ['ska:tola]	**Schachtel**
la scatola per le scarpe	Schuhschachtel
pacco ['pakko]	**Packung; Paket**
un pacco di biscotti	eine Packung Kekse
pacchetto [pak'ketto]	**Päckchen; Schachtel**
un pacchetto di sigarette	eine Schachtel Zigaretten
busta ['busta]	**Tüte**
una busta di latte	eine Tüte Milch
busta (da lettere)	(Brief-)Umschlag
vasetto [va'zetto]	**Becher**
un vasetto di yogurt	ein Becher Joghurt
cassa ['kassa]	**Kiste; Kasten**
una cassa di vino / birra	eine Kiste Wein / Bier
sacco ['sakko]	**Sack**
un sacco di patate	ein Sack Kartoffeln
sacchetto [sak'ketto]	**Tüte**
sacchetto di plastica	Plastiktüte
borsetta [bor'setta]	**Handtasche**
borsa ['borsa]	**Tragetasche**
borsa diplomatica (la venti-quattrore)	Aktentasche
valigia [va'li:dʒa]	**Koffer**
valigetta diplomatica	Diplomatenkoffer
cartella [kar'tɛlla]	**Schulranzen**
una cartella di cuoio	ein Schulranzen aus Leder
secchio ['sekkio]	**Eimer**
un secchio di vernice	ein Eimer Farbe
lattina [lat'ti:na]	**Büchse; Dose** (*für Getränke*)
una lattina di coca-cola	eine Cola-Dose
scatola – **barattolo** ['ska:tola – ba'rattolo]	**Büchse** – **Dose** (*für Essbares*)
una scatola di fagioli	eine Büchse / Dose Bohnen
botte *f* ['botte]	**Fass**
spillare una botte	ein Fass anzapfen
bottiglia [bot'ti:ʎa]	**Flasche**
una bottiglia di quello buono	eine Flasche von dem Guten

15.1 Espressioni di spazio e di direzione
Raum- und Richtungsangaben

dove ['do:ve]
Scusi, dov'è la stazione?

wo; wohin
Entschuldigen Sie, wo ist der Bahnhof?

Dove vai così di fretta?

Wohin gehst du so eilig?

a [a]
Alla fiera c'erano solo pochi visitatori.
L'anno prossimo voglio andare ai Caraibi.

auf; an; in; zu
Auf der Messe waren nur wenige Besucher.
Nächstes Jahr möchte ich in die Karibik fahren.

da [da]
Il treno parte dal binario 5.
Da Mario è sempre molto bello.

aus; von; bei; zu
Der Zug fährt von Gleis 5 ab.
Bei Mario ist es immer sehr schön.

in [in]
Vado in centro con il tram.

in; nach
Ich fahre mit der Straßenbahn ins Zentrum.

per [per]
Il Giro d'Italia passa per tutta la penisola.
I Rossi sono partiti per Civezza.

durch; nach; über
Der Giro geht durch die ganze Halbinsel.
Die Rossis sind nach Civezza abgereist.

su [su]
Sul tavolo c'è un giornale.
Chi è? Ah, venga pure su.

auf; hin-, herauf; oben
Auf dem Tisch liegt eine Zeitung.
Wer ist da? Ach so, kommen Sie doch herauf.

giù [dʒu]
Andiamo giù nel cortile a giocare?

her-, hinunter; unten
Gehen wir in den Hof hinunter spielen?

Il papà è su nello studio o giù in cantina?

Ist der Papa oben im Arbeitszimmer oder unten im Keller?

laggiù [lad'dʒu]
lassù [las'su]
Laggiù vedi il paese, lassù le vette.

da hinten; dort unten; da hinunter
da oben; da hinauf
Dort unten siehst du das Dorf, da oben die Gipfel.

via ['vi:a]
Il capo è già andato via.

weg, fort
Der Chef ist schon fortgegangen.

a destra [a 'dɛstra]

rechts

a sinistra [a si'nistra]
Per la stazione non deve svoltare
 a destra, ma a sinistra.

links
Zum Bahnhof müssen Sie nicht
 rechts, sondern links abbiegen.

destro ['dɛstro]
sinistro [si'nistro]
Le fa male il piede destro o quello
 sinistro?

rechte(r, -s)
linke(r, -s)
Tut Ihnen der rechte oder der
 linke Fuß weh?

diritto [di'ritto]
Prosegua diritto per due chilo-
 metri, poi ...

gerade; geradeaus
Fahren Sie zwei Kilometer
 geradeaus, dann ...

in alto – in basso
 [in 'alto – in 'basso]
Le marmellate stanno in alto,
 i sughi in basso.

hoch; oben – runter; unten

Die Marmeladen sind oben,
 die Saucen unten.

accanto a / a fianco di
 [ak'kanto a / a fi'aŋko di]
Il macellaio si trova a fianco
 della cartoleria.

neben

Der Metzger ist neben dem
 Schreibwarenhändler.

avanti [a'vanti]
Avanti! Si accomodi pure.
Chi va avanti?

herein; nach vorn, näher; vor
Herein! Nehmen Sie ruhig Platz.
Wer geht vor?

indietro [indi'ɛ:tro]
davanti (a) [da'vanti]
La fermata è davanti al cinema.

zurück
vorne; vor
Die Haltestelle ist vor dem Kino.

dietro (a) [di'ɛ:tro]
Dietro a Milano si vedono le Alpi.

hinten; hinter
Hinter Mailand sieht man die
 Alpen.

attorno a [at'torno a]
intorno a [in'torno a]
I boy-scout siedono intorno
 al falò.

um (herum)
um ... herum, rings um
Die Pfadfinder sitzen rings um
 das Lagerfeuer.

qui – **qua** [ku'i – ku'a]
Da qui non si vede niente.

hier; hierhin, (hier)her
Von hier aus sieht man nichts.

lì – **là** [li – la]
di qua – **di là** [di ku'a – di la]
Andiamo di là, la mamma ha
 preparato la cena.

da, dort; dahin, (dort)hin
hier – rüber; drüben
Gehen wir rüber, die Mama hat
 das Abendessen zubereitet.

dappertutto [dapper'tutto]
Povero te! Sei stato punto
 dappertutto!

überall
Du Ärmster! Du bist ja ganz
 zerstochen!

dovunque [do'vuŋkue]
Dovunque tu vada, amore,
 ti seguirò.

wo / wohin (auch) immer; überall
Wohin du auch gehen magst,
 Liebling, ich werde dir folgen.

verso ['vɛrso]	nach; in Richtung
rasserenamenti verso il mare	Auflockerungen in Richtung Meer
contro ['kontro]	an; gegen
Appoggiamo la scala contro la parete.	Lehnen wir die Leiter an die Wand.
di fronte (a) [di 'fronte]	gegenüber
I vicini della casa di fronte sono simpatici.	Die Nachbarn vom Haus gegenüber sind sympathisch.
in fondo (a) [in 'fondo]	hinten; am Ende
Il bagno è in fondo al corridoio.	Die Toilette ist am Ende des Gangs.
da quelle/queste parti [da ku'elle/ku'este 'parti]	in jener/dieser Gegend
Da queste parti si cucina con l'olio, da quelle parti invece col burro.	In dieser Gegend kocht man mit Öl, in jener dagegen mit Butter.
dentro ['dentro]	drinnen; hinein; herein
fuori [fu'ɔːri]	draußen; hinaus; heraus
Restiamo dentro o andiamo fuori?	Bleiben wir drinnen oder gehen wir hinaus?
esterno [es'tɛrno]	äußere(r, -s), Außen-
interno [in'tɛrno]	innere(r, -s), Innen-
Quella finestra dà sul cortile interno.	Dieses Fenster geht auf den Innenhof.
interno – esterno [in'tɛrno – es'tɛrno]	Innere – Äußere
(di) sopra ['soːpra]	oben; über
Sopra il tavolo è appesa una lampada.	Über dem Tisch hängt eine Lampe.
(di) sotto ['sotto]	unten; unter
inferiore [inferi'oːre]	untere(r, -s)
superiore [superi'oːre]	obere(r, -s)
È danneggiata solo la parte inferiore.	Nur der untere Teil ist kaputt.
lontano (da) [lon'taːno]	weit (entfernt von)
È lontano il centro? – No, non è lontano da qui.	Ist das Zentrum weit weg? – Nein, es ist nicht weit entfernt von hier.
vicino (a) [vi'tʃiːno a]	nahe, in der Nähe
Abito vicino allo zoo.	Ich wohne in der Nähe des Zoos.
fra / **tra** [fra/tra]	zwischen; unter
Fra la periferia ed il centro ci sono spesso code.	Zwischen dem Umland und dem Zentrum gibt es oft Staus.
Tra i presenti ho visto anche Alessandro.	Unter den Anwesenden habe ich auch Alessandro gesehen.

in mezzo a [in 'mɛddzo a]
In mezzo alla piazza c'è una fontana.

in der Mitte von; unter
In der Mitte des Platzes steht ein Brunnen.

attraverso [attra'vɛrso]
Per raggiungere l'autostrada bisogna passare attraverso il centro.

durch
Um die Autobahn zu erreichen, muss man durchs Zentrum fahren.

oltre (a) ['oltre]
Il tribunale è oltre il fiume.

jenseits; neben; weiter
Das Gericht ist jenseits des Flusses.

Oltre a lui sono venuti anche Maura e Gino.

Neben ihm sind auch Maura und Gino gekommen.

centrale [tʃen'traːle]
laterale [late'raːle]
di ritorno [di ri'torno]
Sarò di ritorno per pranzo, va bene?

mittlere(r, -s); zentral
seitlich
zurück
Ich werde zum Mittagessen zurück sein, o.k.?

in cima [in 'tʃiːma]
Saliamo in cima alla Torre Pendente?

oben; auf der Spitze
Steigen wir auf die Spitze des schiefen Turms?

in giro [in 'dʒiːro]
andare in giro

umher, herum; unterwegs
herumlaufen, -fahren

direzione *f* [diretsi'oːne]
In che direzione devo andare?

Richtung
In welche Richtung soll ich gehen?

lato ['laːto]
opposto [op'posto]
Il rifugio si trova dal lato opposto della valle.

Seite
gegensätzlich, entgegengesetzt
Die Hütte befindet sich auf der entgegengesetzten Seite des Tals.

circondare [tʃirkon'daːre]
Queste spesse mura circondano tutta la rocca.

umgeben
Diese dicken Mauern umgeben die ganze Burg.

distanza [dis'tantsa]
Da Monaco a Milano c'è una distanza di circa 550 km.

Entfernung
Die Entfernung von München bis Mailand beträgt ungefähr 550 km.

posizione *f* [pozitsi'oːne]
La posizione della vostra casa è molto panoramica.

Position
Die Position eures Hauses erlaubt eine schöne Aussicht.

spazio ['spaːtsio]
Siediti che c'è spazio anche per te!

Platz, Raum
Setz' dich, für dich ist auch Platz da!

15.2 Espressioni di tempo
Zeitangaben

giorno ['dʒorno]	Tag

lunedì m [lune'di] (= Montag) • *martedì m* [marte'di] (= Dienstag) • *mercoledì m* [merkole'di] (= Mittwoch) • *giovedì m* [dʒove'di] (= Donnerstag) • *venerdì m* [vener'di] (= Freitag) • *sabato m* ['sa:bato] (= Samstag) • *domenica f* [do'me:nika] (= Sonntag)

mattina / **mattino** [mat'ti:na / -no]	Morgen
Di mattina ci alziamo sempre presto.	Morgens stehen wir immer früh auf.
stamattina [stamat'ti:na]	heute Morgen
presto ['prɛsto]	bald; früh
A presto!	Bis bald!
Domani dobbiamo alzarci presto.	Morgen müssen wir früh aufstehen.
mezzogiorno [meddzo'dʒorno]	Mittag
A mezzogiorno si pranza.	Mittags isst man zu Mittag.
pomeriggio [pome'riddʒo]	Nachmittag
Ci vediamo oggi pomeriggio?	Sehen wir uns heute Nachmittag?
sera ['se:ra]	Abend
tardi ['tardi]	spät
È già tardi, torniamo a casa.	Es ist schon spät, gehen wir heim.
notte *f* ['nɔtte]	Nacht
notturno [not'turno]	nächtlich, Nacht-
buio ['bu:io]	Dunkelheit – dunkel
Che buio!	Ist das dunkel!
mezzanotte *f* [meddza'nɔtte]	Mitternacht
stanotte [sta'nɔtte]	heute Nacht
Stanotte non ho chiuso occhio.	Heute Nacht habe ich kein Auge zugemacht.
sorgere ['sordʒere]	aufgehen
sorgere *m* **del sole** [del 'so:le]	Sonnenaufgang
Ci siamo alzati al sorgere del sole.	Wir sind bei Sonnenaufgang aufgestanden.
tramonto [tra'monto]	Sonnenuntergang
tramontare [tramon'ta:re]	untergehen
Il sole tramonta a occidente.	Die Sonne geht im Westen unter.
settimana [setti'ma:na]	Woche
fine-settimana *m* [finesetti'ma:na]	Wochenende

Buon fine-settimana!	Schönes Wochenende!
mese *m* ['me:ze]	**Monat**
mensile [men'si:le]	**monatlich, Monats-**
anno ['anno]	**Jahr**
stagione *f* [sta'dʒo:ne]	**Jahreszeit**

> *I mesi e le stagioni* (= die Monate und die Jahreszeiten)
> Die Monatsnamen sind alle männlich!
> *gennaio* [dʒen'na:io] (= Januar) • *febbraio* [feb'bra:io] (= Februar) •
> *marzo* ['martso] (= März) • *aprile* [a'pri:le] (= April) • *maggio*
> ['maddʒo] (= Mai) • *giugno* ['dʒu:ɲo] (= Juni) • *luglio* ['lu:ʎo] (= Juli) •
> *agosto* [a'gosto] (= August) • *settembre* [set'tɛmbre] (= September) •
> *ottobre* [ot'to:bre] (= Oktober) • *novembre* [no'vɛmbre] (= November) •
> *dicembre* [di'tʃɛmbre] (= Dezember) • *primavera* [prima've:ra] (= Früh-
> ling, Frühjahr) • *estate f* [es'ta:te] (= Sommer) • *autunno* [au'tunno]
> (= Herbst) • *inverno* [in'vɛrno] (= Winter).

ora ['o:ra]	**Stunde**
ora solare / legale	Winter- / Sommerzeit
mezz'ora [meddz'o:ra]	**halbe Stunde**
minuto [mi'nu:to]	**Minute**
secondo [se'kondo]	**Sekunde**
in punto [in 'punto]	**Punkt, genau**

> *Che ore sono?* (= Wie spät ist es?)
> *Sono le due e dieci* (= zehn nach zwei), *le due e un quarto*
> (= viertel nach zwei), *le due e mezzo/a* (= halb drei), *le tre meno*
> *un quarto* (= viertel vor drei), *le tre in punto* (= Punkt drei Uhr).
> Aber: *È l'una* (= es ist ein Uhr).

istante *m* [is'tante]	**Augenblick, Moment**
momento [mo'mento]	**Moment, Augenblick**
Un momento, per favore!	Einen Augenblick, bitte!
data ['da:ta]	**Datum**
Oggi quanti ne abbiamo?	Der wievielte ist heute?
periodo [pe'ri:odo]	**Zeit, Zeitraum**
secolo ['sɛ:kolo]	**Jahrhundert**
durata – **durare** [du'ra:ta du'ra:re]	**Dauer** – **dauern**
Quanto dura il film?	Wie lange dauert der Film?
fine *f* ['fi:ne]	**Ende, Schluss**
Mi sono perso la fine della trasmissione.	Ich habe das Ende der Sendung verpasst.

finale [fi'na:le]
Schluss-, End-
gli esami finali
die Abschlussprüfungen
finalmente [final'mente]
endlich
Finalmente arrivi!
Endlich kommst du!
alla fine – infine ['alla 'fi:ne – in'fi:ne]
schließlich
Vedi? Alla fine sono venuto!
Siehst du? Schließlich bin ich doch noch gekommen!

definitivo [defini'ti:vo]
endgültig, definitiv
Questo voto è definitivo.
Diese Note ist definitiv.
tempo ['tɛmpo]
Zeit
Il tempo vola.
Die Zeit verfliegt.
da quanto tempo [da ku'anto 'tɛmpo]
wie lange schon
Da quanto tempo studi il tedesco?
Wie lange lernst du schon Deutsch?

in tempo [in 'tɛmpo]
rechtzeitig
Venite in tempo, altrimenti dobbiamo fare la fila!
Kommt rechtzeitig, sonst müssen wir anstehen!
in ritardo [in ri'tardo]
zu spät, verspätet
I treni arrivano spesso in ritardo.
Züge kommen oft zu spät an.
in anticipo [in an'ti:tʃipo]
im Voraus
Bisogna pagare in anticipo?
Muss man im Voraus bezahlen?
volta ['vɔlta]
Mal
prossimo ['prɔssimo]
künftig, nächste(r, -s)
La prossima volta sei puntuale, va bene?
Nächtes Mal bist du pünktlich, o.k.?
puntuale [puntu'a:le]
pünktlich
scorso ['skorso]
vergangen, letzte(r, -s)
L'anno scorso siamo andati al mare.
Letztes Jahr sind wir ans Meer gefahren.
presente *m* [pre'zɛnte]
Gegenwart
questo [ku'esto]
heute (+ *Zeitangabe*)
Questa sera usciamo.
Heute Abend gehen wir aus.
oggi ['ɔddʒi]
heute
al giorno d'oggi [al 'dʒorno 'dɔddʒi]
heutzutage, heute
Al giorno d'oggi è di moda lamentarsi.
Heutzutage ist es „in" zu jammern.
adesso / **ora** [a'dɛsso]
jetzt, nun
Ora non posso, ma tra poco.
Jetzt kann ich nicht, aber bald.
finora [fi'no:ra]
bis jetzt
Finora non posso lamentarmi.
Bis jetzt kann ich nicht klagen.
per ora [per 'o:ra]
für den Augenblick, fürs Erste
Per ora tengo la macchina.
Fürs Erste behalte ich das Auto.

passato [pas'sa:to]
Vergangenheit

ieri [i'ɛ:ri]
gestern

l'altro ieri – ieri l'altro ['laltro i'ɛ:ri]
vorgestern

L'ho visto ieri o ieri l'altro.
Ich habe ihn gestern oder vorgestern getroffen.

l'altro giorno ['laltro 'dʒorno]
kürzlich; neulich

Sai chi ho visto l'altro giorno?
Weisst du, wen ich kürzlich getroffen habe?

di recente [di re'tʃɛnte]
vor kurzem, kürzlich

Di recente hanno inaugurato un monumento.
Vor kurzem ist ein Denkmal eingeweiht worden.

fa [fa] – **poco fa** [pɔ:ko 'fa]
vor – vor kurzem, eben

L'incidente è successo mezz'ora fa.
Der Unfall ist vor einer halben Stunde passiert.

ultimamente [ultima'mente]
in letzter Zeit

Ultimamente si comporta in maniera strana.
In letzter Zeit benimmt er sich merkwürdig.

futuro [fu'tu:ro]
Zukunft; zukünftige(r, -s)

domani [do'ma:ni]
morgen

dopodomani [dopodo'ma:ni]
übermorgen

Andiamo in montagna domani o dopodomani?
Fahren wir morgen oder übermorgen in die Berge?

fra / **tra** [fra / tra]
in

La camera è pronta tra cinque minuti.
Das Zimmer ist in fünf Minuten bereit.

in [in]
in (innerhalb von)

Questo lavoro lo possiamo fare in poche ore.
Diese Arbeit können wir in wenigen Stunden erledigen.

dopo ['dɔ:po]
nach; nachher, später; danach

Dopo una lunga giornata si è stanchi.
Nach einem langen Tag ist man müde.

poi ['pɔ:i]
dann; später

Prima o poi dovremo cambiare appartamento.
Früher oder später werden wir umziehen müssen.

in seguito [in 'se:guito]
danach

a poco a poco [a 'pɔ:ko a 'pɔ:ko]
nach und nach

A poco a poco si faceva buio.
Nach und nach wurde es dunkel.

al più presto [al pi'u 'prɛsto]
sobald wie möglich; frühestens

Sarete richiamati al più presto.
Sie werden sobald wie möglich zurückgerufen.

al più tardi [al pi'u 'tardi]
spätestens

Dobbiamo essere al teatro al più tardi alle sette.
Wir müssen spätestens um sieben im Theater sein.

di nuovo [di nu'ɔ:vo]
Si è messo di nuovo sul bello.

wieder, noch (ein)mal
Das Wetter ist wieder schön
  geworden.

finché [fiŋ'ke]
Finché non studia non può
  raggiungere buoni risultati.

solange
Solange er nicht lernt, kann er
  keine guten Ergebnisse erzielen.

fino a ['fi:no a]
Restiamo fino a domani.

bis
Wir bleiben bis morgen.

già [dʒa]
Sono già le due?

schon
Es ist schon zwei Uhr?

subito ['su:bito]
Un attimo che vengo!

gleich, sofort
Einen Augenblick, ich komme ja!

immediatamente [immediata'mente]

sofort

direttamente [diretta'mente]

direkt, unmittelbar

intanto [in'tanto]

unterdessen, währenddessen

nel frattempo [nel frat'tempo]
Se tu apparecchi la tavola, io nel
  frattempo stendo la biancheria.

währenddessen, inzwischen
Wenn du den Tisch deckst, hänge
  ich inzwischen die Wäsche auf.

<mark>**sempre**</mark> ['sempre]
È sempre la stessa zolfa.

immer
Es ist stets die gleiche Leier.

frequente [freku'ɛnte]
Questo è un errore frequente.

häufig
Das ist ein häufiger Fehler.

<mark>**spesso**</mark> ['spesso]
Vado spesso a spasso.

oft
Ich gehe oft spazieren.

raramente [rara'mente]
Guardi spesso la tv? No, raramente.

selten
Siehst du oft fern? Nein, selten.

raro ['ra:ro]
È raro che lui frequenti gli amici.

rar, selten
Er trifft sich selten mit seinen
  Freunden.

a volte / talvolta [a 'vɔlte / tal'vɔlta]
A volte dormo a lungo.

manchmal
Manchmal schlafe ich aus.

<mark>**mai**</mark> ['ma:i]
Sei mai stato a Roma?

je, jemals
Bist du je in Rom gewesen?

<mark>**non ... mai**</mark> [non ... 'ma:i]
Non, non sono mai stato a Roma.

nie, niemals
Nein, ich bin noch nie in Rom
  gewesen.

pronto ['pronto]
Sei pronto?

bereit, fertig
Bist du soweit?

<mark>**quando**</mark> [ku'ando]
Quando vieni?
Quando il sole picchia, resto
  all'ombra.

wann; wenn; als
Wann kommst du?
Wenn die Sonne stark scheint,
  bleibe ich im Schatten.

15.3 Espressioni di misura e di quantità
Maß- und Mengenangaben

misura – misurare [mi'zu:ra – mizu'ra:re] — **Maß – messen**
misurare la distanza — die Entfernung messen
profondità – profondo [profondi'ta – pro'fondo] — **Tiefe – tief**
Qui il mare è profondo! — Hier ist das Meer tief!
altezza [al'tettsa] — **Höhe**
alto – **basso** ['alto – 'basso] — **hoch – tief; niedrig**
Qui l'acqua non è alta, è bassa. — Hier ist das Wasser nicht hoch, es ist niedrig.

larghezza – largo [lar'gettsa – 'largo] — **Breite; Weite – breit; weit**
lunghezza – lungo [luŋ'gettsa – 'luŋgo] — **Länge – lang**
Il soggiorno misura sei metri di larghezza e cinque metri di lunghezza. — Das Wohnzimmer ist sechs Meter breit und fünf Meter lang.
ampio – angusto ['ampio – an'gusto] — **weit, geräumig – eng**
Per quanto sia ampia la camera dei bambini, la camera da letto è angusta. — Das Kinderzimmer mag ja geräumig sein, aber das Schlafzimmer ist eng.

Misure e pesi [mi'zu:re e pe:zi] **(= Maße und Gewichte)**
millimetro (mm) [mil'li:metro] (= Millimeter) • *centimetro (cm)* [tʃen'ti:metro] (= Zentimeter) • *metro (m)* ['mɛ:tro] (= Meter) • *chilometro (km)* [ki'lɔ:metro] (= Kilometer) • *metro quadrato (m²)* ['mɛ:tro kua'dra:to] (= Quadratmeter) • *ettaro (ha)* ['ɛttaro] (= Hektar) • *litro (l)* ['li:tro] (= Liter) • *grammo (g)* ['grammo] (= Gramm) • *etto(grammo) (hg)* ['ɛtto('grammo)] (= 100 Gramm) • *chilo(grammo) (kg)* ['ki:lo('grammo)] (= Kilogramm) • *tonnellata (t)* [tonnel'la:ta] (= Tonne)

 Kaufen Sie Wurst oder Käse ein, verlangen Sie „*etti*" und nicht „*grammi*"!

peso ['pe:zo] — **Gewicht; Last**
peso netto / lordo — Netto- / Bruttogewicht
pesare [pe'za:re] — **wiegen**
Bisogna pesare la frutta? — Muss man das Obst wiegen?
pesante – **leggero** [pe'sante – led'dʒɛ:ro] — **schwer – leicht**

mucchio ['mukkio]	**Menge; Haufen**
dozzina [dod'dzi:na]	**Dutzend**
mezza dozzina di uova	ein halbes Dutzend Eier
quanto [ku'anto]	**wie viel**
Quanto costano le pere?	Wie viel kosten die Birnen?
Quant'è?	Was macht das?
molto – **poco** ['molto – 'pɔ:ko]	**viel(e) – wenig(e)**
In quel ristorante si mangia bene e si spende poco.	In diesem Restaurant isst man gut und gibt wenig aus.
troppo ['trɔppo]	**zu viel; zu viele**
Non lo prendo, costa troppo.	Ich nehme es nicht, es kostet zu viel.
assai [as'sa:i]	**sehr; viel**
Voglio assai bene alla mia famiglia.	Ich habe meine Familie sehr lieb.
tutto – **(non) niente** ['tutto – (non) ni'ɛnte]	**alle(s); ganz – nichts**
Desidera altro? – No grazie, niente.	Wünschen Sie noch etwas? – Nein danke, nichts.
un po' [un 'pɔ]	**etwas, ein bisschen**
Mi dia ancora un po' di sugo, per favore.	Geben Sie mir bitte noch etwas Sauce.
non ... nessuno [non … nes'su:no]	**niemand, keine(r, -s)**
Qui non c'è nessuno.	Hier ist niemand.
né ... né [ne]	**weder ... noch**
né l'uno né l'altro	weder das eine noch das andere
non ... affatto [non … af'fatto]	**gar nicht, überhaupt nicht**
Non ho affatto sonno.	Ich bin überhaupt nicht müde.
più [pi'u] – **meno** ['me:no]	**mehr – weniger** *(oder mit Komparativ übersetzt)*
più o meno	mehr oder weniger
È più alto di suo fratello.	Er ist größer als sein Bruder.
il / la più [il / la pi'u]	*(mit dem Superlativ übersetzt)*
Lì fanno la pizza più buona del paese.	Dort machen sie die beste Pizza des Ortes.
circa ['tʃirka]	**etwa, ungefähr**
Costerà circa 50 euro.	Es wird etwa 50 Euro kosten.
quasi [ku'a:zi]	**fast**
Aspetta che ho quasi finito.	Warte, ich bin fast fertig.
massimo – **minimo** ['massimo – 'mi:nimo]	**höchste – niedrigste, geringste**
il prezzo minimo è di ...	der Mindestpreis beträgt ...
al massimo – **al minimo** [al 'massimo – al 'mi:nimo]	**höchstens – mindestens**

Al massimo prendo un caffè, sono pieno.
Ich nehme höchstens einen Kaffee, ich bin voll.

aumento [au'mento]
Erhöhung

aumentare [aumen'ta:re]
steigern, erhöhen; zunehmen, steigen

I prezzi della benzina aumentano.
Die Benzinpreise steigen.

Hanno aumentato ancora le tariffe per gli ombrelloni.
Die Sonnenschirmtarife sind schon wieder erhöht worden.

riduzione f [ridutsi'o:ne]
Verringerung, Senkung

ridurre [ri'durre]
verringern; senken

Qui hanno ridotto i prezzi.
Hier sind die Preise gesenkt worden.

ridursi [ri'dursi]
zurückgehen

Il numero dei fumatori si è ridotto sensibilmente.
Die Anzahl der Raucher ist deutlich zurückgegangen.

diminuire [diminu'i:re]
verringern; sinken

La temperatura stanotte è diminuita di dieci gradi.
Die Temperatur ist heute Nacht um zehn Grad gesunken.

limite m ['li:mite]
Grenze, Begrenzung

limitare [limi'ta:re]
be-, einschränken; begrenzen

Dobbiamo limitare le spese.
Wir müssen die Ausgaben einschränken.

comprendere [kom'prɛndere]
beinhalten; umfassen

Il pacchetto viaggio comprende un'escursione.
Das Reisepaket beinhaltet einen Ausflug.

contenere [konte'ne:re]
enthalten

Questa confezione contiene mezzo chilo di pesce.
Diese Packung enthält ein halbes Kilo Fisch.

medio ['mɛdio]
durchschnittlich, Durchschnitts-

il prezzo medio è di ...
der Durchschnittspreis beträgt ...

metà [me'ta]
Hälfte

la metà di una mela
die Hälfte von einem Apfel

mezzo ['mɛddʒo]
halb

Mezzo chilo di patate, per favore.
Ein Pfund Kartoffeln, bitte.

quarto [ku'arto]
Viertel

Prendo un altro quarto di vino!
Ich nehme noch ein Viertel Wein!

numeroso [nume'ro:so]
zahlreich, viel; groß

In Italia ci sono pochissime famiglie numerose.
In Italien gibt es außerordentlich wenige große Familien.

in totale [in to'ta:le]
insgesamt

In totale mi devi ... .
Insgesamt schuldest du mir ... .

unico ['u:niko]
einzige(r, -s)

affatto [af'fatto]
durchaus, ganz und gar

16.1 Libri ed editoria
Bücher und Verlagswesen

editoria [edito'ri:a]	**Verlagswesen**
casa editrice ['ka:sa edi'tri:tʃe]	**Verlag**(shaus)
La Hueber è una casa editrice di libri di lingue.	Hueber ist ein Sprachbuch-Verlag.
pubblicare [pubbli'ka:re]	**veröffentlichen; publizieren; verlegen**

Il libro è stato pubblicato lo scorso maggio. (= Das Buch ist im vergangenen Mai erschienen.) • *pubblicare un libro* (= ein Buch herausbringen) • *lanciare un libro sul mercato* (= ein Buch auf den Markt bringen)

editoriale [editori'a:le]	**Lektorats-; Redaktions-**
(articolo) editoriale	Leitartikel
libro ['li:bro]	**Buch**

i Typisch für Italien ist die *bancarella* [banka'rɛlla], ein Bücherstand unter freiem Himmel mit gebrauchten oder antiquarischen Büchern und Remittenden.

libro illustrato ['li:bro illus'tra:to]	**Bilderbuch**
Quale libro illustrato ci guardiamo?	Welches Bilderbuch sehen wir uns an?
enciclopedia [entʃiklope'di:a]	**Enzyklopädie; Lexikon**
(Lui) è un enciclopedia ambulante.	Er ist ein wandelndes Lexikon.
dizionario [ditsio'na:rio]	**Wörterbuch**
cercare un termine nel dizionario	einen Begriff im Wörterbuch suchen
manuale *m* [manu'a:le]	**Handbuch**
consultare un manuale	in einem Handbuch nachschlagen
catalogo [ka'ta:logo]	**Katalog**
elenco [e'lɛnko]	**Verzeichnis; -buch**
elenco telefonico	Telefonbuch
elenco degli indirizzi	Adressbuch
libreria [libre'ri:a]	**Buchhandlung; Bücherschrank**
Da quando ci sono negozi virtuali le librerie sono in crisi.	Seit es Onlineshops gibt, stecken die Buchhandlungen in der Krise.

biblioteca [biblio'te:ka] — Bibliothek; Bücherei
prendere in prestito un libro — ein Buch aus der Bücherei
  dalla biblioteca —   entleihen
libro tascabile / tascabile *m* — Taschenbuch
copertina (di un libro) — **Umschlag**
  [koper'ti:na (di un 'li:bro)]
copertina salvalibri — Schutzumschlag
introduzione *f* [introdutsi'o:ne] — **Einleitung; Einführung**
introduzione di Sergio Albertini — Einführung von Sergio Albertini
introduzione all'architettura — Einführung in die Architektur
pagina ['pa:dʒina] — (Buch-)**Seite**
vedi a pagina diciannove — siehe Seite neunzehn
autore(-trice) [au'to:re(-'tri:tʃe)] — **Autor(in)**
Stefano Benni è un noto autore — Stefano Benni ist ein bekannter
  satirico contemporaneo. —   zeitgenössischer Satiriker.
lettore(-trice) [let'to:re(-'tri:tʃe)] — **Leser(in); Lektor(in)**
I lettori non vedono l'ora che — Die Leser können es gar nicht
  venga pubblicato il nuovo —   abwarten, dass der neue Band
  volume di Harry Potter. —   von Harry Potter erscheint.
tradurre – **traduzione** *f* — **übersetzen / übertragen** –
  [tra'durre – tradutsi'o:ne] —   **Übersetzung**
Quando parlo, traduco ancora — Wenn ich spreche, übersetze
  dal tedesco in italiano. —   ich noch vom Deutschen ins
 —   Italienische.

stampare – **stampa** [stam'pa:re – — **drucken** – **Druck**
  'stampa]
stampato su carta priva di acidi — auf säurefreiem Papier gedruckt
copia ['kɔ:pia] — **Exemplar**
cinque copie del libro — fünf Exemplare des Buches

 Ein sehr spannendes Buch ist *un libro avvincente*.

archivio [ar'ki:vio] — **Archiv**
Nell'archivio conserviamo — Im Archiv bewahren wir antike
  documenti e libri antichi. —   Dokumente und Bücher auf.
documento [doku'mento] — **Dokument; Ausweis; Papier**
Favorisca i documenti. — Ihre Papiere, bitte.

Informazione e comunicazione

16.2 La stampa
Die Presse

stampa ['stampa]	Presse
stampa rosa / scandalistica	Regenbogenpresse; Klatschpresse
realtà [real'ta]	**Wahrheit; Wirklichkeit**
La stampa ogni tanto distorce la realtà.	Die Presse verdreht manchmal die Wahrheit.
attuale [attu'a:le]	**derzeitig, gegenwärtig; aktuell**
attualità [attuali'ta]	**Aktualität**
i (mass) **media** sono ... [i 'mæs 'mi:diə 'so:no]	die (Massen-)**Medien** sind ...
un evento per i mass media	ein Medienereignis
giornalista m / f [dʒorna'lista]	**Journalist(in)**
giornale m [dʒor'na:le]	**Zeitung**
leggere qualcosa sul giornale	etwas in der Zeitung lesen
apparire [appa'ri:re]	**(er)scheinen**
Questa testata appare ogni giovedì.	Dieses Blatt erscheint jeden Donnerstag.
giornalaio(-a) [dʒorna'la:io]	**Zeitungshändler(in)**
edicola [e'di:kola]	**Zeitungskiosk; Zeitungsstand**
In quell'edicola hanno una scelta molto vasta.	An diesem Zeitungsstand haben sie eine sehr große Auswahl.
cronaca ['krɔ:naka]	**Bericht; Nachrichtenteil**
cronaca nera	Nachrichtenteil über Verbrechen und Unfälle
titolo ['ti:tolo]	**Titel**
sottotitolo	Untertitel
articolo [ar'ti:kolo]	**Artikel**
quotidiano [kuotidi'a:no]	**Tageszeitung**
settimanale m [settima'na:le]	**Wochenzeitung / -zeitschrift**
periodico [peri'ɔ:diko]	**Zeitschrift**
periodico mensile / satirico	eine Monats- / satirische Zeitschrift
rivista [ri'vista]	**Magazin; Zeitschrift**
rivista di attualità / di informazioni	Nachrichtenmagazin
informazione f – **informare** [informatsi'o:ne – infor'ma:re]	**Information – informieren**
leggere un'informazione sul giornale	eine Information in der Zeitung lesen
annuncio [an'nuntʃo]	**Bekanntgabe; Annonce**
mettere un annuncio sul giornale	eine Annonce in die Zeitung setzen

annunciare [annun'tʃa:re]
ankündigen

comunicare – **segnalare**
berichten; melden; ankündigen
[komuni'ka:re – seɲa'la:re]

riportare [ripor'ta:re]
berichten

Quell'avvenimento è stato ripor-
Über dieses Ereignis wurde in
tato da tutti i giornali.
allen Zeitungen berichtet.

avvenimento – **avvenire**
Ereignis – geschehen,
[avveni'mento – avve'ni:re]
sich ereignen

faccenda [fat'tʃɛnda]
Angelegenheit, Sache

evento [e'vɛnto]
Ereignis

Di quell'evento hanno parlato
Über dieses Ereignis haben alle
tutte le riviste specializzate.
Fachzeitschriften berichtet.

caso ['ka:so]
Fall

esagerare [ezadʒe'ra:re]
übertreiben

questione *f* [kuesti'o:ne]
Frage

la questione del Meridione
die Süditalienfrage

avvertire [avver'ti:re]
benachrichtigen; warnen

critica – **criticare** ['kri:tika – -a:re]
Kritik – kritisieren

La stampa ha aspramente criticato
Die Presse hat die Regierung
il governo.
harsch kritisiert.

servizio [ser'vi:tsio]
Bericht; Reportage

un servizio sulla mafia
ein Bericht über die Mafia

bollettino [bollet'ti:no]
Meldung; Nachricht; Bulletin

bollettino meteorologico
Wetterbericht

notizia [no'ti:tsia]
Nachricht

dare / divulgare una notizia
eine Nachricht bringen / verbreiten

copertina [koper'ti:na]
(*Magazin*) Titelseite

articolo di prima pagina / dossier *m*
Titelgeschichte

rubrica [ru'bri:ka]
Spalte; Teil

rubrica sportiva / economica
Sport- / Wirtschaftsteil

supplemento [supple'mento]
Beilage

supplemento della domenica
Sonntagsbeilage

redattore(-trice) [redat'to:re(-'tri:tʃe)]
Redakteur(in)

redazionale [redatsio'na:le]
Redaktions-

redazione *f* [redatsi'o:ne]
Redaktion

corrispondente *m / f* [korrispon'dɛnte]
Korrespondent(in)

dal nostro corrispondente
eigener Bericht

portavoce *m / f* [porta'vo:tʃe]
(Presse-)**Sprecher(in)**

abbonarsi – **abbonato(-a)** –
abonnieren – Abonnent(in) –
abbonamento [abbo'narsi –
Abonnement
abbo'na:to – abbona'mento]

abbonarsi a un giornale
eine Zeitung abonnieren

Informazione e comunicazione

16.3 Radio e televisione
Rundfunk und Fernsehen

radio f ['ra:dio]	Rundfunk / Radio(gerät)
ascoltare la radio	Radio hören
L'ho sentito alla radio.	Das habe ich im Radio gehört.
giornale radio m	Nachrichtensendung im Radio
radioascoltatore(-trice)	Rundfunkhörer(in)
televisione / TV f – televisivo	(das) **Fernsehen** – **Fernseh-**
[televizi'o:ne / ti'vu – televi'zi:vo]	
Cosa c'è in televisione stasera?	Was gibt's heute Abend im Fernsehen?
guardare la televisione / la TV	fernsehen
telespettatore(-trice)	Fernsehzuschauer(in)
telegiornale m [teledʒor'na:le]	**Nachrichten**
Stasera dobbiamo guardare il telegiornale.	Heute Abend müssen wir die Nachrichten ansehen.
televisore m [televi'zo:re]	**Fernseher**
Posso accendere il televisore?	Kann ich den Fernseher anmachen?
telecomando [teleko'mando]	**Fernbedienung**
Bambini, dov'è il telecomando?	Kinder, wo ist die Fernbedienung?
registrare [redʒis'tra:re]	**aufzeichnen, aufnehmen**
Potresti registrarmi il film?	Könntest du mir den Film aufnehmen?
trasmettere [traz'mettere]	**senden; übertragen; ausstrahlen**
trasmettere un evento in diretta	ein Event live übertragen
in diretta [in di'rɛtta]	**live**
canale m [ka'na:le]	(Fernseh-)**Kanal / Programm**
cambiare canale	umschalten
programma m [pro'gramma]	**Sendung**
programma per i bambini	Kindersendung
intervista [inter'vista]	**Interview**
Dai vieni, che fanno un'intervista a Trapattoni!	Komm' schon, Trapattoni wird interviewt!
episodio / puntata [epi'zɔ:dio / pun'ta:ta]	**Folge** (einer Fernsehserie)
un film in / di sei puntate	ein Film in sechs Folgen
ripetizione f [ripetitsi'o:ne]	**Wiederholung**
ripetere [ri'pɛ:tere]	**wiederholen**
Stasera ripetono la prima puntata che mi sono perso.	Heute Abend wird die erste Folge wiederholt, die ich verpasst habe.

16.4 Il servizio postale
Der Postdienst

posta ['pɔsta]	**Post**
Lo mandiamo per posta.	Wir schicken es mit der Post.
postale [po'sta:le]	**Post-**
codice *m* postale	(die) Postleitzahl
ufficio postale	Post(filiale /-amt)
lettera ['lettera]	**Brief**
cartolina [karto'li:na]	**Postkarte**
imbucare [imbu'ka:re]	**einwerfen**
Vado a imbucare la lettera.	Ich geh' den Brief einwerfen.
buca delle lettere ['bu:ka 'delle lɛttere]	**Briefkasten**
cassetta delle lettere [kas'setta 'delle 'lɛttere]	**(Haus)briefkasten**
Quanta pubblicità oggi nella cassetta!	Soviel Werbung heute im Briefkasten!
mandare [man'da:re]	**schicken, senden**
ricevere [ri'tʃe:vere]	**erhalten, bekommen**
Chi non manda lettere, non ne riceve.	Wer keine Briefe verschickt, bekommt auch keine.
pacco ['pakko]	**Paket**
pacchetto [pak'ketto]	**Päckchen**
stampe *fpl* ['stampe]	**Drucksachen**
urgente [ur'dʒɛnte]	**dringend, eilig**
per **espresso** [es'prɛsso]	als **Eilbrief**
in **contrassegno** [kontras'seɲo]	per **Nachnahme**
raccomandata [rakkoman'da:ta]	**Einschreiben**
raccomandata con ricevuta di ritorno	per Einschreiben mit Rückschein
mittente *m / f* [mit'tɛnte]	**Absender(in)**
destinatario [destina'ta:rio]	**Empfänger**
indirizzo [indi'rittso]	**Adresse**
timbro – timbrare ['timbro – tim'bra:re]	**Stempel – stempeln**
affrancatura [affranka'tu:ra]	**Porto**
francobollo [franko'bollo]	**Briefmarke**
dieci francobolli da 45 centesimi	zehn Briefmarken zu 45 Cents

Für Postzusteller(in) / Briefträger(in) / Postfrau etc. gibt es mehrere Entsprechungen: *il postino / la postina, il / la portalettere.*

16.5 Telefono, fax e cellulare
Telefon, Fax und Handy

telefono – telefonico
[te'lɛ:fono – tele'fɔ:niko]
Il nostro telefono è guasto.
rispondere al telefono
telefono senza filo (il cordless)
far installare un nuovo allaccia-
mento telefonico
tariffe *fpl* telefoniche
servizio informazione telefonica
elenco telefonico [e'lɛŋko tele-
'fo:niko]
consultare l'elenco telefonico
le **pagine gialle** ['pa:dʒine 'dʒalle]
guardare sulle pagine gialle
carta telefonica ['karta tele'fo:nika]
telefono a carta telefonica
carta ricaricabile ['karta rikari-
'ka:bile]
carta SIM
ricaricare [rikari'ka:re]
Come faccio a ricaricare questa
carta?
cabina telefonica [ka'bi:na tele-
'fo:nika]
Ormai le cabine telefoniche non
funzionano più a gettoni.
segreteria telefonica [segrete'ri:a
tele'fo:nika]
Questa è la segreteria telefonica
di Paolo Ponfo. Se volete, lascia-
temi un messaggio dopo il beep.

telefonare – telefonata
[telefo'na:re – telefo'na:ta]
Ti telefono stasera.
fare una telefonata
chiamare – **chiamata** / **(dare un)**
colpo di telefono [kia'ma:re –
kia'ma:ta / 'kolpa di tele'fono]

Telefon – Fernsprech- / Telefon-

Unser Telefon ist gestört.
ans Telefon gehen
schnurloses Telefon
einen neuen Anschluss einrichten
lassen
Telefongebühren
(die) Telefonauskunft
Telefonbuch

im Telefonbuch nachschauen
die **Gelben Seiten**
in den gelben Seiten nachschauen
Telefonkarte
Kartentelefon
Prepaid-Karte

SIM-Karte
wiederaufladen
Wie kann ich diese Karte
wiederaufladen?
Telefonzelle

Inzwischen funktionieren Telefon-
zellen nicht mehr mit Münzen.
Anrufbeantworter

Das ist der Anrufbeantworter von
Paolo Ponfo. Wenn Sie wollen,
hinterlassen Sie mir eine Nachricht nach dem Piepton.
anrufen – Anruf

Ich rufe dich heute Abend an.
ein Telefongespräch führen
anrufen – Anruf / Telefonat

Posso richiamarLa? | Kann ich Sie zurückrufen?
Grazie della chiamata. | Vielen Dank für den Anruf.
Dammi un colpo di telefono! | Ruf mich doch mal an!

 „**Mit** jemandem telefonieren" heißt im Italienischen *telefonare a qualcuno* (nicht etwa „*con*"!) oder *chiamare qualcuno*!

sillabare [silla'ba:re] | **buchstabieren**
Mi può sillabare il Suo nome? | Können Sie mir Ihren Namen buchstabieren?

chiamata (inter)urbana | **Orts- / Ferngespräch**
[kia'ma:ta (inter)ur'ba:na]
Per le chiamate interurbane bisogna fare il prefisso. | Bei Ferngesprächen muss man die Vorwahl wählen.
numero di telefono / telefonico | **Telefonnummer**
['nu:mero di te'lɛ:fono / tele'fɔ:niko]
Può chiamarmi a questo numero. | Sie können mich unter dieser Nummer anrufen.

Ha sbagliato numero. | Sie sind falsch verbunden.
fare un numero | eine Nummer wählen
numero verde | gebührenfrei anrufbare Nummer

 Come dire un numero telefonico (= Wie man Telefonnummern spricht)
Dalla Germania il prefisso per l'Italia è 0039 (zero zero trentanove).
Il prefisso per Roma è 06 (zero sei).
Il nostro numero è 06 / 82 57 071 (zero sei, ottantadue, cinquanta-sette, zero settantuno).
Il mio numero di fax è 561 790 53 (cinquecentosessantuno, sette-centonovanta, cinquantatré).

prefisso [pre'fisso] | **Vorwahl(nummer)**
Per chiamare l'Italia dalla Germania, bisogna fare anche lo zero del prefisso della città. | Um aus Deutschland nach Italien anzurufen, muss man die Null der Städtevorwahl mitwählen.
segnale *m* [se'ɲa:le] | **Signal; -zeichen**
segnale di libero | Freizeichen; Wählton; Rufton
occupato [okku'pa:to] | **besetzt**
È occupato. | Die Nummer ist besetzt.

Modi di dire usati al telefono (= Redensarten, die man am Telefon benutzt)
Pronto? (= Hallo?) • *Chi parla?* (= Wer ist da?) • *Parlo con la signora Rossi?* (= Ist da Frau Rossi?) • *Al telefono.* (= Am Apparat) •

Posso parlare con Cristina? (= Kann ich bitte Christina sprechen?) •
Gliela passo subito / La collego subito. (= Moment, ich verbinde
Sie.) • *Attenda un momento.* (= Einen Augenblick bitte.) • *Attenda
in linea* (= Bleiben Sie dran.) • *Sono Mario Bianchi* (= Hier ist/
spricht Mario Bianchi.) • *Può parlare un pò più forte, per favore?*
(= Können Sie bitte ein bisschen lauter sprechen?) • *È caduta la
linea.* (= Die Verbindung ist unterbrochen worden.)

 Für das deutsche Substantiv „der/die Anrufer(in)" gibt es im
Italienischen keine genaue Entsprechung. Man würde den Anrufer
mit *„colui che chiama"* übersetzen.

collegamento / linea	Verbindung
[kollega'mento / 'li:nea]	
un cattivo collegamento	eine schlechte Verbindung /Leitung
ricevitore *m* / **cornetta**	(Telefon-)Hörer
[ritʃevi'to:re / kor'netta]	
alzare la cornetta	den Hörer abnehmen
(ri)attaccare (la cornetta)	einhängen; auflegen
fax *m* – **spedire per / via fax /**	(Tele-)**Fax** – **faxen**
faxare [faks – spe'di:re per / 'vi:a	
faks / fak'sa:re]	
Le do il numero del mio fax.	Ich gebe Ihnen meine Faxnummer.
Glielo trasmettiamo per / via fax.	Wir faxen es Ihnen durch.
telefax *m* [tele'faks]	(Tele-)**Faxgerät**
(telefono) cellulare *m* / **telefonino**	Handy / Mobiltelefon
[(te'lɛ:fono) tʃellu'la:re / telefo'ni:no]	
telefono (cellulare) veicolare	Autotelefon
batteria [batte'ri:a]	**Akku(mulator)**
Sbrigati, che la mia batteria	Beeil' dich, mein Akku ist fast
è quasi scarica!	leer!
carico / scarico	voll / leer (*Akku*)
un **SMS** *m* [un 'ɛsse 'emme'ɛsse]	eine **SMS**
inviare un **MMS** *m*	eine **MMS** versenden
[un 'ɛmme 'ɛmme 'ɛsse]	
suoneria [suone'ri:a]	**Klingelton**
In questo sito puoi scaricare	Auf dieser Site kannst du
suonerie.	Klingeltöne downloaden.
auricolare *m* [auriko'la:re]	**Headset**
Anche in Italia è proibito telefo-	Auch in Italien ist es verboten, im
nare in macchina senza vivavoce	Auto ohne Freisprecheinrichtung
o auricolare.	oder Headset zu telefonieren.

16.6 Il computer
Computer

informatica [infor'ma:tika]	(die) **Informatik**
computer *m* – **calcolatore** *m* [kompi'u:ter – kalkola'to:re]	**Computer – Rechner**
lavorare al computer	am Computer arbeiten
immettere dati *mpl* nel computer	Daten in den Computer eingeben
(far) partire il computer	den Computer starten
portatile *m* [por'ta:tile]	**tragbar; Laptop**
palmare *m* [pal'ma:re]	**Palm® / Handheld**
usare [u'za:re]	**benutzen; bedienen**
Sai usare il computer?	Kannst du mit einem Computer umgehen?
hardware *m* ['ard:uɛr]	**Hardware**
disco fisso ['disko 'fisso]	**Festplatte**
software *m* ['sɔft:uɛr]	**Software**
sistema operativo	Betriebssystem
tastiera [tasti'ɛ:ra] – **tasto** ['tasto]	**Tastatur – Taste**
premere il tasto Enter	Eingabetaste drücken
mouse *m* ['maʊs]	**Maus**
tappetino	Mouse Pad
schermo / monitor *m* ['skermo / 'mɔnitɔr]	**Bildschirm**
stampante *f* [stam'pante]	**Drucker**
stampa – stampare ['stampa – stam'pa:re]	**Ausdruck – drucken**
stampare un testo	einen Text drucken
scanner *m* ['skænə(r)]	**Scanner**
scandire / scannerizzare	scannen
modem *m* ['mɔdem]	**Modem**
dischetto [dis'ketto]	**Diskette**
CD-ROM *m* [tʃidi'rɔm]	**CD-ROM**
programma *m* [pro'gramma]	**Programm**
(far) girare	laufen (lassen) *(Programm)*
dati *mpl* ['da:ti]	**Daten**
trasmissione *f* (di) dati	Datenübertragung / -transfer
file *m* ['faɪl]	**Datei**
creare un file	eine Datei anlegen / erstellen
simbolo ['simbolo]	**Symbol**
fare doppio clic su un simbolo	auf ein Bildsymbol doppelklicken
copiare – copia [kopi'a:re – 'kɔ:pia]	**kopieren – Kopie**

Mi copi questo videogioco?

accesso [at'tʃesso] a Internet

accedere ai dati

(s)caricare [(s)kari'kaːre]

scaricare un file dalla rete

attivare / cliccare [atti'vaːre / klik'kaːre]

cliccare (su) una opzione

eseguire [ezegu'iːre]

eseguire un comando

uscire [u'ʃiːre]

uscire da un programma

evidenziare [evidentsi'aːre]

elaborare [elabo'raːre]

elaborare dei dati

| **cancellare** | [kantʃel'laːre]

Quale cretino mi ha cancellato tutto il mio lavoro?!

salvare / memorizzare [sal'vaːre / memorid'dzaːre]

salvare un file

memoria [me'mɔːria]

capacità di memoria

| **errore** | *m* [er'roːre]

correggere un errore

crollare – crollo [krol'laːre – 'krɔllo]

Ieri mi è crollato il computer.

piantarsi – ripartire [pian'tarsi – ripar'tiːre]

Mi si è piantato il programma.

installare – installazione *f* [instal'laːre – installatsi'oːne]

| **accendere** | **– spegnere** [at'tʃendere – 'speɲɲere]

registrarsi ['farsi redʒis'traːre]

registrarsi su / in un sito

riconoscere – riconoscimento [riko'noʃere – rikonoʃʃi'mento]

codice *m* ['kɔːditʃe]

codice a barre

Kopierst du mir dieses Videospiel?

Zugang zum Internet

auf Daten zugreifen

laden

eine Datei aus dem Netz herunterladen

aktivieren; anklicken

eine Option anklicken

ausführen

einen Befehl ausführen

verlassen

ein Programm verlassen

hervorheben; markieren

editieren; bearbeiten

Daten bearbeiten

löschen

Welcher Idiot hat mir meine ganze Arbeit gelöscht?

(ab)speichern; sichern

eine Datei speichern

Speicher

Speicherkapazität

Fehler

einen Fehler beheben

abstürzen – Absturz (*Computer*)

Gestern ist mir der Computer abgestürzt.

hängen bleiben – wieder laufen (*Computer + Programm*)

Mein Programm hat sich aufgehängt.

installieren – Installation

an- / einschalten – ab- / ausschalten

sich anmelden

sich auf / bei einer Seite anmelden

erkennen / lesen – Erkennung (*bei Maschinen*)

Code

Strichcode; Barcode; Balkencode

aggiornare [addʒor'na:re]	**aktualisieren**
aggiornare il software	die Software aktualisieren
Internet *f* [inter'nɛt]	**Internet**
navigare (in Internet) [navi'ga:re]	(im Internet) **surfen**
motore *m* **di ricerca**	**Suchmaschine**
[mo'to:re 'di ri'tʃerka]	
cercare in Internet / in rete	im Internet suchen
@/ chiocciola [at - ki'ɔttʃola]	**at / Klammeraffe**
dominio [do'mi:nio] **Internet**	**Domain**
riservare un dominio	eine Domain reservieren
sito Internet (web) / **homepage** *f*	**Website / Homepage**
['si:to inter'nɛt / 'uɛb / 'ompeidʒ]	
visitare un sito	eine Site besuchen
internauta *m/f* / **navigatore** *m*	**Surfer** (im Internet)
[inter'nau:ta / naviga'to:re]	
connettersi – (di)sconnettersi	**sich einloggen – sich ausloggen**
[kon'nɛttersi – (di)skon'nɛttersi]	
chatroom *f* – **chattare / ciattare**	**Chatroom – chatten**
[tʃat'ru:m – tʃat'ta:re]	
Devo chattare per vedere se trovo	Ich muss chatten um zu sehen, ob
quella parte di ricambio.	ich nicht dieses Ersatzteil finde.
password *f* [pass:uord]	**Passwort / Benutzerkennwort**
digitare la password	das Passwort eingeben
commercio elettronico /	**elektronischer Handel**
e-commerce *m* [kom'mɛr:tʃo	
elet'trɔ:niko – i'komers]	
DVD *m* [divu'di]	**DVD** (Digital Versatile Disc)
masterizzare un DVD	eine DVD brennen
virus *m* ['vi:rus]	**Virus**
beccarsi un virus	sich einen Virus (ein)fangen
(programma) antivirus *m*	Antivirusprogramm
rimuovere / eliminare un virus	einen Virus entfernen
e-mail *f* / **posta elettronica**	**E-Mail; elektronische Post**
[i'mɛɪl / 'posta elet'trɔ:nika]	
inviare / ricevere un'e-mail	eine E-Mail versenden / erhalten
messaggio [mes'saddʒo]	**Mitteilung; Meldung**
indirizzo e-mail [indi'ritt:so i'mɛɪl]	**E-Mail-Adresse**
mailbox *f* / casella di posta	**Mailbox**
elettronica [mɛɪlbɔks]	
controllare le e-mail	die E-Mails abfragen
allegato (e-mail) / attachment *m*	(E-Mail) Anlage

Information und Kommunikation

17.1 Veicoli a motore e traffico stradale
Kraftfahrzeuge und Straßenverkehr

veicolo (a motore) [ve'i:kolo]	(Kraft-)**Fahrzeug**
un **mezzo di trasporto** efficiente [un 'mɛddzo di tras'pɔrto effi'tʃɛnte]	ein effizientes **Transport-** / **Verkehrsmittel**
automezzo [auto'mɛddzo]	**Kraftfahrzeug**
vietato per automezzi pesanti	für LKWs gesperrt
auto(mobile) *f* [auto'mɔ:bile]	**Auto**
autonoleggio	Autovermietung
auto presa a noleggio	Mietwagen
automobilista *m* / *f* [automobi'lista]	**Autofahrer(in)**
autista *m* / *f* [au'tista]	**Chauffeur(-in), Fahrer(in)**
Gli uomini politici si fanno accompagnare da autisti.	Politiker lassen sich von Chauffeuren fahren.
macchina ['makkina]	**Auto**
In genere vado in macchina.	Meistens fahre ich mit dem Wagen.
È a un'ora di macchina (da qui).	Mit dem Auto ist es eine Stunde (von hier).
usato [u'za:to]	**gebraucht, Gebraucht-**
Hai una nuova macchina? – Sì, ma l'ho comprata usata.	Hast du ein neues Auto? – Ja, aber ich habe es gebraucht gekauft.
veloce – **lento** [ve'lo:tʃe – 'lɛnto]	**schnell – langsam**
Il traffico diventa sempre più veloce.	Der Verkehr wird immer schneller.
camion *m* ['ka:mion]	**Lastwagen; Lkw; Laster**
camion con rimorchio	Lkw mit Anhänger
furgone *m* [fur'go:ne]	**Lieferwagen**
(auto)furgone	(geschlossener) Lieferwagen
motocicletta [mototʃi'kletta]	**Motorrad**
motorino	Moped
Per i motociclisti il casco è obbligatorio.	Für Motorradfahrer ist das Tragen eines Helms vorgeschrieben.
obbligatorio [obbliga'tɔ:rio]	**vorgeschrieben, obligatorisch**
guidare [gui'da:re]	**fahren** (*am Steuer sitzen*)
(Lei) guida molto bene.	Sie fährt sehr gut.
accompagnare [akkompa'ɲa:re]	**jemanden (irgendwohin) fahren**
Vuole che l'accompagni a casa?	Soll ich Sie nach Hause fahren?
andare in / con [an'da:re in / kon]	**fahren mit**

Andiamo in macchina o in moto?   Fahren wir mit dem Auto oder
mit dem Motorrad?

 Das Wort „**fahren**" wird auf unterschiedliche Weise übersetzt: Wenn
„Auto fahren" gemeint ist, übersetzt man es mit *guidare*; im Sinne
von „sich mit einem Kraftfahrzeug fortbewegen" heißt es *andare*
und im Sinne von „jemanden bringen" heißt es *accompagnare*.

andare a 90 km all'ora	90 km/h schnell fahren
giungere ['dʒundʒere]	**gelangen; erreichen**
giungere a destinazione	ans Ziel gelangen
pendolare *m* / *f* [pendo'la:re]	**Pendler(in)**
fare il pendolare	pendeln
dare un passaggio ['da:re un pas'saddʒo]	**mitnehmen**
Può darmi un passaggio?	Können Sie mich mitnehmen?
accelerare – rallentare [attʃele'ra:re – rallen'ta:re]	**beschleunigen – langsamer fahren, gehen, werden**
Rallenta che c'è il limite di velocità!	Fahr' langsamer, hier gibt's eine Geschwindigkeitsbegrenzung!
limite *m* **di velocità** ['li:mite di velotʃi'ta]	**Geschwindigkeitsbegrenzung, zulässige Höchstgeschwindigkeit**
sorpassare [sorpas'sa:re]	**überholen**
Bisogna sorpassare con prudenza.	Man muss vorsichtig überholen.
girare [dʒi'ra:re]	**abbiegen**
voltare [vol'ta:re]	**abbiegen; umblättern**
Deve girare / voltare alla prossima traversa.	Sie müssen an der nächsten Querstraße abbiegen.
imboccare l'autostrada [imbok'ka:re]	in die Autobahn **einbiegen**
raggiungere [rad'dʒundʒere]	**erreichen; nachkommen**
Dopo circa un chilometro raggiunge un semaforo.	Nach etwa einem Kilometer erreichen Sie eine Ampel.
Quando ci raggiungete?	Wann kommt ihr nach?
fermare [fer'ma:re]	**(an)halten**
La polizia lo ha fermato.	Die Polizei hat ihn angehalten.
fermarsi [fer'marsi]	**(an)halten; sich aufhalten, bleiben**
Papà, fermati che mi scappa!	Papa, halt' an, ich muss mal!
Per quanto tempo vi fermate a Forte dei Marmi?	Wie lange bleibt ihr in Forte dei Marmi?
sostare [sos'ta:re]	**anhalten; stehen bleiben**
È vietato sostare sulla corsia d'emergenza.	Es ist verboten, auf dem Stand- / Pannenstreifen stehen zu bleiben.

perdere la strada / perdersi
['pɛrdere la 'straːda / 'pɛrdersi]
Questa è una strada bianca, amore.
Temo che ci siamo persi.

sich verlaufen, sich verirren;
sich verfahren
Diese Straße ist nirgendwo ein-
gezeichnet, Liebling. Ich fürchte,
wir haben uns verirrt.

strada ['straːda]

Straße (als Verkehrsweg allgemein
und außerhalb von Städten)

stradale [stra'daːle]
via ['viːa]
Abitavo in Via Frapolli.
strada secondaria / trasversale
strada a senso unico / senso unico
strada senza uscita / vicolo cieco
segnale *m* **stradale**
[se'ɲaːle stra'daːle]
le indicazioni stradali / segnaletica
seguire la segnaletica

Verkehrs-; Straßen-
Straße (*innerstädtisch*)
Ich wohnte in der Via Frapolli.
Neben- / Querstraße
Einbahnstraße
Sackgasse
Verkehrsschild, -zeichen

Beschilderung
der Beschilderung folgen

curva ['kurva]
La strada fa una curva sulla
destra.

Kurve
Die Straße macht eine Rechts-
kurve.

all'**angolo** [al'langolo]
incrocio (stradale) [in'kroːtʃo
(stra'daːle)]
fermarsi a un incrocio

an der **Ecke**
(Straßen-)**Kreuzung**

an einer Kreuzung (an)halten

semaforo [se'maːforo]
Quando arriva al semaforo giri
a destra.

Verkehrsampel
Biegen Sie an der Ampel rechts
ab.

galleria [galle'riːa]
bloccare [blok'kaːre]
La galleria è rimasta bloccata
da una frana.

Tunnel
blockieren, versperren
Der Tunnel ist durch einen
Erdrutsch versperrt.

deviazione *f* [deviatsi'oːne]
Abbiamo fatto una deviazione.

Umleitung; Umweg
Wir haben einen Umweg gemacht.

tangenziale *f* [tandʒentsi'aːle]
marciapiede *m* [martʃapi'ɛːde]
pedone *m* [pe'doːne]
pedonale [pedo'naːle]
zona pedonale
passaggio pedonale
attraversare [attra'vɛrsaːre]
Attraversare sulle strisce pedonali.

Umgehungstraße; Tangente
Bürgersteig; Gehsteig
Fußgänger(in)
Fußgänger-
Fußgängerzone
Fußgängerüberweg
überqueren
Die Straße auf dem Zebrastreifen
überqueren.

traffico intenso ['traffiko in'tenso]
starker / dichter **Verkehr**

traffico regolare / scorrevole	normaler / fließender Verkehr
rimanere bloccati nel traffico	im Verkehr stecken bleiben
Via Mazzini è una strada molto trafficata e rumorosa.	Via Mazzini ist eine vielbefahrene und laute Straße.
rumoroso [rumo'ro:zo]	**laut**
code *fpl* sull'autostrada ['ko:de]	**Staus** auf der Autobahn
Qui si formano spesso code.	Hier kommt es oft zu Staus.
distributore *m* **di benzina** [distribu'to:re di ben'dzi:na]	**Tankstelle**
stazione *f* **di servizio** [statsi'o:ne di ser'vi:tsio]	**Tankstelle**
consumare [konsu'ma:re]	**verbrauchen**
benzina [ben'dzi:na]	**Benzin; Sprit**
fare il pieno ['fa:re il pi'e:no]	**voll tanken**
Questa macchina consuma troppa benzina, devo di nuovo fare il pieno!	Dieses Auto verbraucht zu viel Sprit, ich muss schon wieder voll tanken.
area di servizio ['a:rea di ser'vi:tsio]	(Autobahn-)**Raststätte**
un guasto (alla macchina) [gu'asto]	eine **Panne**
giubbotto *m* **di sicurezza** [dʒiu'bɔtto di siku'ret:tsa]	**Warn- / Pannen- / Sicherheitsweste**
La mia macchina è **in officina / dal meccanico**. [in offi'tʃi:na / dal mek'ka:niko]	Mein Auto ist **in der Werkstatt**.
pneumatico di scorta [pneu'ma:tiko]	Ersatz**reifen**
controllare la pressione degli pneumatici	den Reifendruck prüfen
ruota [ru'ɔ:ta]	**Rad**
bucare [bu'ka:re]	**einen Platten haben**
Ho bucato e ho solo un ruotino. Che devo fare?	Ich habe einen Platten und nur ein Notrad. Was soll ich tun?
servizio di assistenza [ser'vi:tsio di assis'tɛntsa]	**Kundendienst, -service**
Qui vicino c'è un servizio d'assistenza Audi.	Hier in der Nähe ist ein Audi-Kundendienst.
riparare [ripa'ra:re]	**reparieren**
Può ripararlo?	Können sie das reparieren?
riparazione *f* [riparatsi'o:ne]	(die) **Reparatur**
pezzo di ricambio ['pɛttso di ri'kambio]	**Ersatzteil**
cintura di sicurezza [tʃin'tu:ra di siku'rettsa]	**Sicherheitsgurt**

Mezzi di trasporto

allacciarsi la cintura di sicurezza [allat't͡ʃaːrsi] — sich anschnallen

Prima di partire ci si deve allacciare la cintura di sicurezza. — Vor dem Losfahren muss man sich anschnallen.

finestrino [fines'triːno] — **Fenster**

Chiudi il finestrino che tira aria! — Mach' das Fenster zu, es zieht!

marcia ['mart͡ʃa] — **Gang**

un cambio a sei marce — ein Sechsganggetriebe

freno – frenare ['freːno – fre'naːre] — **Bremse – bremsen**

Ho dovuto frenare bruscamente. — Ich habe scharf bremsen müssen.

frizione *f* [frit͡si'oːne] — **Kupplung** (*bei Kfz*)

pedale m della frizione — Kupplungspedal

luci *fpl* / **fari** *mpl* ['luːt͡ʃi / faːri] — **Licht; Scheinwerfer**

Accendere i fari in galleria! — Im Tunnel das Licht anmachen!

freccia ['frett͡ʃa] — **Blinker; Winker**

mettere la freccia — blinken; den Blinker setzen

tergicristallo [terd͡ʒikri'stallo] — **Scheibenwischer**

parcheggio [par'kedd͡ʒo] — **Parkplatz**

parcheggio a più piani / autosilo — Parkhaus

parcheggio sotterraneo — Tiefgarage

parchimetro — Parkuhr

parcheggiare [parked'd͡ʒaːre] — **parken**

Può parcheggiare la macchina nell'autosilo qui di fronte. — Sie können Ihr Auto im Parkhaus hier gegenüber parken.

zona disco ['dzɔːna 'disko] — **blaue Zone, Kurzparkzone**

spostare il disco orario — die Parkscheibe nachstellen

regola ['rɛːgola] — **Regel**

Le regole del codice stradale vanno rispettate. — Die Regeln der StVO sind einzuhalten.

vietare / **proibire** [vie'taːre / proi'biːre] — **verbieten, untersagen**

vietato / **proibito** [vie'taːto / proi'biːto] — **verboten**

È vietato guidare in stato d'ebbrezza. — Es ist verboten, unter Alkoholeinfluss zu fahren.

patente (di guida) *f* [pa'tɛnte] — **Führerschein**

libretto di circolazione — Fahrzeugschein

Mi mostri patente e libretto di circolazione! — Zeigen Sie mir Führerschein und Fahrzeugschein!

targa ['targa] — **Kennzeichen**

multa ['multa] — **Strafzettel; „Knöllchen"**

multa per divieto di sosta — Geldbuße für Falschparken

17.2 Trasporto su rotaia
Beförderung mit der Eisenbahn

rotaia [ro'ta:ia]	**Schiene; (Eisen-)Bahn; Schienen-; Bahn-**
I treni corrono sulle rotaie.	Züge fahren auf Schienen.
trasporto su rotaia	Schienentransport
ferrovia [ferro'vi:a]	**Eisenbahn**
sciopero delle ferrovie	Eisenbahnerstreik
privatizzare le ferrovie	die Eisenbahn privatisieren
treno ['trɛ:no]	**Zug**
andare in treno	mit dem Zug / der Bahn fahren
prendere il treno	einen Zug nehmen
salire sul treno	in den Zug einsteigen
scendere dal treno	aus dem Zug aussteigen
vagone *m* **ferroviario** [va'go:ne ferrovi'a:rio]	**Eisenbahnwagen**
vagone *m* **letto / ristorante** [va'go:ne 'lɛtto / risto'rante]	**Schlaf- / Speisewagen**
Dove si trova il vagone ristorante?	Wo befindet sich der Speisewagen?
cuccetta [kut'tʃetta]	**Liegewagenplatz; Liege**
scompartimento di prima classe [skomparti'mento di 'pri:ma 'klasse]	Erster-Klasse-**Abteil**
collegamento ferroviario [kollega'mento ferrovi'a:rio]	**Zugverbindung**
Non esistono collegamenti fra A e B.	Zwischen A und B verkehren keine Züge.
prenotare un posto [preno'ta:re un 'posto]	**einen Platz reservieren**
Questo posto è occupato.	Dieser Platz ist besetzt.
stazione *f* [statsi'o:ne]	**Bahnhof**
fermarsi in una stazione	an einem Bahnhof halten
binario [bi'na:rio]	**Bahnsteig**
Il treno per Bologna parte dal binario 2.	Der Zug nach Bologna fährt von Bahnsteig 2 ab.
sala d'aspetto ['sa:la da'spɛtto]	**Wartesaal**
La sala è troppo piena. Attendiamo sul binario.	Der Saal ist zu voll. Warten wir am Gleis.
Dove posso depositare i (miei) **bagagli** ? ['do:ve 'posso depozi 'ta:re i (mi'e:i) ba'ga:ʎi]	Wo kann ich mein **Gepäck** aufgeben?

deposito bagagli	Gepäckaufbewahrung
biglietteria [biʎette'ri:a]	**Fahrkartenschalter**
distributore automatico dei biglietti	Fahrkartenautomat
sportello [spor'tɛllo]	**Schalter**
Allo sportello c'è una coda chilometrica – che facciamo?	Am Schalter steht eine kilometerlange Schlange – was machen wir?
turno ['turno]	**Reihe**
Aspetti il Suo turno, per piacere!	Warten Sie bitte, bis Sie an der Reihe sind!
biglietto [bi'ʎetto]	**Fahrkarte; Flugticket**
di andata – di ritorno [di an'da:ta / di ri'torno]	**hin, Hin- – zurück, Rück-**
biglietto semplice / di sola andata	Hinfahrkarte
biglietto di andata e ritorno	Hin- und Rückfahrkarte
partenza [par'tɛntsa]	**Abfahrt**
annunciare la partenza del treno	die Abfahrt des Zuges ansagen
arrivo [ar'ri:vo]	**Ankunft**
Per quando è previsto l'arrivo del treno da Milano?	Wann wird die voraussichtliche Ankunft des Zuges aus Mailand sein?
viaggio [vi'addʒo]	**Fahrt; Reise**
viaggio di andata e ritorno	Hin-/Rückreise
passeggero(-a) [passed'dʒɛ:ro]	**Fahrgast; Reisende(r); Passagier**
cambiare [kambi'a:re]	**umsteigen**
Dove devo cambiare per andare a Colonia?	Wo muss ich nach Köln umsteigen?
prendere / perdere la **coincidenza** ['prendere / 'pɛrdere la kointʃi'dɛntsa]	den **Anschluss** schaffen / verpassen
orario (ferroviario) [o'ra:rio (ferrovi'a:rio)]	**Fahrplan; Kursbuch**
in orario – in ritardo [in o'ra:rio / in ri'tardo]	**pünktlich – verspätet**
Il treno era in orario.	Der Zug war pünktlich.
uscita [u'ʃi:ta]	**Ausgang**
Ti attendiamo all'uscita, va bene?	Wir warten am Ausgang auf dich, in Ordnung?

i Um ein Bußgeld zu vermeiden, muss man in italienischen Bahnhöfen seit einigen Jahren den Fahrschein in gelben Automaten am Gleisanfang entwerten (= *obliterare* oder *convalidare*).

17.3 Trasporti aerei
Beförderung mit dem Flugzeug

volare [vo'la:re]	**fliegen**
Ha paura di volare.	Er hat Angst vor dem Fliegen.
volo ['vo:lo]	(der) **Flug**
Vorrei prenotare un posto sul volo diretto a Palermo.	Ich möchte einen Platz für den Flug nach Palermo buchen.
diretto [di'rɛtto]	**direkt, Direkt-**
scalo ['ska:lo]	**Zwischenlandung**
Non ci sono più voli diretti, solo con scalo.	Es gibt keine Direktflüge mehr, nur noch mit Zwischenlandung.
compagnia di volo / aerea [kompa'ɲi:a di 'vo:lo / a'ɛ:rea]	**Fluggesellschaft**
aereo [a'ɛ:reo]	**Flugzeug; Flug-**
viaggiare / andare con l'aereo	mit dem Flugzeug reisen / fliegen

 Flugzeug heißt auf Italienisch entweder *aereo* oder *aeroplano* (ohne *e* zwischen *r* und *o*, weil alle Wörter, die mit der Vorsilbe *aereo* gebildet werden, das unterstrichene *e* verlieren).

aeroporto [aero'pɔrto]	**Flughafen**
Vuoi che venga a prenderti all'aeroporto?	Soll ich dich am Flughafen abholen?
arrivo – **partenza** [ar'ri:vo – par'tɛntsa]	**Ankunft – Abflug**
settore *m* arrivi / partenze	Ankunfts- / Abflugbereich
cancellare / **annullare** [kantʃel'la:re / annul'la:re]	**streichen; ausfallen lassen**
Il volo 452 è stato annullato.	Flug 452 fällt aus.
annullare / disdire una prenotazione	eine Reservierung streichen
sospendere [sos'pɛndere] un volo	einen Flug **aussetzen**
un **biglietto aereo** al nome di ... [un bi'ʎetto a'ɛ:reo al 'no:me di]	ein **Flugschein** auf den Namen ...
a bordo [a 'bordo]	**an Bord; Bord-**
bagaglio a bordo	Bordtasche; Kabinengepäck
pilota *m / f* [pi'lɔ:ta]	**Pilot(in); Flugzeugführer(in)**
decollare – **atterrare** [dekol'la:re – atter'ra:re]	**starten – landen**
Abbiamo visto decollare e atterrare gli aerei.	Wir haben die Flugzeuge starten und landen sehen.
elicottero [eli'kɔttero]	**Hubschrauber**

Mezzi di trasporto

17.4 Trasporti marittimi
Beförderung auf dem Wasserweg

nave *f* ['na:ve]	Schiff
La nostra nave parte (salpa) domani.	Unser Schiff läuft morgen aus.
mare *m* ['ma:re]	See; Meer
Purtroppo soffro il mal di mare.	Leider bin ich nicht seefest.
Uomo in mare!	Mann über Bord!
imbarcarsi [imbar'karsi]	**sich einschiffen**
sbarcare / **scendere a terra** [zbar'ka:re / 'ʃendere a 'tɛrra]	von Bord gehen; an Land gehen / kommen
porto ['pɔrto]	Hafen
porto marittimo / fluviale	See- / Binnenhafen
entrare nel porto	in den Hafen einlaufen
uscire dal porto / salpare	aus dem Hafen auslaufen
faro ['fa:ro]	Leuchtturm
Il faro avvisa i marinai.	Der Leuchtturm warnt die Seeleute.
ancora ['ankora]	Anker
ancorare / gettare l'ancora	(ver)ankern
fare una **crociera** ['fa:re 'u:na kro'tʃɛ:ra]	eine **Kreuzfahrt** machen
rotta ['rotta]	Kurs; Fahrtrichtung
cambiare rotta	den Kurs ändern
naufragare [naufra'ga:re]	Schiffbruch erleiden
Sono naufragati.	Sie erlitten Schiffbruch.
naufrago(-a)	der / die Schiffbrüchige

Tipi di imbarcazioni (= Arten von Wasserfahrzeugen)
nave passeggeri ['na:ve passed'dʒɛ:ri] (= Passagierschiff) • *piroscafo* [pi'rɔskafo] (= Dampfschiff) • *vaporetto* [vapo'retto] (= Dampfer) • *nave mercantile* ['na:ve mer'kanti:le] (= Frachtschiff) • *traghetto* [tra'getto] (= Fähre) • *petroliera* [petroli'ɛ:ra] (= Öltanker) • *pesche-reccio* [peske'rettʃo] (= Fischkutter) • *motoscafo* [moto'ska:fo] (= Motorboot) • *yacht* ['iɔt] (= Jacht) • *barca a vela* ['barka a 'vela] (= Segelboot) • *barca a remi* ['barka a 'rɛ:mi] (= Ruderboot) • *canoa* [ka'nɔ:a] (= Paddelboot) • *gommone m* [gom'mone] (= Schlauchboot)

---

capitano [kapi'ta:no]	Kapitän
marinaio [mari'na:io]	Seemann; Matrose

17.5 Trasporti pubblici
Öffentlicher Nahverkehr

i mezzi pubblici [i ˈmɛddzi ˈpubblitʃi]	die öffentlichen Verkehrsmittel
servirsi di [serˈvirsi di]	(be)nutzen
Molti si servono dei mezzi pubblici.	Viele benutzen die öffentlichen Verkehrsmittel.
trasporto [trasˈpɔrto]	**Beförderung; Transport**
trasporti pubblici	öffentliche Verkehrsbetriebe
metropolitana / metrò *m* [metropoliˈtaːna / meˈtrɔ]	**U-Bahn**
Dov'è la stazione della metropolitana?	Wo ist der U-Bahnhof?
tram *m* [tram]	**Straßenbahn**
circolare [tʃirkoˈlaːre]	**fahren**
Il tram circola anche nelle zone pedonali.	Die Straßenbahn fährt auch in Fußgängerzonen.
autobus *m* [autoˈbus]	**Bus**
Gli autobus passano ogni cinque minuti.	Die Busse verkehren alle fünf Minuten.
stare in piedi [ˈstaːre in piˈɛːdi]	**stehen**
Sono dovuto stare in piedi tutto il tempo.	Ich habe die ganze Zeit stehen müssen.
fermata dell'autobus [ferˈmaːta]	**Bushaltestelle**
Deve scendere alla terza fermata.	Sie müssen an der dritten Haltestelle aussteigen.
salire [saˈliːre]	**einsteigen; steigen**
scendere [ˈʃendere]	**aussteigen; sinken, fallen**
Dove devo scendere?	Wo muss ich aussteigen?
sbrigarsi [zbriˈgarsi]	**sich beeilen**
Se ti sbrighi becchiamo il tram!	Wenn du dich beeilst, erwischen wir die Straßenbahn.
pullman *m* [ˈpulman]	**Reisebus**
corriera [korriˈɛːra]	**Überlandbus**
Da dove partono le corriere?	Wo fahren die Überlandbusse ab?
biglietto [biˈʎetto]	**Fahrkarte**
viaggiare senza biglietto	schwarzfahren
abbonamento [abbonaˈmento]	**Dauer-, Monatskarte**
Devo rinnovare l'abbonamento ai mezzi.	Ich muss meine Zeitkarte verlängern.
taxi *m* / **tassì** *m* [ˈtaksi / tasˈsi]	**Taxi**

18.1 Teoria e politica economica
Wirtschaftstheorie und -politik

economia (politica) [ekono'mi:a]	(Volks-)**Wirtschaft**
economico / economicamente	wirtschaftlich; ökonomisch
sistema economico	Wirtschaftssystem
far economia	sparen

 Economico heißt sowohl wirtschaftlich (= mit der Wirtschaft zusammenhängend) als auch billig und sparsam.

privato – **pubblico** [pri'va:to – 'pubbliko]	privat, Privat- – staatlich, Staats-; öffentlich
economia privata / pubblica	Privat- / Staatswirtschaft
i giardini pubblici	(öffentlicher) Park
la **domanda** e l'**offerta** [la do'manda e lof'fɛrta]	**Nachfrage** und **Angebot**

Die Reihenfolge von „Angebot und Nachfrage" ist im Italienischen umgekehrt!

mercato [mer'ka:to]	**Markt**
il mercato comunitario	der gemeinsame Markt
Mi piace fare la spesa al mercato rionale.	Ich kaufe gern auf dem Wochenmarkt ein.
concorrenza [konkor'rɛntsa]	**Wettbewerb, Konkurrenz**
I corrieri fanno concorrenza alle poste.	Die Kurierdienste machen der Post Konkurrenz.
Lo sapevi che Rossi è passato alla concorrenza?	Wusstest du, dass Rossi zur Konkurrenz gegangen ist?
industria – **industriale** [in'dustria – industri'a:le]	**Industrie – industriell, Industrie-**
Dove si trova la zona industriale?	Wo ist das Industriegebiet?
settore *m* [set'to:re]	**Sektor, Branche**
appartenere [apparte'ne:re]	**gehören**
La nostra ditta appartiene al settore automobilistico.	Unsere Firma gehört zur Automobilbranche.
operare [ope'ra:re]	**operieren; tätig sein**
In quale settore operate?	In welcher Branche seid ihr tätig?
servizio [ser'vi:tsio]	**Dienst(leistung)**

la società dei servizi — die Dienstleistungsgesellschaft

lavorazione *f* – **lavorare**
[lavoratsi'o:ne – lavo'ra:re]
Be-/Verarbeitung –
be-/verarbeiten

Nel Fiorentino ci sono imprese
per la lavorazione della pelle.
In der Gegend um Florenz gibt
es lederverarbeitende Betriebe.

produzione *f* [produtsi'o:ne] — **Produktion**

ridurre i costi *mpl* di produzione — die Produktionskosten senken

produzione in serie — Serienproduktion

produrre [pro'durre] — **herstellen, produzieren**

La nostra ditta produce calzature. — Unsere Firma stellt Schuhe her.

prodotto [pro'dotto] — **Produkt, Erzeugnis**

La nostra gamma di prodotti è
molto vasta.
Unsere Produktpalette ist sehr
breit.

produttore(-trice) [produt'to:re
˜ (-tri:tʃe)]
Hersteller(-in), Produzent(-in)

La FIAT è il produttore leader
di automobili italiano.
FIAT ist der führende italienische
Automobilhersteller.

impresa – **imprenditore(-trice)**
[im'pre:za – imprendi'to:re(-tri:tʃe)]
Unternehmen – Unternehmer(-in)

un'impresa a gestione familiare — ein Familienunternehmen

creare [kre'a:re] — **schaffen**

Le grandi imprese non creano
più nuovi posti di lavoro.
Die Großunternehmen schaffen
keine Arbeitsplätze mehr.

agire [a'dʒi:re] — **handeln, tun; tätig sein**

La nostra impresa agisce sui
mercati internazionali.
Unser Unternehmen ist inter-
national tätig.

prevedere [preve'de:re] — **vorhersehen**

Un imprenditore deve prevedere
l'andamento del mercato.
Ein Unternehmer muss die Markt-
entwicklung vorhersehen.

azienda [adzi'ɛnda] — **Betrieb**

dirigere un'azienda — einen Betrieb leiten/führen

aziende municipalizzate *fpl* — Stadtwerke

fondare [fon'da:re] — **gründen**

ditta ['ditta] — **Firma**

una ditta di spedizioni — eine Speditionsfirma

fabbrica – **fabbricare**
['fabbrika – fabbri'ka:re]
Fabrik – herstellen

una fabbrica di abbigliamento — eine Bekleidungsfabrik

possesso – **possedere**
[pos'sɛsso – posse'de:re]
Besitz/Eigentum – besitzen

Il nostro capo possiede diverse
case in centro.
Unser Chef besitzt diverse Häuser
im Zentrum.

proprietario(-a) [proprie'ta:rio] — **Eigentümer(-in)/Besitzer(-in)**

proprietario(-a) di un negozio	Ladenbesitzer(in)
profitto [pro'fitto]	**Gewinn**
massimizzare i profitti	die Gewinne maximieren
capitale *m* [kapi'ta:le]	**Kapital**
investire capitale	Kapital investieren
benessere *m* [be'nɛssere]	**Wohlstand**
ricchezza [rik'kettsa]	**Reichtum**
Il nipote ha sperperato le ricchezze del nonno.	Der Enkel hat die Reichtümer des Großvaters verschleudert.
patrimonio [patri'mɔ:nio]	**Vermögen**
Il patrimonio della ditta è in calo.	Das Vermögen der Firma sinkt.
bilancia commerciale [bi'la:ntʃa kommer'tʃa:le]	**Handelsbilanz**
un **bilancio** in pareggio [un bi'la:ntʃo in pa'reddʒo]	eine ausgeglichene (Unternehmens)**Bilanz**
prezzo ['prɛttso]	**Preis**
prezzo di listino / di catalogo	Listen- / Katalogpreis
ridurre / abbassare i prezzi	die Preise senken
aumentare i prezzi	die Preise erhöhen
salire [sa'li:re]	**steigen**
I prezzi continuano a salire.	Die Preise steigen weiter.
scendere ['ʃendere]	**sinken, fallen**
Le temperature di notte scendono.	Nachts sinken die Temperaturen.
consumo [kon'su:mo]	**Verbrauch; Konsum**
Con la crisi attuale la gente riduce i consumi.	In der derzeitigen Krise schrauben die Leute den Konsum zurück.
consumatore(-trice) [konsuma'to:re (-tri:tʃe)]	**Verbraucher(in)**
consumare [konsu'ma:re]	**verbrauchen, konsumieren**
Vediamo di consumare meno energia!	Versuchen wir, weniger Energie zu verbrauchen!
sindacato [sinda'ka:to]	**Gewerkschaft**
I sindacati vegliano sui diritti dei lavoratori.	Die Gewerkschaften wachen über die Arbeitnehmerrechte.
lavoratore(-trice) [lavora'to:re (-tri:tʃe)]	**Arbeitnehmer(in)**
manifestazione *f* [manifestatsi'o:ne]	**Demonstration**
Non andare in centro, c'è una manifestazione!	Fahr' nicht ins Zentrum, da ist eine Demo!
scioperare – **sciopero** [ʃope'ra:re – 'ʃɔ:pero]	**streiken – Streik**
Domani c'è lo sciopero dei tranvieri.	Morgen streiken die Trambahnfahrer.

18.2 Il mondo degli affari
Das Geschäftsleben

affare *m* [af'fa:re] — Geschäft
Gli affari vanno bene / male. — Die Geschäfte laufen gut / schlecht.
Affare fatto! — Abgemacht!
uomo / donna d'affari — **Geschäftsmann / -frau**
  [u'ɔ:mo / 'dɔnna daf'fa:ri]
È una donna d'affari con uno — Sie ist eine Geschäftsfrau mit
  spiccato senso degli affari. — ausgeprägtem Geschäftssinn.
(Lei) è qui per lavoro? — Sind Sie geschäftlich hier?
un appuntamento di lavoro — ein geschäftlicher Termin
lavorare [lavo'ra:re] — **arbeiten**
(Lei) Lavora nel settore tessile. — Sie arbeitet in der Textilbranche.
commercio [kom'mɛrtʃo] — **Handel(sverkehr)**
Camera di Commercio (dell'Indus- — (Industrie-, Handwerks- und)
  tria e dell'Artigianato) — Handelskammer
commerciale [kommer'tʃa:le] — **geschäftlich, Handels-**
corrispondenza commerciale — Handelskorrespondenz
commerciante *m / f* [kommer'tʃante] — **Händler(in); Kaufmann / -frau**
commerciante all'ingrosso / — Groß- / Einzelhändler
  al minuto
commerciare in qualcosa — mit etwas handeln
società [sotʃe'ta] — **Gesellschaft**
Circa il novanta per cento delle — Zirka neunzig Prozent der
  società tedesche sono piccole — deutschen Gesellschaften
  imprese. — sind Kleinunternehmen.

---

*SpA: Società per Azioni (= AG) • Srl: Società a responsabilità
limitata (= GmbH) • Snc: Società in nome collettivo (= OHG) •
Sas: Società in accomandita semplice (= KG) • Saa: Società in
accomandita per azioni (= KGaA) • Società semplice (= Gesellschaft des Bürgerlichen Rechts [GbR]) • Società individuale
(= Einzelgesellschaft)*

---

andare in **liquidazione** *f* — in **Liquidation** gehen
  [an'da:re in likuidatsi'o:ne]
fallimento [falli'mento] — **Konkurs; Pleite**
sede *f* ['sɛ:de] — **Sitz**
una ditta con sede alle isole — eine Firma mit Sitz auf den
  Caiman — Kaimaninseln

amministrazione _f_ [ammini-
  stratsi'o:ne]
L'amministrazione si trova
  nella sede centrale.
reparto [re'parto]
Scusi, dove trovo il reparto
  personale?
personale _m_ [perso'na:le]
ricerca [ri'tʃerka]
Il reparto ricerca è inaccessibile
  senza tessera.
pubblicità – pubblicitario
  [pubblitʃi'ta – pubblitʃi'ta:rio]
materiale pubblicitario
pubblicizzare [pubblitʃid'dza:re]
Questo catalogo pubblicizza i prodotti della ditta di mio padre.
annuncio pubblicitario
  [an'nuntʃo pubblitʃi'ta:rio]
gratuito [gra'tu:ito]
Hai letto questo annuncio?
  I primi cento che chiamano
  vincono un viaggio gratuito!
direttore(-trice) [diret'to:re(-'tri:tʃe)]
direttore delle vendite
dirigente _m_ / _f_ [diri'dʒɛnte]
(dirigente) responsabile EDP
capo ['ka:po]
Desidero parlare con il capo.
padrone(-a) [pa'dro:ne]
La padrona di quella locanda
  è in gamba.
esperto(-a) [es'pɛrto]
Il nuovo collega è un esperto
  in marketing.
assistente _m_ / _f_ [assis'tɛnte]
Quella è l'assistente del direttore.

dirigere [di'ri:dʒere]
impegno [im'pe:ɲo]
Il nuovo capo dirige l'azienda
  con impegno.
responsabilità _f_ [responsabili'ta]

Verwaltung

Die Verwaltung befindet sich
  im Hauptsitz.
Abteilung
Entschuldigung, wo finde ich
  die Personalabteilung?
Personal
Forschung
Die Forschungsabteilung ist ohne
  Kärtchen nicht zugänglich.
Werbung – Werbe-

Werbemittel
Werbung machen; werben für
Dieser Katalog wirbt für die Pro-
  dukte der Firma meines Vaters.
Werbeanzeige, -annonce

kostenlos, gratis, frei
Hast du diese Anzeige gelesen?
  Die ersten hundert Anrufer
  erhalten eine Gratisreise!
Direktor(in)
Verkaufsleiter(in)
Leiter(in); leitende(r) Angestellte(r)
Leiter(in) der EDV-Abteilung
Chef(in)
Ich will den Chef sprechen.
Chef(in)
Die Chefin von diesem Land-
  gasthof ist tüchtig.
Experte(-tin); Fachmann(-frau)
Der neue Kollege ist ein
  Marketingexperte.
Assistent(in)
Das ist die Assistentin des
  Direktors.

führen, leiten
Einsatz; Verpflichtung
Der neue Chef leitet den Betrieb
  mit Einsatz.
Verantwortung

condurre [kon'durre]	**führen; leiten**
condurre a spasso il cane	den Hund Gassi führen
i tubi che conducono l'acqua	die Rohre, die das Wasser leiten
incaricare [iŋkari'ka:re]	**beauftragen**
Chi incarichiamo di controllare la merce in entrata?	Wen beauftragen wir damit, die eingehende Ware zu prüfen?
occuparsi di [okku'parsi di]	**sich kümmern um, sich beschäftigen mit**
Da voi chi si occupa delle vendite?	Wer kümmert sich bei euch um den Verkauf?
⎸**intendersi di**⎹ [in'tɛndersi di]	**sich auskennen mit**
Il nuovo collega si intende di contabilità.	Der neue Kollege kennt sich mit Buchführung aus.
svolgere ['zvɔldʒere]	**ausüben; abwickeln; umsetzen**
Che attività svolge?	Welche Tätigkeit üben Sie aus?
svolgere un piano	einen Plan umsetzen
realizzare [realid'dza:re]	**verwirklichen, umsetzen**
Dobbiamo realizzare questo progetto a tutti i costi!	Wir müssen dieses Projekt um jeden Preis umsetzen!
⎸**riuscire**⎹ [riuʃ'ʃi:re]	**gelingen; schaffen; erreichen**
Il reparto legale è riuscito a vincere il processo.	Der Rechtsabteilung ist es gelungen, den Prozess zu gewinnen.

Riuscire wird persönlich gebeugt! Also *io riesco, tu riesci* etc. und nicht wie im Deutschen unpersönlich „es gelingt mir" etc.

fatturato [fattu'ra:to]	**(der) Umsatz**
Il fatturato è aumentato del 9 per cento.	Der Umsatz ist um 9 Prozent gestiegen.
conseguire dei **profitti** [pro'fitti]	**Gewinn erzielen**
⎸**perdere**⎹ ['pɛrdere]	**verlieren**
perdita ['pɛrdita]	**Verlust**
subire delle forti perdite	hohe Verluste erleiden
⎸**vendere**⎹ ['vendere]	**verkaufen**
vendita ['vendita]	**Verkauf**
incrementare le vendite	die Umsätze erhöhen
distribuire [distribu'i:re]	**verteilen; vertreiben**
Chi distribuisce i vostri prodotti?	Wer vertreibt eure Produkte?
distribuire volantini	Flugblätter verteilen
distribuzione *f* [distributsi'o:ne]	**Vertrieb**
esportare [espor'ta:re]	**ausführen, exportieren**
importare [impor'ta:re]	**einführen, importieren**

L'Italia deve importare molta energia elettrica.	Italien muss viel Strom importieren.
rappresentante *m/f* [rapprezen'tante]	**Vertreter(in); Repräsentant(in)**
rappresentare [rapprezen'ta:re]	**vertreten; darstellen, zeigen**
Rappresenta la nostra ditta da vari anni.	Er vertritt unsere Firma seit vielen Jahren.
Il nostro logo rappresenta ...	Unser Logo zeigt ...
merce *f* ['mɛrtʃe]	**Ware**
ritornare le merci	Waren retournieren
articolo [ar'ti:kolo]	**Artikel, Produkt**
Questo articolo si vende molto bene.	Dieser Artikel ist ein Renner.
Vi preghiamo di indicare codice e nome dell'articolo.	Wir bitten Sie, Artikelnummer und -bezeichnung anzugeben.
comprare [kom'pra:re]	**(an-/ein)kaufen**
Vogliamo comprare nuovi PC.	Wir wollen neue Pcs kaufen.
offrire – offerta [of'fri:re – of'fɛrta]	**anbieten – Angebot**
fare un'offerta per qualcosa	ein Angebot für etwas abgeben
Offrono scarpe a prezzi vantaggiosissimi.	Sie bieten Schuhe zu äußerst vorteilhaften Preisen an.
dare un **ordine** ad una ditta ['ordine]	einer Firma einen **Auftrag** erteilen
eseguire un ordine	einen Auftrag ausführen
ordinare [ordi'na:re]	**bestellen**
Con la presente ordiniamo ...	Hiermit bestellen wir ...
consegnare [konse'ɲa:re]	**(aus)liefern**
Mi può consegnare questi articoli?	Können Sie diese Artikel liefern?
consegna/fornitura	Lieferung
fornire [for'ni:re]	**liefern, versorgen**
Le aziende municipalizzate ci forniscono di elettricità.	Die Stadtwerke versorgen uns mit Strom.
fornitore(-trice) [forni'to:re(-'tri:tʃe)]	**Lieferant(in)**
spedire /**inviare** [spe'di:re/invi'a:re]	**versenden**
spedire con corriere	mit einem Kurierdienst versenden
magazzino [magad'dzi:no]	**Lager**
Questo modello (non) è a magazzino.	Dieses Modell ist (nicht) vorrätig.
riserva/**scorta** [ri'sɛrva/'skɔrta]	**Vorrat, Reserve**
salvo esaurimento scorte	solange der Vorrat reicht
garantire – garanzia [garan'ti:re – garan'tsi:a]	**gewährleisten, garantieren – Garantie**
una garanzia di due anni	eine zweijährige Garantie

18.3 Il mondo della finanza
Die Finanzwelt

finanziario [finantsi'a:rio]
Un credito non risolve problemi finanziari.

finanziare [finantsi'a:re]
Ho finanziato la casa con un mutuo.

valore m [va'lo:re]
campione senza valore

soldi mpl ['sɔldi]
guadagnare (molti) soldi

denaro [de'na:ro]
Sono alquanto a corto di denaro.

Non ho **contanti.** mpl [kon'tanti]
Paga in contanti?

banconota [baŋko'nɔ:ta]
Ricordati che l'automatico non accetta banconote!

accettare [attʃet'ta:re]
moneta [mo'ne:ta]
una moneta da un centesimo
La moneta comune è l'euro.

euro minv ['ɛuro]
spicci mpl ['spittʃi]
Hai per caso cinque euro spicci?

finanziell
Ein Kredit löst keine finanziellen Probleme.

finanzieren
Ich habe das Haus mit einem Baudarlehen finanziert.

Wert
Muster ohne Wert

Geld
(viel) Geld verdienen

Geld
Ich bin ziemlich knapp bei Kasse.

Ich habe kein **(Bar-)Geld** bei mir.
Zahlen Sie bar?

Geldschein, Banknote
Denk' dran, dass der Automat keine Scheine annimmt!

annehmen
Münze; Währung
eine 1-Cent-Münze
Die gemeinsame Währung ist der Euro.

Euro
Kleingeld; klein
Hast du zufällig fünf Euro klein?

Kleiner Hinweis zur Aussprache:
Im Italienischen wird das „eu" von „euro" kein Umlaut. Es wird also nicht wie „oi", sondern wie „eu" ausgesprochen. Und in Italien sagt man nicht „Cent", sondern *centesimo* [tʃen'tɛ:zimo].

---

assegno [as'se:ɲo]
un assegno circolare
carta di credito ['karta di 'kre:dito]
carta bancomat
bancomat minv ['baŋkomat]
postamat minv
fuori servizio [fu'ɔ:ri ser'vi:tsio]
Il bancomat è fuori servizio.

Scheck
ein Barscheck
Kreditkarte
EC-, Scheckkarte
Geldautomat
Postbankautomat
außer Betrieb
Der Automat ist außer Betrieb.

prelevare – prelievo
[prele'va:re – preli'ɛ:vo]
Scusi, vorrei fare un prelievo,
ma il bancomat non accetta
l'operazione.

operazione *f* [operatsi'o:ne]
ritirare [riti'ra:re]
Il bancomat m'ha ritirato la carta!
Che devo fare?
guadagnare [guada'ɲa:re]
Spendere è più facile che
guadagnare.
spendere ['spɛndere]
chiedere [ki'ɛ:dere]
Quanto ha chiesto per quel
lavoro?
costare [ko'sta:re]
Costa / È costato 500 euro.
Costano / Sono costati 60 centesimi.
costo ['kɔsto]
Ecco un elenco dei costi!
costoso [kos'to:so]
Prelievi al bancomat possono
essere costosi.
cambiare una banconota / un
biglietto da 100 euro [kambi'a:re]
Ha dieci euro da cambiare in
spicci?
pagare [pa'ga:re]
pagare la merce / il taxi
pagare con la carta di credito
fattura [fat'tu:ra]
pagare un conto / una fattura
conto ['konto]
Per favore, il conto!
scontrino [skon'tri:no]
portafoglio [porta'fɔ:ʎo]
Dov'è il mio portafoglio?
prestare soldi a qualcuno
[pre'sta:re]
prendere in prestito / farsi prestare
soldi da qualcuno

abheben – Abhebung

Entschuldigen Sie, ich würde
gerne Geld abheben, aber der
Automat nimmt die Transaktion
nicht an.
Geschäft; Transaktion
einbehalten; abholen
Der Geldautomat hat meine Karte
einbehalten! Was soll ich tun?
verdienen
Ausgeben ist leichter als
verdienen.
ausgeben
verlangen / berechnen
Wie viel hat er für die Arbeit
verlangt?
kosten
Es kostet(e) 500 Euro.
Sie koste(te)n 60 Cent(s).
Kosten
Da ist ein Verzeichnis der Kosten!
teuer
Abhebungen am Geldautomaten
können teuer sein.
einen Hunderteuroschein
wechseln
Können Sie mir 10 Euro in
Kleingeld wechseln?
(be)zahlen
die Waren / das Taxi bezahlen
mit Kreditkarte bezahlen
(Waren-)**Rechnung; Faktura**
eine Rechnung bezahlen
Rechnung
Die Rechnung, bitte!
Kassenbon
Brieftasche
Wo ist meine Brieftasche?
jemandem Geld **leihen**

(sich) Geld von jemandem borgen

Das deutsche „sich Geld leihen bzw. borgen" hat keine rückbezügliche Entsprechung im Italienischen! Ein mögliches *„prestarsi soldi"* würde heißen, dass man sich selbst Geld leiht.

risparmiare soldi [risparmi'a:re]	Geld **sparen**
Proviamo a risparmiare sui vizi.	Wir versuchen, bei den Lastern zu sparen.
cassa di risparmio ['kassa di ris'parmio]	**Sparkasse**
banca ['banka]	**Bank**
andare in banca	auf die Bank gehen
aprire un **conto** presso una banca [a'pri:re un 'konto]	bei einer Bank ein **Konto** eröffnen
conto corrente ['konto kor'rɛnte]	**Girokonto**
versamento [versa'mento]	**Einzahlung; Überweisung**
effettuare un versamento	eine Einzahlung/Überweisung vornehmen
versare [ver'sa:re]	**einzahlen; überweisen**
Vorrei versare 100 euro su questo conto.	Ich möchte 100 Euro auf dieses Konto einzahlen.
investire [inve'sti:re]	**investieren**
investire soldi in un progetto	Geld in ein Projekt investieren
accordare/restituire un **credito** ['kre:dito]	einen **Kredit** gewähren/zurückzahlen
creditore *m* / debitore *m*	Gläubiger; Schuldner
debiti *mpl* ['dɛ:biti]	**Schulden**
Carlo è pieno di debiti.	Karl steckt voller Schulden.
assicurare – assicurarsi [assiku'ra:re]	**(sich) versichern**
Ci siamo assicurati contro gli infortuni?	Haben wir uns gegen Unfälle versichert?
assicurazione *f* [assikuratsi'o:ne]	**Versicherung**
stipulare un'assicurazione	eine Versicherung abschließen
danno – danneggiare ['danno – danned'dʒa:re]	**Schaden – beschädigen**
I bambini hanno danneggiato la macchina del vicino e l'assicurazione gli ha risarcito il danno.	Die Kinder haben das Auto des Nachbarn beschädigt und die Versicherung hat ihm den Schaden erstattet.
rischio ['riskio]	**Risiko**
a proprio rischio e pericolo	auf eigene Gefahr

18.4 Lavoro e professioni
Arbeit und Berufe

lavoro – **lavorare**	Arbeit – arbeiten
[la'vo:ro – lavo'ra:re]	
Sono in cerca di lavoro.	Ich bin auf Arbeitssuche.
Lavoro presso una banca.	Ich arbeite bei einer Bank.
posto di lavoro ['posto di la'vo:ro]	**Stelle; Arbeitsplatz**
Ho trovato un nuovo posto di lavoro!	Ich habe eine neue Stelle gefunden!
domanda d'impiego	**Bewerbung**
[do'manda dimpi'ɛ:go]	
Accettiamo solo domande d'impiego elettroniche.	Wir akzeptieren nur elektronische Bewerbungen.
fare domanda ['fa:re do'manda]	**sich bewerben (um)**
Ho fatto domanda presso la Ferrari per un posto di meccanico.	Ich habe mich bei Ferrari um eine Stelle als Mechaniker beworben.
contratto [kon'tratto]	**Vertrag**
stipulare un contratto	einen Vertrag abschließen
condizione *f* [konditsi'o:ne]	**Bedingung**
firmare – **firma** [fir'ma:re – 'firma]	**unterschreiben – Unterschrift**
Legga attentamente le condizioni del Suo contratto di lavoro e poi firmi in calce a destra.	Lesen Sie die Bedingungen Ihres Arbeitsvertrags aufmerksam durch und dann unterschreiben sie ihn unten rechts.
modello [mo'dɛllo]	**Modell**
modelli di tempo di lavoro flessibili	flexible Arbeitszeitmodelle
permesso [per'messo]	**Erlaubnis, Genehmigung; Verzeihung**
Gli è stato concesso un permesso di lavoro.	Ihm ist eine Arbeitserlaubnis erteilt worden.
Permesso! Si può entrare?	Verzeihung! Darf man eintreten?
manodopera *f inv* [mano'dɔ:pera]	**Arbeitskräfte**
Non è facile trovare manodopera qualificata.	Es ist nicht leicht, qualifizierte Arbeitskräfte zu finden.
datore(-trice) di lavoro	**Arbeitgeber(in)**
[da'to:re / -'tri:tʃe di la'vo:ro]	
dare lavoro ['da:re la'vo:ro]	**beschäftigen, einstellen**
Le imprese europee danno lavoro a sempre meno persone in Europa.	Die europäischen Unternehmen beschäftigen immer weniger Personen in Europa.

assumere [as'su:mere]
Ti hanno assunto? Complimenti!

einstellen, anstellen
Sie haben dich eingestellt?
  Glückwunsch!

licenziare – **licenziarsi**
  [litʃentsi'a:re]
La ditta licenzia altri
  500 collaboratori.
Ieri mi sono licenziato.

kündigen

Die Firma entlässt weitere
  500 Mitarbeiter.
Gestern habe ich gekündigt.

occupato [okku'pa:to]
È occupato presso un'impresa
  edile.
È occupato.

beschäftigt; besetzt (*Telefon*)
Er ist bei einem Bauunternehmen
  beschäftigt.
Es ist besetzt.

stipendio [sti'pɛndio]
Non può certo lamentarsi del
  suo stipendio.

Gehalt, Verdienst
Er kann sich gewiss nicht über
  sein Gehalt beklagen.

merito ['mɛ:rito]
È tutto merito suo.

Verdienst
Es ist allein sein Verdienst.

paga ['pa:ga]
aumento – **aumentare**
  [au'mento – aumen'ta:re]
Tesoro, ho ricevuto un aumento
  di stipendio!

Lohn; Bezahlung
Erhöhung – erhöhen

Schatz, ich habe eine Gehalts-
  erhöhung bekommen!

riduzione *f* – **ridurre**
  [ridutsi'o:ne – ri'durre]
Riducono ancora il personale.

Verringerung, Kürzung –
  verringern, kürzen; abbauen
Sie bauen das Personal weiter ab.

all'ora [all'o:ra]
Quanto ti pagano all'ora?

pro Stunde, die Stunde
Wie viel bezahlen sie dir pro
  Stunde?

diventare [diven'ta:re]
Da grande cosa vuoi diventare?

werden
Was willst du werden, wenn du
  groß bist?

mestiere *m* [mesti'ɛ:re]
Che mestiere fa?

Beruf *(handwerklich)*; Handwerk
Was macht er beruflich?

professione *f* [professi'o:ne]
esercitare una professione

Beruf *(Dienstleistung)*
einem Beruf nachgehen

funzionario(-a) [funtsio'na:rio]
Augusto è diventato funzionario.

Beamte(r), Beamtin
Augusto ist Beamter geworden.

preside *m / f* ['prɛ:side]
operaio(-a) [ope'ra:io]
operaio specializzato

Direktor(in); Schulleiter(in)
Arbeiter(in)
Facharbeiter

apprendista *m / f* [appren'dista]
Molti giovani non trovano un
  posto come apprendista.

Lehrling; Auszubildende(r)
Viele jungen Leute finden keine
  Lehrstelle.

impiegato(-a) [impie'ga:to] — Angestellte(r)
impiegato(-a) di banca — Bankangestellte(r)
dipendente *m/f* [dipen'dɛnte] — **Beschäftigte; Angestellte**
La nostra ditta ha 4000 dipen- — Unsere Firma hat 4000
denti in tutto il mondo. — Beschäftigte in aller Welt.
commesso(-a) [kom'messo] — **Verkäufer(in)** (*in Läden, etc.*)
Le commesse in quel negozio — Die Verkäuferinnen in diesem
sono molto premurose. — Laden sind sehr aufmerksam.
portinaio(-a) [porti'na:io] — **Hausmeister(in)**
Non vedo il suo nome. Forse — Ich sehe seinen Namen nicht.
chiediamo al portinaio? — Vielleicht fragen wir den
— Hausmeister?

artigiano [arti'dʒa:no] — **Handwerker**

Traditionelle Handwerksberufe

pescatore m [peska'to:re] (= Fischer) • *gelataio(-a)* [dʒela'ta:io]
(= Eisverkäufer/in) • *macellaio* [matʃel'la:io] (= Fleischer/Metzger) •
parrucchiere(-a) [parrukki'ɛ:re] (= Friseur/in) • *orologiaio* [orolo'dʒa:io]
(= Uhrmacher) • *falegname m* [faleɲa:me] (= Schreiner/Tischler) •
imbianchino [imban'ki:no] (= Maler) • *sarto(-a)* ['sarto] (= Schnei-
der/in) • *calzolaio* [kaltso'la:io] (= Schuhmacher) • *muratore m*
[mura'to:re] (= Maurer) • *elettricista m* [elettri'tʃista] (= Elektriker) •
idraulico [i'dra:uliko] (= Installateur)

---

ragioniere(-a) [radʒoni'ɛ:re] — **Bilanzbuchhalter(in)**
cassiere(-a) (di banca) [kassi'ɛ:re] — (*Bank*) **Kassierer(in)**
guardia [gu'ardia] — **Wache, Wachmann**
Ha trovato un posto come guardia. — Er hat eine Stelle als Wachmann
— gefunden.

Consulente m/f ist die Berufsbezeichnung eines Beraters / einer
Beraterin für ein spezielles Fachgebiet: z.B. *consulente aziendale*
[konsu'lɛnte adzien'da:le] (= Unternehmensberater/-in) oder *consulente tecnico* [konsu'lɛnte 'tɛkniko] (= technische/-r Berater/-in).

---

interprete *m/f* [in'tɛrprete] — **Dolmetscher(in)**
Qui dovremo chiamare un — Da werden wir wohl einen
interprete! — Dolmetscher holen müssen!
ingegnere *m/f* [indʒe'ɲɛ:re] — **Ingenieur(in)**
tecnico ['tɛkniko] — **Techniker(in)**
casalinga(-o) [kasa'linga] — **Hausfrau/Hausmann**

18.5 In ufficio
Im Büro

ufficio [uf'fi:tʃo] | Büro
orario d'ufficio | Büro-/Geschäftszeiten
dopo l'orario d'ufficio | nach Dienstschluss
Purtroppo in questo momento non è in ufficio. | Leider ist er derzeit nicht im Büro.
disposizione *f* [dispozitsi'o:ne] | **Verfügung**
Per ogni delucidazione siamo a Vostra disposizione. | Bei allen möglichen Rückfragen stehen wir Ihnen zur Verfügung.
superiore *m/f* [superi'o:re] | **Vorgesetzte(r)**
collega *m/f* [kol'lɛ:ga] | **Kollege(-in)**
Per quella faccenda si deve rivolgere alla mia collega. | In dieser Sache müssen sie sich an meine Kollegin wenden.
rivolgersi a [ri'vɔldʒersi] | **sich wenden an**
collaboratore(-trice) [kollabora'to:re(-'tri:tʃe)] | **Mitarbeiter(in)**
Ha organizzato una festa d'addio per tutti i collaboratori. | Sie hat ein Abschiedsfest für alle Mitarbeiter organisiert.
segretario(-a) [segre'ta:rio] | **Sekretär(in)**
Riesco a parlare solo con la segretaria. | Ich komme nur bis zur Sekretärin durch.
autorizzazione *f* – **autorizzato** [autoriddzattsi'o:ne – autorid'dza:to] | **Befugnis –befugt**
Sono solo la segretaria. Non sono autorizzata a dare informazioni. | Ich bin nur die Sekretärin. Ich bin nicht befugt, Informationen zu geben.
studio ['stu:dio] | (*Anwalt/Steuerberater*) **Kanzlei**
studio (medico) | (Arzt-)Praxis
sala riunioni ['sa:la riuni'o:ni] | **Sitzungszimmer**
fissare un **appuntamento** [fis'sa:re unappunta'mento] | einen **Termin** vereinbaren
Ho un appuntamento con il Dott. Villa. | Ich bin mit Dott. Villa verabredet.
avere un **colloquio** con qualcuno [kol'lɔ:kuiio] | mit jemandem eine **Unterredung** haben
essere in **riunione** *f* [riuni'o:ne] | eine **Sitzung/Besprechung** abhalten
(Lei) è ancora in riunione. | Sie ist noch in einer Besprechung.
biglietto da visita [biʎ'ʎetto da 'vi:zita] | **Visiten-/Geschäftskarte**

Se vuole mi può lasciare il suo
biglietto da visita.

Wenn Sie wollen, können Sie mir
Ihre Visitenkarte da lassen.

mensa ['mɛnsa]

Kantine

buoni *mpl* mensa

Essen(s)marken

scrivania [skriva'niːa]

Schreibtisch

Devo assolutamente ordinare
la mia scrivania.

Ich muss unbedingt meinen
Schreibtisch aufräumen.

corrispondenza [korrispon'dɛntsa]

Korrespondenz; Post

sbrigare [zbri'gaːre]

erledigen

Oggi sbrigo la corrispondenza.

Heute erledige ich die Post.

lettera ['lettera]

Brief

scrivere ['skriːvere]

schreiben

scrivere al computer il verbale
della riunione

das Sitzungsprotokoll in den
Computer eingeben

riferirsi [rife'rirsi]

sich beziehen

Ci riferiamo alla Vostra del ...

Wir beziehen uns auf Ihr
Schreiben vom ...

distinti saluti [dis'tinti sa'luːti]

(mit) **freundliche(n) Grüßen**

confermare [konfer'maːre]

bestätigen

Confermiamo la Sua parte-
cipazione al congresso.

Wir bestätigen Ihre Teilnahme
am Kongress.

congresso [koŋ'grɛsso]

Kongress, Tagung

modulo ['mɔːdulo]

Formular

compilare [kompi'laːre]

ausfüllen

Devo aiutarLa a compilare
questo modulo?

Soll ich Ihnen beim Ausfüllen
dieses Formulars helfen?

strappare [strap'paːre]

zerreißen

Ha sbagliato qui. Strappi pure
il modulo, gliene do un altro.

Sie haben hier einen Fehler
gemacht. Zerreißen Sie das
Formular ruhig, ich geb'
Ihnen ein neues.

Mi dia la **pratica** Zappa, per
favore. [mi 'diːa la 'praːtika 'tsappa
per fa'vore]

Bringen Sie mir bitte die **Akte**
Zappa.

fotocopia – fotocopiare
[foto'kɔːpia – fotokopi'aːre]

Fotokopie – fotokopieren

Devo fare ancora alcune fotocopie.

Ich muss noch einiges fotokopieren.

avere da fare [a'veːre da faːre]

zu tun haben, beschäftigt sein

Purtroppo ho da fare adesso.

Im Moment bin ich leider
beschäftigt.

pausa ['paːuza]

Pause; Unterbrechung

Facciamo una pausa?

Machen wir eine Pause?

Register Italienisch

Das alphabetische Register enthält alle blau gedruckten Einträge des thematischen Wortschatzes sowie alle wichtigen Begriffe der Info-Boxen.

amministrazione 210
ammirare 125
ammirazione 125
ammobiliato 90
amore 33
ampio 86, 181
analisi 164
analizzare 164
ananas 62
anatra 60, 160
ancora 204
andare 139
andare a letto 91
andare a spasso 137
andare a trovare 135
andare bene 74
andare d'accordo 44
andare in / con 196
anello 73
angelo 114
angolo 165, 198
anguria 62
angusto 86, 181
anima 52
animale 22, 158
animali di peluche 22
annaffiare 161
anniversario 134
anno 177
annoiarsi 34
annullare 203
annunciare 187
annuncio 186
annuncio pubblicitario 210
annusare 31
ano 18
ansioso 32
anticamera 81
antichità 138
antico 112
antipasto 69
anziano 24
ape 160
aperitivo 63
aperto 142
apertura 126
apparecchiare (la tavola) 67, 93
apparecchio 169

apparenza 19
apparire 186
appartamento 86
appartenere 206
appassionato 26
appendere 90
appendicite 77
appetito 31, 82
applaudire 129
applauso 129
appoggiare 45
apprendista 217
approfittare di 103
appuntamento 81, 135, 219
apribottiglie 66
aprile 177
aprire 123
apriscatole 66
arachide 62
aragosta 61
arancia 62
aranciata 63
arancione 125
arbitro 146
architetto(-a) 131
architettonico 131
architettura 131
archivio 185
arco 22
area 95
area di servizio 199
argomento 117, 123
aria 147
aria condizionata 92
arma 106
armadio 90
aroma 31
arrabbiarsi 35
arrabbiato 35
arrampicarsi 17
arredamento 90
arredare 90
arrestare 101
arresto 101
arrivare 140
arrivo 140, 202, 203
arrostire 65
arte 124
arteria 18
articolazione 18

articolo 186, 212
artificiale 168
artigiano 218
artista 124
ascensore 87
asciugacapelli 51
asciugamano 50
asciugare 93
asciugarsi 50
asciutto 149
ascoltare 30
Asia 150
asiatico(-a) 150
asilo 116
asino 159
asparago 61
aspettare 81
aspettarsi 70
aspetto 19
aspirapolvere 92
assaggiare 69
assai 182
assaporare 31
assassinare 52, 110
assassinio 110
assassino(-a) 110
assegno 213
assegno familiare 103
assente 121
assicurare 215
assicurarsi 215
assicurazione 140, 215
assistente 210
assistenza sociale 103
associazione benefica 103
assolvere 100
assomigliare 58
assorbente 51
assumere 107, 217
astice 61
astronauta 147
astronave 147
astronomia 117, 147
astuto 27
atleta 145
atmosfera 132, 147
atomico 163
atomo 163
attaccare 105

attacco 76, 105
atteggiamento 32
attendere 81
attento 26
atterrare 203
attestato 119
attivare 194
attività 117, 138
attivo 26
atto 130
attore(-trice) 130
attorno a 173
attraente 20
attraversare 198
attraverso 175
attrezzo 168
attuale 186
attualità 186
augurare 134
augurio 134
aula 116
aumentare 102, 183, 217
aumento 183, 217
auricolare 192
auscultare 82
Australia 150
australiano(-a) 150
Austria 150
austriaco(-a) 150
autista 196
auto(mobile) 196
autobus 205
autografo 138
autogrill 68
automatico 169
automezzo 196
automobilista 196
autore(-trice) 132, 185
autorimessa 88
autorizzato 219
autorizzazione 219
autostop 140
autunno 177
avanti 173
avanzare 106
avaro 28
avena 60
aver bisogno di 103
aver male 84
avere 142
avere da fare 220

cioccolata 60
cioccolata calda 63
cipolla 61
cipria 51
circa 182
circo 137
circolare 205
circolo 44
circondare 175
circuito 170
città 95, 156
cittadinanza 15
ciuccio 22, 57
civile 99
civiltà 112
classe 44
classico 127
cliccare 194
cliente 143
clientela 143
clienti fissi 68
clima 147
club 44
cocaina 108
coccodrillo 160
cocomero 62
coda 158, 199
coda di cavallo 21
codice 194
codice fiscale 102
cogliere 161
cognato(-a) 53
cognome 15
coincidenza 202
colare 64
colazione 67, 141
colino 66
collaborare 45
collaboratore (-trice) 219
collaborazione 45
collant 71
colle 153
collega 219
collegamento 192, 201
colletto 73
collezionare 138
collezione 138
collina 153
collisione 78
collo 16
colloquio 219
collutorio 50

colombo 160
colorato 125
colorito 20
colpa 100
colpevole 100
colpire 110, 149
colpo 76
colpo di telefono, dare un ~ 190
coltello 66
coltivare 155
colto 26
combattere 106
combattimento 106
combinare 58, 73
comico 27, 132
cominciare 121
commedia 130, 132
commerciale 142, 209
commerciante 142, 209
commercio 209
commercio elet-tronico 195
commesso(-a) 143, 218
commettere 110
commovente 36
commuovere 36
comodo 90
compagnia 45, 135
compagnia aerea 203
compagnia di volo 203
compagno(-a) di giochi 45
compagno(-a) di scuola 45
compagno(-a) di vita 45, 55
compassionevole 27
compiere gli anni 134
compilare 220
compiti a casa 121
compito 116
compleanno 15, 134
completo 71

complicato 118
complimento 47
comportamento 25, 113
comportarsi 25, 113
compositore(-trice) 127
composizione 125
comprare 142, 212
comprendere 40, 183
compreso 143
compressa 83
computer 193
comune 95
comunicare 187
comunicativo 28
comunità 94
con 196
concedere 131
concentrarsi 122
concentrazione 39, 122
concerto 128
concludere 101
concludersi 101
conclusione 101
concorrente 46
concorrenza 206
condannare 100
condimenti 62
condire 64
condizione 79, 216
condoglianze 52
condurre 211
conferenza 104
confermare 220
confessare 100
confessarsi 115
confessione 114, 115
confine 104
conflitto 45
confondere 40
confrontare 143
confronto 143
confusione 40
congelatore 92
congratularsi 118
congratulazione 118
congresso 104, 220

coniglio 61, 159
coniugi 54
connettersi 195
conoscente 45
conoscenza 45
conoscere 45, 122
conoscersi 45
consegnare 123, 212
conservare 66
conservarsi 66
conservatore 28
considerare 40
consigliare 69
consiglio 98
consistere in 69
consulente 218
consulente azien-dale 218
consulente tecnico 218
consumare 199, 208
consumato 72
consumatore (-trice) 208
consumo 208
contadino(-a) 155
contanti 213
contare 121, 165
contare su 46
contatore 170
contatto 46
contenere 183
contenitore 171
contento 35
continente 150
continuare 122
conto 70, 214, 215
conto corrente 215
contorno 69
contrariato 35
contrassegno 189
contratto 216
contratto di loca-zione 89
contro 174
controllare 80, 101
contusione 77, 79
conversazione 42

C

difficile 118
digiunare 85
dilettante 145
diligente 27
dimagrire 20
dimenticare 39
dimettersi 98
diminuire 183
dintorni 156
Dio 114
dipendente 218
dipingere 124
dipinto 124
diploma 119
diplomatico 104
diplomazia 104
dire 42
direttamente 180
diretto 203
direttore(-trice) 128, 210
direzione 44, 175
dirigente 210
dirigere 128, 210
diritto 173
disaccordo 45
disattento 26
discarica 157
dischetto 193
disco fisso 193
disconnettersi 195
discorso 97
discoteca 137
discussione 46
discutere 46
disegnare 124
disegno 124
disgrazia 109
disoccupato(-a) 107
disoccupazione 107
disonesto 26
disordinato 93
disordine 93
dispari 166
disperare 36
disperato 34
disperazione 36
dispiacere 33
disponibile 26
disporre 141
disposizione 219
disprezzare 36
disprezzo 36

distanza 175
distinguere 85
distinti saluti 220
distorcere 79
distribuire 211
distributore di benzina 199
distribuzione 211
distruggere 106
distruzione 106
disturbare 141
disturbo 80, 81
dito 17
ditta 207
divano 90
diventare 217
divertente 27
divertimento 137
divertirsi 137
dividere 165
divino 114
divorziare 55
divorziato 15
divorzio 55
dizionario 184
doccia 50, 92
docile 158
documento 185
dogana 140
dolce 31, 60, 69
dolcevita 71
dolciastro 31
dolciumi 60
dolore 82
domanda 123, 206
domanda d'impiego 216
domandare 42, 123
domandarsi 40
domani 179
domenica 176
domestico 158
dominio 195
donna 15
donna d'affari 209
donnaiolo 55
dopo 179
dopodomani 179
doppio 141
dove 172
dovunque 173
dozzina 182

dramma 132
droga 108
drogheria 144
droghiere 144
dubbio 100
dubitare 100
duomo 115
durare 177
durata 177
duro 28
DVD 91, 195

E

eccellente 123
eccitare 49
eccitato 49
eccitazione 49
ecologia 157
ecologico 157
e-commerce 195
economia 206
economico 143, 206
edicola 144, 186
edificio 131
edilizia 131
editoria 184
editoriale 184
educare 57
educazione 57
educazione civica 117
educazione fisica 117
educazione tecnica 117
elaborare 194
elegante 20
eleggere 96
elenco 184
elenco telefonico 190
elettricista 131, 218
elettricità 170
elettrico 170
elettrodomestico 92
elettronica 170
elettronico 170
elezione 96
elicottero 203
e-mail 195
emarginato(-a) sociale 103

ematoma 79
emotivo 32
emozionale 32
emozionante 32
emozione 32, 113
enciclopedia 184
energico 20
entrare 88
entrata 88
entusiasmo 35
entusiasta 35
episodio 188
epoca 112
Equatore 150
equilibrato 27
equilibrio 163
era 112
erario 102
erba 161
erba cipollina 62
erbe 161
erbe aromatiche 62
ereditare 53
eroe(-ina) 130
eroina 108
errore 118, 194
esagerare 187
esame 83, 116, 118
esaminare 83, 118
eseguire 194
esempio 123
esercito 105
esercizio 85
esperienza 24
esperimento 163
esperto(-a) 26, 210
esplodere 106, 164
esplosione 106, 164
esplosivo 164
esporre 125
esportare 211
espositore 143
esposizione 125
espressione 19, 41
espresso 189
esprimere 42
esprimersi 42
essere composto di 168

E

H

maniera 25
manifestazione 208
mano 17
manodopera 216
mansarda 88
mansueto 158
manuale 184
marca 144
marchetta 49
marcia 106, 200
marciapiede 198
mare 152, 204
margarina 61
margherita 161
marina 105
marinaio 204
marito 55
marmellata 62
marmo 168
marrone 125
martedì 176
martello 169
marzo 177
maschera 134
maschile 41, 49
maschio 15
massimo 182
masturbazione 49
matematica 117, 165
materia 117
materiale 168
matita 121
matrimonio 54
mattina 148, 176
mattinata 148
mattino 176
matto 27
mattone 131
maturità 116
maturo 23
mazzo 161
meccanico 199
medaglia 145
media 186
medicamento 83
medicina 83
medico di base 81
medico di famiglia 81
medico generico 81
medio 183

Mediterraneo 152
meglio 37
mela 62
melanzane 62
melodia 127
melograno 62
melone 62
membro 44
memoria 39, 194
memorizzare 194
mendicante 109
meno 182
mensa 68, 220
mensa dei poveri 109
mensile 177
menta 62
mentale 38
mente 38
mentine 60
mentire 42
mento 16
menù 69
meraviglioso 43
mercato 206
merce 212
merceria 144
merciaio 144
mercoledì 176
merenda 67
meridionale 151
meridione 151
meritare 43
merito 217
mescolare 64
mese 177
messa 115
messaggio 195
mestiere 217
metà 183
metallo 168
metro 181
metrò 205
metro quadrato 181
metropolitana 205
mettere 72
mettere a fuoco 126
mettere a posto 93
mettere in ordine 93
mettere le corna 55

mettere su peso 19
mettersi 74
mettersi d'accordo 42
mezz'ora 177
mezzanotte 176
mezzi pubblici 205
mezzo 183
mezzo di traspor-to 196
Mezzogiorno 151
mezzogiorno 176
microonde 92
miei, i ~ 53
miele 62
migliaio 167
migliore 37
mille 167
millimetro 181
minacciare 46, 111
minestra 61
minestrone 61
mingherlino 19
minimo 182
ministero 98
ministro 98
minoranza 97
minore 23, 128
minorenne 23
minorile 23
minuto 177
miope 29
miopia 29
miracolo 115
mirtilli 62
miscela 164
miseria 109
missile 106
mistero 114
misura 163, 181
misurare 76, 82, 163, 181
misurino 66
mite 147
mittente 189
MMS 192
mobile 90
mocassini 72
moda 74
modello 216
modem 193
modesto 28
modo 25

modulo 101, 220
moglie 55
moltiplicare 165
molto 182
momento 177
mondiale 104
mondo 104
monello 23
moneta 138, 213
monitor 193
monokini 72
montagna 153
montare 64
monte 153
montone 60
moquette 91
morale 32, 37
morbido 168
mordere 158
more 62
morire 52
mortadella 61
mortale 52
morte 52
morto(-a) 52
mosaico 125
mosca 160
moschea 115
mostra 125
mostrare 125
motivare 113, 120
motivarsi 113
motivato 113
motivazione 113
motivo 110, 126
motocicletta 196
motore 169, 195
motore di ricerca 195
motoscafo 204
mouse 193
movimento 85
mozzarella di bufala 59
mucca 159
mucchio 182
multa 101, 200
municipio 156
muovere 145
muoversi 85, 145
muratore 131, 218
muro 88
muscolo 18
muscoloso 19
museo 125

P

padrone(-a) di
  casa 86
paesaggio 124,
  153
paese 94
paga 217
pagare 214
pagella 119
paghetta 58
pagina 185
pagine gialle 190
paglietta 73
palco(scenico)
  130
palestra 85
palla, giocare a ~
  22
pallido 21
pallone 146
palmare 193
palude 154
pan carrè 59
pancetta 60
panchina 92
pancia 17
panciotto 71
pane 59
pane a cassetta
  59
pane bianco 59
pane biscottato
  59
pane di segale 59
pane integrale 59
pane nero 59
panetteria 144
panettiere 144
panineria 68
panino 59
panino imbottito
  59
paninoteca 68
panna 59
panna acida 59
panna montata
  59
pannolino 57
pantacalza 71
pantaloncini 71
pantaloni 71
pantatailleur 71
pantofole 72
Papa 115
papavero 161
pappagallo 160
paradiso 114

paralizzato 80
parcheggiare 200
parcheggio 200
parco 154
parente 53
parere 39
parete 88
pari 166
parka 71
parlamento 97
parlare 42
parlare più/meno
  forte 123
parmigiano 59
parola 41
parrocchia 115
parroco 115
parrucchiere(-a)
  51, 218
partenza 140,
  202, 203
partire 140
partita 145
partito 96
partner 55
pascolo 155
passaporto 140
passare 118
passatempo 138
passato 179
passeggero(-a)
  202
passeggiare 137
passeggiata 137
passeggino 22
passera di mare
  61
passero 160
passione 33
passivo 26
password 195
pasta 60
pasta all'uovo 60
pasta di grano
  duro 60
pasta fatta in casa
  60
pasticcere 144
pasticceria 144
pasticcini 60
pastiglia 83
pastina in brodo
  61
pasto 69
patata 62
patente 200

patrimonio 208
pattumiera 92
paura 113
pausa 220
pavimento 89
paziente 26, 81
peccare 114
peccato 114
pecora 159
pecorino 59
pediatra 81
pedonale 198
pedone 198
peggio 37
peggiore 37
pelare 64
pelle 18, 158
pelliccia 71
pelo 16, 158
pena 101
penale 99
pendolare 197
penisola 152
penna 159
penna a sfera 121
penna stilografica
  121
pennello 124
pensarci 39
pensare 39
pensiero 39
pensionato(-a) 24
pensione 103, 141
pentirsi di 36
pentola 66
pepe 62
peperone 62
per 172
per cento 165
per ora 178
pera 62
percento 165
percorso 146
perdere 145, 211
perdere la strada
  198
perdersi 198
perdita 211
perdonare 47
perfetto 41
pericolo 105
pericoloso 111
periferia 156
periodico 186
periodo 112, 177
perla 73

permesso 216
permettere 57
pernottamento
  141
persona 15
personale 210
personalità 25,
  113
persuadere 47
pesante 168, 181
pesare 181
pesca 62, 138
pescare 138
pescatore 218
pesce 61, 160
pesce rosso 160
pescecane 160
pescespada 61
peschereccio 204
pescheria 144
pescivendolo 144
peso 19, 163, 181
pessimistico 28
pessimo 37
pesto 61
petroliera 204
pettegolezzo 42
pettinare 51
pettinarsi 51
pettine 51
petto 17
pezzo 130
pezzo di ricambio
  199
piacere 33, 138
piacevole 34
pianeta 147
piangere 36
piano 87
pianoforte 127
pianoterra 87
pianta 156, 161
piantare 161
piantarsi 194
pianura 154
piastrellista 131
piattino 66
piatto 64, 66
piatto del giorno
  69
piatto pronto 59
piazza 156
picchiare 58, 111
piccione 160
piede 17
piegare 93

P

pieno 65
pietà 32
pietra 131
pigiama 72
pigliare 17
pigro 27
pillola 83
pilota 203
pino 162
pioggia 148
piovere 148
piovoso 149
pipa 108
piroscafo 204
piscina 88
piselli 61
pista 146
pistola 111
pittore(-trice) 124
pittura 124
più 182
più, il / la ~ 182
pizzeria 68
plastica 168
plurale 41
pneumatico 199
poco 182
poco attraente 20
poco fa 179
poesia 132
poeta(-ssa) 132
poetico 132
poi 179
polenta 60
politica 96
politico 96
Polizia di Stato
    101
poliziotto(-a) 101
pollame 60
pollo 60, 160
polmone 18
polmonite 77
polo 150
polso 17
poltrona 90
polvere 93
pomata 83
pomeriggio 176
pomodoro 61
pompa 169
pompelmo 62
ponte 84
popolare 130
popolazione 95
popolo 94

porgere 17
porta 88
portacenere 108
portafogli(o) 73,
    214
portamonete 73
portare 72, 73
portare i calzoni
    55
portatile 193
portavoce 187
portiere(-a) 141
portinaio(-a) 218
porto 152, 204
Portogallo 150
portoghese 150
porzione 70
posizione 175
possedere 207
possesso 207
posta 189
posta elettronica
    195
postale 189
posto 130
posto di lavoro
    107, 216
potente 169
potenza 169
poter soffrire 35
potere 96
povero(-a) 109
povertà 109
pranzare 67
pranzo 67
prateria 154
pratica 123, 220
praticare 123
prato 88
preciso 26
predicare 115
preferire 35
prefisso 191
pregare 115
preghiera 115
pregiudizio 36
prelevare 214
prelievo 214
prematuro 23
prendere 17, 69,
    123
prendere appunti
    123
prendere in con-
    siderazione 40
prendere per 47

prendersi cura di
    53
prenotare 68, 141
prenotare un
    posto 201
prenotazione 68,
    141
preoccuparsi 32
preoccupato 32
preparare 64
prepararsi 64, 118
preparativo 135
presa 170
presbite 29
prescrivere 83
presentare 136
presente 121, 178
preside 217
presidente 98
pressare 64
pressione 82, 169
pressione del
    sangue 82
prestare 214
prestazione sociale
    103
presto 176
presuntuoso 28
prete 115
prevedere 207
prevenire 85
prevenuto 36
previdenza 103
prezioso 73
prezzemolo 62
prezzo 208
prigione 101
prigioniero(-a)
    106
prima 128
primavera 177
principio 25
privato 206
privo di 28
privo di fascino
    28
privo di mezzi
    109
procedere 122
processo 99
prodotto 207
produrre 207
produttore(-trice)
    207
produzione 207
professionale 107

professione 217
professionista
    145
professore(-essa)
    120
profitto 208, 211
profondità 181
profondo 152,
    181
profumo 31, 51
progettare 131
progettazione 131
progetto 131
programma 130,
    188, 193
progressivo 28
progresso 122
proibire 58, 200
proibito 200
promettere 47
promuovere 105
pronto 180
pronto soccorso
    84
pronuncia 41
pronunciare 41
proporre 69
proposta 69, 123
proprietario(-a)
    207
prosa 132
prosciutto cotto
    61
prosciutto crudo
    61
prossimo 178
prostituta 49
prostituzione 49
proteggere 101
protesta 107
protestante 114
protestare 107
prova 99
provare 32, 74
provare a 122
provincia 95
provocare 48
prudere 77
prugna 62
prurito 77
psicologia 113
psicologico 113
psicologo(-a) 113
pub 68
pubblicare 184
pubblicità 210

P

S

Register Deutsch

Das alphabetische Register enthält alle fett gedruckten Einträge des thematischen Wortschatzes sowie alle wichtigen Begriffe der Info-Boxen.

anordnen 141
anpflanzen 155, 161
anprobieren 74
anrichten 58
Anruf 190
Anrufbeantworter 190
anrufen 190
anschalten 194
Anschein 19
anschließen 170
Anschluss 202
anschnallen, sich 200
anschwellen 77
Ansicht 33, 39
anstellen 58, 217
anstoßen 136
Anstrengung 82
antik 112
Antiquitäten 138
Antrag 140
Antwort 42
antworten 42
Anus 18
Anwendung 83
anwesend 121
Anzeichen 76
Anzeige 99
anzeigen 99
anziehen 72, 74
anziehen, (sich) 73
Anzug 71
anzünden 108
Aperitif 63
Apfel 62
Apfelsine 62
Apotheke 144
Apotheker(in) 144
Apparat 126
Appetit 31, 82
applaudieren 129
Applaus 129
Aprikose 62
April 177
Äquator 150
Ära 112
Arbeit(s-) 107, 119, 216
arbeiten 107, 209, 216
Arbeiter(in) 217
Arbeiter, Team von ~n 100

Arbeitgeber(in) 216
Arbeitnehmer(in) 208
Arbeitskräfte 216
arbeitslos 107
Arbeitslose(r) 107
Arbeitsplatz 107, 216
Arbeitszimmer 87
Architekt(in) 131
architektonisch 131
Architektur 131
Archiv 185
Ärger 35, 58
arm 109
Arm(e) 17
Armband 73
Arme 109
Armee 105
ärmellos 71
Armreif 73
Armut 109
Aroma 31
Art 25, 96
Arterie 18
Artikel 186, 212
Artischocken 62
Arzt 81
Ärztin 81
ärztliche Untersuchung 83
Arztpraxis 81
Aschenbecher 108
Asiat(in) 150
asiatisch 150
Asien 150
Aspekt 19
Assistent(in) 210
Ast 162
Astronaut(in) 147
Astronomie 117, 147
at 195
Atem 16
Athlet(in) 145
atmen 82
Atmosphäre 132, 147
Atom(-) 157, 163
Atomkraft- 163
attraktiv 49
Attraktivität 20
Auberginen 62

Auditorium 116
auf 17, 172
auf der Spitze 175
Aufbau 125
aufbewahren 66
Aufenthalt 139
Aufführung 129
auffüllen 65
aufgehen 176
aufgeräumt 93
aufgeregt 28, 49
aufhalten sich 197
aufhängen 90
aufheben 136
aufladen 170
auflösen 97
aufmachen 123
Aufnahme 126
aufnehmen 188
aufpassen 122
Aufpreis 141
aufräumen 93
aufregend 32
aufsammeln 93
Aufsatz 117
Aufschlag 141
aufsetzen 55, 74
Auftrag 212
aufwischen 93
aufzeichnen 188
aufzeigen 121
aufziehen 159
Aufzug 87
Auge 16, 20
Auge, ins ~ sehen 75
Augenarzt 81
Augenblick 177
Augenblick, für den ~ 178
August 177
Aula 116
aus 172
Ausbilder(in) 120
Ausbildung 116
ausbrechen 101, 105, 164
Ausdruck 19, 41, 193
ausdrücken, (sich) 42, 64
ausfallen 83
ausfallen lassen 203

ausführen 194, 211
ausfüllen 65, 220
Ausgang 88, 202
ausgeben 214
ausgeglichen 27
ausgehen 88, 135
ausgeschaltet 91
ausgezeichnet 37, 119
auskennen, sich 211
ausknipsen 170
auskommen 44
auskugeln 79
Ausland, im ~ 139
Ausländer(in) 94
Ausländer(in), nicht aus der EU stammende(r) 94
ausländisch 94
ausliefern 212
ausloggen, sich 195
ausmachen 33
ausnutzen 103
auspressen 65
ausrauben 110
ausrechnen 165
Ausrede 48
ausreichend 119
ausrenken 79
ausruhen, (sich) 137
ausrutschen 78
ausschalten 91, 170, 194
ausschimpfen 58
Aussehen 19
Außen- 174
außer Betrieb 213
Äußere 174
äußere(-r, -s) 174
außereheliches (Liebes-)Verhältnis 55
außerstande 80
aussetzen 203
Aussicht 29
Aussprache 41
aussprechen 41
Ausstattung 90
ausstehen 35
aussteigen 17, 205

B

B

Brotzeit für
  Kinder 67
Bruch 78
Brüche 167
Brüche, in die ~
  gehen 55
Brücke 84
Bruder 53, 115
Brühe 61
brummen 160
Brunnen 131
Brust 17
Brüste 17
brutto 102
Brutto- 102
Buch 120, 184
Buche 162
buchen 68, 141
Bücherei 185
Bücherregal 90
Bücherschrank
  90, 184
Buchhandlung
  184
Büchse 66, 171
buchstabieren
  191
Büfett 70
Büffelkäse 59
Bügel 90
Bügeleisen 92
bügeln 93
Buggy 22
Bühne 130
Bulletin 187
Buntstift 121
bürgerlich 99
Bürgermeister(in)
  156
Bürgersteig 198
Büro 219
Bürste 50
bürsten 50
Bus 205
Bußgeld 101
Büste 125
Butter 59, 61
Butterkäse 59

Café 68
Callgirl 49
Camping 141
Campingplatz 141
CD-ROM 193

Chanson 127
charmant 28
Charme 28
Chatroom 195
chatten 195
Chauffeur(in) 196
Chef(in) 210
Chemie(-) 117,
  164
chemisch 164
Chirurg 81
Chor 127
Christ(in) 114
christlich 114
clever 40
Code 194
Comic 20, 124
Computer 193
cool 28
Cousin(e) 53
Creme 51
Cremefüllung 60

da 173
da hinauf 172
da hinten 172
da hinunter 172
da oben 172
Dach 89
Dachzimmer 88
dahin 173
Damennachthemd
  72
Damenstrumpf-
  hose 72
Damenunterhose
  72
Dampf 163
Dampfer 204
Dampfschiff 204
danach 179
danken 136
dann 179
Darm 18
darstellen 212
Datei 193
Daten 193
Dattel 62
Datum 177
Dauer 177
Dauerkarte 205
dauern 177
davonkommen
  75

Decke 91
Deckel 66
decken 65
decken, den Tisch
  ~ 67, 93
definitiv 178
Dekoration 91
dekorieren 91
Delikt 100
Delphin 159
Demokratie 96
demokratisch 96
Demonstration
  208
denken 38, 39
Denksportaufgabe
  20
Deodorant 51
Depression 113
depressiv 113
Depressive(r) 113
deprimiert 113
derzeitig 186
deutlich 29, 120
deutsch 150
Deutsche(r) 150
Deutschland 150
Dezember 177
Dezimalzahlen
  167
Diamant 73
Diät 85
Dichter(in) 132
dick 19, 64, 168
dick werden 19
Dieb 110, 111
Diebstahl 110, 111
dienen 70
Dienst 206
Dienstag 176
Dienstkleidung
  105
Dienstleistung
  206
Digestif 63
Digitalkamera
  126
Diktat 117
Diplomarbeit 119
Diplomatie 104
diplomatisch 104
direkt 180, 203
Direkt- 203
Direktor(in) 210,
  217
Dirigent(in) 128

dirigieren 128
Diskette 193
Diskothek 137
Diskussion 46
diskutieren 46
Display 143
dividieren 165
Dokument 185
Dolmetscher(in)
  218
Dom 115
Domain 195
Donner 148
Donnerstag 176
Dorf 94
dort 173
dort unten 172
dorthin 173
Dose 66, 171
Dosenöffner 66
Drama 132
dran sein 122
Drang 33
drängeln 144
draußen 174
Dreck 93
drehen 129
Dreieck 165
dreieckig 165
dringend 189
drinnen 174
Droge 108
Drogenhandel
  108
Drogerie 144
Drogist 144
drohen 111
drüben 173
Druck 169, 185
drucken 185, 193
drücken 17, 64,
  72
Drucker 193
Drucksachen 189
Drüse 18
Duft 31
dumm 27
Dummheit 27
dunkel 20, 176
Dunkelheit 176
dünn 19, 64, 168
Dur 128
durch 172, 175
durchaus 183
Durcheinander
  40, 93

D

G

G

H

kontaktfreudig 28
Kontinent 150
Konto 215
kontrollieren 80, 101
Konzentration 39, 122
konzentrieren, sich 122
Konzert 128
Kopf 16
Kopfbedeckungen 73
Kopfsalat 62
Kopftuch 73
Kopie 193
kopieren 193
Korkenzieher 66
Korn 162
Körper 16, 19, 51
Körperbau 19
körperbehindert 80
Körperhaar 16
korpulent 19
korrekt 37
Korrespondent(in) 187
Korrespondenz 220
Korridor 88
korrupt 27
Kost 59
Kosten 214
kosten 31, 69, 214
kostenlos 210
Kostüm 71, 130
krabbeln 160
Krabben 61
Kraft 163, 169
Kraftbrühe 61
Kraftfahrzeug 196
kräftig 19, 20, 169
Kraftwerk 170
Kragen 73
Krampf 77
krank 75
krank werden 75
Kranke 75
Krankenhaus 84
Krankenkasse 103
Krankenpfleger 84

Krankenschwester 84
Krankenversiche-rung 103
Krankenwagen 79, 84
Krankheit 75
Kraut 161
Kräuter 161
Kräutertee 63, 85
Krawatte 73
kreativ 113
Kreativität 113
Krebs 77
Kredit 215
Kreditkarte 213
Kreis 165
Kreuzfahrt 204
Kreuzung 198
kriechen 160
Kriechtier 160
Krieg 105
Krimi 130, 132
kriminell 110
Krise 104
Kritik 130, 187
Kritiker(in) 130
kritisch 130
kritisieren 130, 187
Krokodil 160
Krone 84
Kröte 160
Krug 66
Krüppel 80
Krüppel, zum ~ werden 80
Küche 64, 87, 88, 92
Kuchen 60
Kuchenbrötchen 59
Küchengeräte 66
Kugelschreiber 121
Kuh 159
kühl 148
Kühlschrank 92
Kultur 112
kümmern, sich ~ um 53, 211
Kumpel 45
Kunde 143
Kundendienst 199
Kundenservice 199

kündigen 107, 217
kündigen (selbst) 107
Kündigung 107
Kundin 143
Kundschaft 143
künftig 178
Kunst(-) 124, 168
Kunsthandwerk 138
Künstler(in) 124
künstlich 168
Kupplung 200
Kürbis 62
Kurs 116, 204
Kursbuch 202
Kurve 198
kurz 74
kurzärmelig 71
kurze Hose 71
kürzen 217
kürzlich 179
Kurzparkzone 200
kurzsichtig 29
Kurzsichtigkeit 29
Kürzung 217
Kurzwaren-geschäft 144
Kurzwarenhändler 144
Kuss 44
küssen, (sich) 44
Küste 152

Labor(atorium) 164
lächeln 36
Lächeln 36
lachen 36
Lachen 137
lächerlich 27
Lachs 61
laden 194
Laden 142, 143
Ladendieb 111
Ladendiebstahl 111
Ladenschild 143
Ladentisch 143
Lager 212
lagern 66

Laken 91
Lamm 159
Lammfleisch 60
Lampe 70
Land(-) 94, 155
Land, an ~ gehen 204
landen 203
Landgasthof 68
Landschaft 124, 153
Landwirt(in) 155
Landwirtschaft 155
landwirtschaftlich 155
lang 74, 181
langärmelig 71
Länge 181
Langeweile 34
Langlebigkeit 24
langsam 196, 197
Languste 61
langweilen, sich 34
langweilig 34
Laptop 193
Lärm 30
lassen 35
Last 181
Laster 196
Lastwagen 196
Latein 117
Latzhose 71
Lauf 146
laufen 17, 146
laufen, wieder ~ 194
Laune 33
Laut 30
laut 30, 123, 199
läuten 88
Lautstärke 30
lauwarm 148
Lebensbeschrei-bung 132
Lebenserwartung 24
Lebensgefährte 45, 55
Lebensgefährtin 55
Lebensjahre, die letzten ~ 24
Lebensmittel 142
Leber 18

L

N

Pleite 209
plombieren 84
Plural 41
Plüschtiere 20
poetisch 132
Pol 150
Politik 96
politisch 96
Polizei 101
Polizeistreife 100
Polizist(in) 101
Polohemd 71
Pool 88
Portemonnaie 73
Portier 141
Portion 70
Porto 189
Porträt 124
porträtieren 124
Portugal 150
Portugiese 150
Portugiesin 150
portugiesisch 150
Position 175
Post(-) 189, 220
Postkarte(n) 138, 189
praktische Ärztin 81
praktischer Arzt 81
praktizieren 123
prallen 78
Prärie 154
Präsident 98
Praxis 123
predigen 115
Preis 208
Preisnachlass 143
Prellung 77, 79
Premiere 128
Prepaid-Karte 190
Presse 186
pressen 65
Priester 115
Prinzip 25
privat 206
Privat- 206
pro Stunde 217
probieren 69
Produkt 207, 212
Produktion 207
Produzent(in) 207
produzieren 207

Professor(in) 120
Profi(-) 145
Programm 130, 188, 193
progressiv 28
Prosa 132
Prostituierte 49
Prostitution 49
Protest 107
Protestant(in) 114
protestantisch 114
protestieren 107
Protokoll 97
Provinz 95
provozieren 48
Prozent 165
Prozess 99
prüfen 124
Prüfung 116, 118
Prügelei 111
prügeln, (sich) 111
psychisch 38
Psychologe 113
Psychologie 113
Psychologin 113
psychologisch 113
Pubertät 23
Publikum 129
publizieren 184
Puff 49
Pulli 71
Pullover 71
Pullover, legerer Freizeit~ 71
pummelig 19
Pumpe 169
Pumps 72
Punkt 177
pünktlich 178, 202
Puppe 20
Pute 60
putzen 51, 64, 72, 93
putzen, (sich) 50

Quadrat(-) 165
quadratisch 165
Quadratmeter 181
Quartier 141
Quelle 152
Quittung 144

Rabatt 143
Rad 199
Radiergummi 121
Radieschen 61
Radio(gerät) 188
Rakete 106
Randgruppe 103
Randgruppe, Angehörige einer sozialen ~ 103
Ranke 162
rar 180
Rasen 88
Rasiercreme 50
rasieren, sich 50
Rasierer 50
Rasierwasser 51
Rasse 158
Raststätte 68, 199
Rat 98
Rate 107
raten 137
Rathaus 156
Ratschlag 98
Rätsel 20
Ratte 159
rau 147
Raub 110
Räuber 110, 111
Rauch 108
rauchen 108
Räucherlachs 61
raufen 111
rauh 168
Raum(-) 87, 129, 147, 175
räumen 113
Raumfähre 147
Raumschiff 147
Rausch 108
Rauschgift 108
Rauschgifthandel 108
Rauschmittel 108
Reaktion 47
rechnen 121, 165
Rechner 193
Rechnung 70, 165, 214
recht 37
Recht 37, 99
Recht haben 43
Rechte(r), ein(e) 96

rechte(-r, -s) 173
Rechteck 165
rechteckig 165
rechts 172
Rechtsanwalt 99
rechtzeitig 178
recyceln 157
Recycling 157
Redakteur(in) 187
Redaktion(s-) 184, 187
Rede 97
Reformkost 59
Refrain 127
Regal 90, 143
Regel 200
Regen(-) 148, 149
Regenmantel 71
Regie 130
regieren 98
Regierung 98
Regierungswechsel 98
Region 94, 151
regional 94
Regisseur(in) 130
regnen 148
regnerisch 149
Reh 61, 159
reich 109
Reiche 109
reichen 17
Reichtum 208
reif 23
reifen 199
Reihe 130, 202
Reim 132
Reinfall 130
Reinigungscreme 51
Reinigungsmittel 93
Reinlichkeit 50
Reis 60
Reise 139, 202
Reisebüro 139
Reisebus 205
Reiseführer 140
Reiseleiter(in) 140
reisen 139
Reisende(r) 139, 202
Reißverschluss 73
reizen 48
Rekord 145

R

R

S

Sicherheit 105
Sicherheit, soziale ~ 103
Sicherheitsgurt 199
Sicherheitsweste 199
sichern 194
Sicht 29
sichtbar 29
Sieb 66
sieben 64
sieben 65
Sieg 106
siezen 136
Signal 191
Signalzeichen 191
Singen 127
singen 127, 159
Singular 41
sinken 183, 205, 208
Sinn 29, 38
Sinnes- 29
sittlich 37
Situation 105
Sitz 92, 209
Sitzbank 92
Sitzung 219
Sitzungszimmer 219
Skelett 18
Ski fahren 146
Ski laufen 146
Sklave 112
Sklavin 112
Skulptur 125
Slip 72
Slipper 72
SMS 192
sobald wie möglich 179
Socke 72
Sofa 90
sofort 180
Software 193
Sohlen 72
Sohn 53, 56
solange 180
Soldat 105
Sommer 177
Sonder- 70, 143
Sonderangebot 143
Song 127

Sonne(n-) 157
Sonnenaufgang 176
Sonnenblume 161
Sonnenbrand 79
Sonnenbrand, sich einen ~ zuziehen 79
Sonnenöl 51
Sonnenuntergang 176
sonnig 147
Sonntag 176
Sorgen, sich ~ machen 32
Soße 61
soziale Randgruppe 103
soziale Sicherheit 103
Sozialhilfe 103
Sozialkunde 117
Sozialleistung 103
Sozialversicherung 103
Sozialwissenschaften 117
Spalte 187
Spanien 151
Spanier(in) 151
spanisch 151
spannend 32
sparen 143, 215
Spargel 61
Sparkasse 215
Spaß (haben) 137
spät 176
später 179
spätestens 179
Spatz 160
spazieren gehen 85, 137
Spaziergang 137
Speck 60
Speicher 194
speichern 194
Speiseeis 59
Speisekarte 69
Speisepilz 61
Speisewagen 68, 201
Sperling 160
Spezialität 70
Spiegel 92
Spiegeleier 59

Spiel 138, 145
spielen 127, 130
Spieler(in) 146
Spielfeld 146
Spielkamerad(in) 45
Spielzeug 22
Spielzeugauto 20
Spinat 61
Spinatbandnudeln 60
Spinne 160
Spion(in) 105
Spitze, auf der ~ 175
Sport 117, 145
Sportart 145
Sportler(in) 145
sportlich 145
spottbillig 143
Sprache 41
sprechen 42, 123
Sprecher(in) 187
Sprechstunde 81
Sprengstoff 164
Springbrunnen 131
springen 17, 158
Sprit 199
Spritze 82
Spritzgebäck 60
Spülmaschine 92
Spülmittel 93
Spur 159
Staat(s-) 94, 206
staatlich 206
Staatsangehörigkeit 15
Staatsoberhaupt 98
Staatspolizei 101
Stadion 146
Stadt 95, 156
Stadtbewohner(in) 156
Stadtrand 156
Stadtteil 95
Stadtviertel 156
Stadtzentrum 156
Stahl 168
Stall 155
Stamm 162
Stammgäste 68
Stand 122
Standesamt 54
Standpunkt 33

stark 28, 169
Start 147
starten 203
Statiker 131
Statue 125
Staub 93
Staubsauger 92
staunen 33
Staus 199
Steak 60
stechen 160
Steckdose 170
Stecker 170
Stecknadel 92
stehen 74, 205
stehen bleiben 197
stehlen 110
steif 168
steigen 17, 183, 205, 208
steigern 183
steil 153
Steil-Klippe 153
Stein 131
Stelle 216
stellen, (sich) 75, 91
Stempel 189
stempeln 189
sterben 52
sterblich 52
Stereoanlage 128
Stern 147
Steuer(-) 102
Steuerbehörde 102
steuerlich 102
Steuern 102
Steuernummer 102
sticken 138
Stiefel 72
Stier 159
Stil 74
still 26
Stille 123
stillen 56
Stimme 43, 96
Stimmlage 128
Stimmung 32
stinken 31
Stirn 16
Stock 73
Stockfisch 61
Stockwerk 87

T

V

Notizen

Notizen